Thomas Leif (Hrsg.)

Trainingshandbuch Recherche

Netzwerk Recherche:
Recherche fördern und fordern

Was macht einen guten Rechercheur aus? Im Grunde ist diese Frage ganz leicht zu beantworten: Hartnäckigkeit und Misstrauen sind die wichtigsten Tugenden, die immer in Richtung Informationsziel führen. Wenn dann noch eine gute Portion Fleiß und eine Überdosis Neugier dazu kommt, kann fast nichts schief gehen. Zur Grundausstattung gehören auch Kontaktfreude und Begeisterung für Wahrheit und Transparenz. Das Schöne an diesen Recherche-Tugenden ist, dass alle dieses Handwerk lernen, vertiefen und veredeln können. „Geht nicht – gibt's nicht" – mit diesem Leitmotiv kommt man immer weiter. Nie aufhören anzufangen, nie zögern zu zweifeln. Dann kommt jeder zu bewegenden Ergebnissen. Und das ist die Motivationsspritze um wieder anzufangen und so die firewalls der Mächtigen und der PR-Industrie zu brechen. Journalismus kann so die Herrschenden unter Legitimationsdruck setzen und auf diese Weise die müde Demokratie beatmen. Dies will das Netzwerk unterstützen nach der Devise: Recherche fordern und fördern.

Dr. Thomas Leif, Vorsitzender netzwerk recherche
www.netzwerkrecherche.de

Thomas Leif (Hrsg.)

Trainingshandbuch Recherche

Informationsbeschaffung
professionell

2., erweiterte Auflage

VS VERLAG

Bibliografische Information der Deutschen Nationalbibliothek
Die Deutsche Nationalbibliothek verzeichnet diese Publikation in der
Deutschen Nationalbibliografie; detaillierte bibliografische Daten sind im Internet über
<http://dnb.d-nb.de> abrufbar.

Das gesamte Honorar für dieses Buch geht an Reporter ohne Grenzen
(www.reporter-ohne-grenzen.de)

Homepage: www.netzwerkrecherche.de
E-Mail: info@netzwerkrecherche.de

2., erweiterte Auflage 2010

Alle Rechte vorbehalten
© VS Verlag für Sozialwissenschaften | Springer Fachmedien Wiesbaden GmbH 2010

Lektorat: Barbara Emig-Roller

VS Verlag für Sozialwissenschaften ist eine Marke von Springer Fachmedien.
Springer Fachmedien ist Teil der Fachverlagsgruppe Springer Science+Business Media.
www.vs-verlag.de

Redaktion und Konzeption: Prof. Dr. Thomas Leif, Mainz
Umschlaggestaltung: KünkelLopka Medienentwicklung, Heidelberg
Umschlagbild: Nina Faber de.sign, Wiesbaden
Satz: Gunter Gebhard, textplusform, Dresden
Druck und buchbinderische Verarbeitung: Ten Brink, Meppel
Gedruckt auf säurefreiem und chlorfrei gebleichtem Papier
Printed in the Netherlands

ISBN 978-3-531-17427-3

Inhaltsverzeichnis

Vorwort
Train the Trainer 9
von Thomas Leif

**Recherche-Seminare – Überlegungen zur Optimierung des
Ausbildungsangebotes** 25

**1. Recherche in der Ausbildung von Journalisten
und Informationsbeschaffern** 31

1.1 Interview: Mehr Recherche-Kultur im Journalismus 32
– Thomas Leif, Vorsitzender von Netzwerk Recherche e. V., über
die zunehmende Informationsverdünnung, Bequemlichkeiten eines
Berufsstandes und neue Chancen in der Ausbildung

1.2 Recherchieren lernen 39
– Plädoyer für ein journalistisches Handwerk
von Johannes Ludwig

1.3 Recherchieren als Seminar 41
– Problemfelder, Aufgabenstellungen und Abhilfen
von Michael Haller

2. Praxismodule für Recherche-Seminare 53

2.1 Das richtige Seminarkonzept wählen 54
– Zielgruppengerechte Praxismodule für Aus- und
Fortbildungsprogramme
von Michael Haller

2.2 Recherche als „Geodäsie" des sozialen Raumes 67
– Überlegungen für ein Recherche-Camp im Großstadtdickicht
von Hans-Volkmar Findeisen

2.3   Eine-Quelle-Geschichten und andere Übel 76
– Prinzipien im Umgang mit Informanten und Informationen
von Thomas Schuler

2.4   Recherche-Lernen leicht gemacht 88
– Praxiserprobte Übungen für den schnellen Einstieg
von Thomas Leif

2.5   Telefon-Recherche 96
– Bessere Informationsakquise mit einem unterschätzten
Recherche-Werkzeug
von Thomas Leif

2.6   Der Partner im Recherche-Gespräch 100
– Übungen für einen erfolgreichen Umgang mit Informanten
von Andreas Baumert

2.7   Schiffsverschrottung in Indien 107
– ein bisher legaler Giftmüllexport – Rekonstruktion
einer groß angelegten Greenpeace-Recherche
von Manfred Redelfs

2.8   Die Affäre Telekom AG 121
– Lehrbeispiel einer zweijährigen Recherche
von Gottlob Schober

2.9   Das Recherche-Protokoll – mehr als eine lästige Pflicht 132
– Arbeitsinstrument für Informationsbeschaffer und
Bestandteil fundierter Rechercheausbildung
von Lars Rinsdorf und Falk Wellmann

2.10   Recherche in elektronischen Quellen 141
– Wider die ‚Googlesierung' in der Informationsbeschaffung
von Matthias Spielkamp

2.11   Einstiegsseiten für die Internet-Recherche 150
– Eine Schnelleinführung für Trainer
von Albrecht Ude

2.12   Ich sehe was, was du nicht siehst 155
– Kleine Übungen zur Beobachtungsrechercherche
von Timo Rieg

2.13   Recherche lernen im Werkstattgespräch 158
– Seminarteilnehmer im Interview mit prominenten Rechercheuren
von Ingmar Cario, Venio Piero Quinque und Michael Rediske

2.14 Übung: Das Recherche-Leben der Anderen 167
– Von Recherche-Berufen lernen
von Thomas Leif

2.15 Wissensmanagement in Medienunternehmen 169
– Werkzeugkasten für teamübergreifende Recherche-Arbeit
von Christian Hallerberg

2.16 Investigativer Journalismus und Recht 176
– Fallbeispiele und Themen für ein Seminar
von Venio Piero Quinque

2.17 Herangehensweisen für Recherchen 182
– Ideen und Anregungen für Trainer
von Johannes Ludwig

**3 Didaktik, Methodik und Leitlinien für Trainer und
Personalentwickler** 189

3.1 Lernen verstehen 190
– Wie aus Informationen neues Wissen entsteht
von Stefan Mühleisen

**3.2 Lernen ermöglichen – von der Auftragsklärung
bis zum Fotoprotokoll** 201
– Methoden, Module und Handwerkszeug für erfolgreiche
Kurse, Seminare und Trainings
von Stefan Mühleisen

3.3 Vom Lehrer zum Lernbegleiter und Coach 217
– Die Rollen von Trainern, Dozenten und Seminarleitern
von Stefan Mühleisen und Anja Gild

3.4 Ausblick: ein Kurs für alle? 226
– Fakten, Fragen und Folgerungen für Recherche-Trainings
bei öffentlich-rechtlichen Sendern
von Stefan Robiné

Anhang

Autorenprofile 231

Zielsetzung

Zielsetzungen für das „netzwerk recherche"

1. Das „netzwerk recherche" verfolgt das Ziel, die journalistische Recherche in der Medien-Praxis zu stärken, auf ihre Bedeutung aufmerksam zu machen und die intensive Recherche vor allem in der journalistischen Ausbildung zu fördern.

2. Zu diesem Zweck entwickelt das „netzwerk recherche" Ausbildungskonzepte für die Recherche-Ausbildung, vermittelt Referenten und berät Institutionen der journalistischen Aus- und Weiterbildung in der Gestaltung und Umsetzung entsprechender Ausbildungskonzepte. Das „netzwerk recherche" veranstaltet zudem eigene Recherche-Seminare sowie Modellseminare zu verschiedenen Themen.

3. Das „netzwerk recherche" bietet ein Recherche-Mentoring für jüngere Kolleginnen und Kollegen an, um in einem intensiven Beratungs- und Austauschprozeß über jeweils ein Jahr einen entsprechenden Wissens-Transfer von erfahrenen Rechercheuren zu interessierten Kolleginnen und Kollegen zu organisieren.

4. Das „netzwerk recherche" fördert den umfassenden Informationsaustausch zum Thema „Recherche" und bietet seinen Mitgliedern entsprechende Foren an. Im Internet wird durch entsprechende newsletter die Kommunikation untereinander gefördert. Der Austausch über Projekte, konkrete Recherche-Erfahrungen etc., aber auch der Hinweis auf Weiterbildung und entsprechende Serviceangebote soll hier möglich sein.

5. Das „netzwerk recherche" beteiligt sich am internationalen Austausch entsprechender Journalisten – Organisationen in Europa und in Übersee.

6. Das „netzwerk recherche" vergibt einmal im Jahr einen Preis für eine aussergewöhnliche Recherche-Leistung, die Themen und Konflikte beleuchtet, die in der Öffentlichkeit bislang nicht oder nicht ausreichend wahrgenommen wurde. Der Leuchtturm – Preis für besondere publizistische Leistungen.

7. Die Mitglieder des Netzwerkes setzen sich dafür ein, dass die Möglichkeiten der Recherche nicht eingeschränkt werden.
Das „netzwerk recherche" äußert sich öffentlich zu Fragen der Recherche und der Bezüge zur journalistischen Qualität, wenn Begrenzungen oder Einschränkungen der Pressefreiheit festgestellt werden.

8. Das „netzwerk recherche" arbeitet mit anderen Journalisten Organisationen und Gewerkschaften zusammen, die im Grundsatz ähnliche Ziele verfolgen und ebenfalls dazu beitragen, den Aspekt der Recherche im Journalismus stärken um so die Qualität der Medien insgesamt zu verbessern.

9. Das „netzwerk recherche" trifft sich einmal im Jahr zu einem Jahres-kongress und erörtert jeweils aktuelle Tendenzen im Umfeld des „Recherche-Journalismus" und setzt sich hier mit zentralen Themen im Zusammenhang mit der journalistischen Recherche und konkreten Fallbeispielen auseinander.
Jedes Jahr wird ein „Infoblocker" aus Politik oder Wirtschaft mit der „Verschlossenen Auster" ausgezeichnet.
Regionale Untergliederungen ermöglichen den Austausch in bestimmten Regionen.

10. Das „netzwerk recherche" ist politisch unabhängig und verfolgt ausschließlich gemeinnützige Zwecke. Der Zusammenschluß der Journalisten hat den Status der Gemeinnützigkeit erhalten. Die laufende Arbeit und die Projekte des „netzwerkes" werden durch Spenden und Mitgliedsbeiträge (mindestens 60 Euro im Jahr) finanziert.

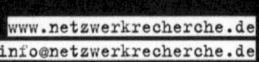
www.netzwerkrecherche.de
info@netzwerkrecherche.de

nr
netzwerk
recherche

Vorwort
Train the Trainer

„Ich kann Journalisten instrumentalisieren. Ich weiß, auf was sie abfahren, und wenn ich eine Nachricht produzieren will, weiß ich, wo ich sie hinsetze."

Klaus Wowereit, in der Talkshow „Beckmann", (10/2007)

Recherche-Journalismus als Antwort auf die Krise der Mediendemokratie

In seinem biografisch gestützten Buch „Das Leben ist der Ernstfall" hat Jürgen Leinemann immer wieder kluge Gedanken und bittere Wahrheiten zur Innenausstattung des Journalismus eingestreut. Wenn der frühere Spiegel-Star (Jahrgang 1937) seine Beobachtungen nach einem langen und erfolgreichen Journalisten-Leben bilanziert, dann sind seine Analysen zur Gefährdung des Qualitätsjournalismus ernsthafter, als manche Mahnung in flüchtigen Kongress-Reden. Auf Seite 182 bemerkt er: „Mich bedrückt dabei vor allem, dass sich auch die Einstellung vieler jüngerer Kollegen zu ihrem Beruf offensichtlich verändert hat. Sie erscheinen mir karriere- und egobesessener einerseits, unverbindlicher und leidenschaftsloser in der Sache andererseits. Gibt es denn gar nichts mehr, wofür man sich begeistern kann? Und nichts was einen erbittert und aufregt?" Leinemann verklärt die ‚alten zeiten' nicht; aber ohne diese tektonischen Veränderungen würde heute nachhaltiger nach der Verantwortung der Bankmanager für den Finanz-Kollaps des Staates gefragt.

Mitten in der schwersten Wirtschafts- und Finanzkrise der Bundesrepublik und in einem monatelangen Weichzeichner-Wahlkampf wurden alle möglichen Themen verhandelt. Nur: die Verantwortung der Banken für diese Wirtschaftskrise wurde weitgehend ausgeblendet. Trotz der bilanzsicheren Verantwortungs-Analyse verzichten Politik und viele Medien (noch) auf eine gründliche Analyse der Bankenkrise. Die Medien sollten eigentlich in einer Zeit, in der täglich mit Milliarden-Steuer-Subventionen jongliert wird, ein verlässliches Navigationssystem sein. Sollten. Nur: ähnlich wie die Politik haben auch weitgehend die Medien „gefehlt", als es darum ging absurde Geschäftsmodelle, besinnungslose Rating-Agenturen und undurchschaubare Gier-Fonds wirksam zu kritisieren und damit ihre Kontrollaufgabe wahrzunehmen. Schneller als erwartet hat man sich an ungenutzte Rettungsschirme, toxische Bad-Banks und sich „tot stellende" – von Top-Agenturen beratene – Banker gewöhnt. Nur selten bricht jemand aus diesem Kartell der stillschweigenden Übereinkunft aus und sagt laut und deutlich, wie dieses Missverhältnis zwischen

Handeln und Aufklären zu erklären ist? Einer, der den Mut dazu hatte, laut und deutlich in aller Öffentlichkeit die Wahrheit zu sagen, ist Eggert Voscherau, der Aufsichtsratchef der BASF. Mitte Juni 2009 rief er seinem Publikum im Ludwigshafener Feierabendhaus zu: „Die Wall Street hat nur eine Schlacht verloren, nicht den Krieg." Kein Finanzprodukt, das den „Weltbrand" entfacht habe, sei bislang verboten. Nichts, wirklich nichts sei bisher geschehen, um eine Wiederholung dieser Krise zu verhindern. Nur leiser seien die Banker geworden, mehr nicht. Sein Fazit: „Die Politik scheut noch immer die Machtfrage." Nur eine kleine Meldung im FAZ-Wirtschaftsteil dokumentierte Voscheraus Analyse.

Selbst der frühere Vertraute der Kanzlerin, Prof. Dr. Paul Kirchhof, bilanzierte bitter: „In der Öffentlichkeit wird die Wahrheit unterdrückt." (Süddeutsche Zeitung Magazin, Juni 2009) Der ,Professor aus Heidelberg' analysierte nüchtern seine politischen Erfahrungen. Was der frühere Richter am Bundesverfassungsgericht und CDU-Steuerexperte sagt, denken viele, sagen aber nur wenige. Die Defizite in der Wirtschaftsberichterstattung sind nur ein Feld, in dem die „vierte Gewalt" ihre Kritik- und Kontrollfunktion nicht umfassend wahrnimmt.

Bundespräsident Horst Köhler hat in einer leider kaum beachteten Rede zum 60. Geburtstag der Bundespressekonferenz mehr Haltung, mehr Leidenschaft und mehr Sachkenntnis von Journalisten gefordert. Ist die schwache Resonanz auf eine starke Rede ein Zufall?

Schrumpfen – Verdichten – Entlassen

Täglich laufen neue Entlassungspläne großer Verlage über den Ticker: mal geht es um 150 Redakteure, die ihren Job verlieren sollen, mal um 200, gelegentlich um mehr. Wichtige Titel werden eingestellt, große Fachredaktionen etwa die Wirtschaftsredaktionen des Gruner + Jahr Verlags zusammengelegt, die journalistische Kompetenz ausgedünnt und eingedampft. Auch die öffentlich-rechtlichen Sender stellen sich schon in den nächsten Jahren auf ein Minus von 15 Prozent ihrer Etats ein und kürzen zum Teil schon heute klassische Informationsprogramme. Sogar die ohnehin karge Agenturlandschaft in Deutschland wird wohl weiter schrumpfen. AP steht zum Verkauf, dpa kämpft um solvente Kunden.

Wohin führt es, wenn künftig an der journalistischen Substanz weiter gespart wird und erstklassige Redaktionen auf drittklassige Dienstleister reduziert werden? Welche Auswirkungen hat diese Entwicklung für einen qualifizierten, untersuchenden, interessierten, bildenden Journalismus? Brauchen die Medien – wie Karstadt, Quelle, Opel, Schiesser und Co – auch staatliche Hilfen, neue Subventionen, Steuererleichterungen? Ist die Etablierung von Stiftungen zur Förderung von Qualitätsjournalismus und die Etablierung gebührenfinanzierter Zeitungen nur ein (Alb)-Traum? Oder mehr? Viele Fragen – kaum Antworten.

Die Folgen dieses gebündelt auftretenden Trends hat Walter Pincus, amerikanischer Pulitzer-Preisträger nüchtern analysiert: „Es gibt viele gute Journalisten, ohne Zweifel, aber auch jede Menge, denen das Haus im Grünen wichtiger ist als eine gute Geschichte. Um was geht es? Um Unabhängigkeit, Skeptizismus, Distanz zur politischen Maschinerie. Aber gibt man Journalisten heute die Freiräume und die Zeit, bestimmte Erfahrungen zu machen? Wir leben in einer PR-Gesellschaft." (Die Welt, 5.3.2009) Es ist nicht zu erkennen, dass Medienpolitiker, Verbandsfunktionäre und die Repräsentanten zahlloser Mediengremien auf diese Herausforderungen mit ernsthaften Lösungen reagieren würden.

Fehlende Gegen-Expertise zur Dominanz der MBA-Kultur

Die neuen Masterminds des Journalismus sitzen nicht mehr in den Chefredaktionen oder Planungsabteilungen. Längst haben MBA-sozialisierte Unternehmensberatungen das Kommando übernommen und versuchen einer bereits ausgepressten Zitrone noch mehr Saft zu entziehen. Der Chefredakteur des Handelsblattes, Bernd Ziesemer, hat seine praktischen Erfahrungen mit den sogenannten „Beratern" im ehrwürdigen Holzbrinck Konzern offengelegt. Seine Bilanz sollte eigentlich alle Journalistenverbände und den Deutschen Presserat beschäftigen: „Einige der Powerpoint-Präsentationen der Berater „waren in ihrer fachlichen Lächerlichkeit, intellektuellen Dumpfheit, betriebswirtschaftlichen Vordergründigkeit und moralischen Impertinenz nicht mehr zu überbieten. Viele von ihnen missachten den Berufsstolz der Journalisten. Sie behandeln Journalisten wie die Bandarbeiter der Lückenfüllproduktion zwischen den Anzeigen. Und einige Verlage machen das leider mit." (Wirtschaftsjournalist 2/2009) Ziesemers Analysen und die langfristigen Auswirkungen eines entkernten und reduzierten Journalismus waren leider am Tag nach der Veröffentlichung vergessen.

Medien entscheiden über die Intensität von Kontrolle und Kritik, über die Pluralität von Meinungen und Haltungen und nicht zuletzt über das, was überhaupt öffentliches Thema und damit diskursfähig wird? Über die mannigfaltigen Gefährdungen und Herausforderungen ist alles gesagt. Bemerkenswert ist die Zurückhaltung, mit der die medienpolitisch Verantwortlichen auf dieses für die Mediendemokratie gefährliche Szenario reagieren.

Situations-Journalismus ohne zentrales Navigations-System – Defekte der Mediendemokratie

Politik ist vor allem Kommunikation. Kommunikation vermittelt sich zunächst über die Medien. Kritische Medienberichterstattung über das politische Personal, über

Krisen und Skandale schafft erst die Entscheidungsgrundlagen für ein aufgeklärtes
Publikum. Soweit die Theorie. In der Praxis folgt die Politikberichterstattung jedoch schon längst den Gesetzen des Aufmerksamkeitsmanagement des politischen
Betriebs, der „Umkehr der Wichtigkeiten", einem fragwürdigen Herdentrieb sowie
einer gnadenlosen Personalisierung. Inszenierung, Performance und Politainment
haben – jedenfalls in der Masse – Erklärung, Analyse und Aufklärung in eine
Randzone gedrängt.

Das Prinzip der gesteuerten Kommunikation

„Freie Presse im Fadenkreuz" titelte die Frankfurter Rundschau; sogar die
Chefredakteure der betroffenen Medien verfassten eine Empörungs-Erklärung.
Wie absurd und doppelbödig diese Intervention des Staates war, zeigt, dass im
BND-Ausschuss selbst Zeitungsartikel als ‚geheim' eingestuft wurden. Zudem
ist jedem Politiker bekannt, dass in jedem Untersuchungsausschuss einzelne
Informationen und ‚vertrauliche Papiere' gezielt an Journalisten weitergeleitet
werden. Im so genannten ‚Visa-Untersuchungsausschuss' gegen Joschka Fischer
wurde die Instrumentalisierung der Medien zur Perfektion getrieben. Im Hintergrund bündelte ein hoch-professioneller und medienerfahrener Mitarbeiter der
CDU/CSU-Fraktion die gesamte Pressearbeit und führte Journalisten mit seinen
Informationen wie Marionetten. Auch frühere Untersuchungsausschüsse – etwa
zur CDU-Spendenaffaire – wurden mit detailliert abgestuften Hintergrundrun-
den für ausgewählte Journalisten unterfüttert. Im Lichte dieser gängigen Praxis
wirkt dieses publizistisch aufgeblasene ‚Ermittlungsverfahren' in der Rückschau
etwas sonderbar. Ein Lehrstück im Fach ‚negative campaigning' und politischer
Doppelmoral. Die gezielte Instrumentalisierung der Medien im Umfeld des „Visa-
Untersuchungsausschusses" könnte als Lehrbeispiel für modernes agenda setting,
gezielte Skandalisierung und professionelles negative campaigning gelten. Nicht
immer verläuft der Kommunikationsprozeß so idealtypisch. Aber dieser Fall wirft
ein Schlaglicht auf die Thematisierungs-Chancen von „spindoctoren" und „Pressesprechern" im politischen Journalismus. Viele Lobbyisten und Kommunika-
tionsexperten haben sich in Berlin auf dieses Fach spezialisiert. Im Superwahljahr
wird die Öffentlichkeit mit weiteren kleineren und grösseren „Skandalen" versorgt
werden. Das Gros der Journalisten wird diese vorbereiteten stories gerne verbreiten.
Die Medienkritik wird auch dazu schweigen.

Das Prinzip der Informanten-Abhängigkeit

Kein relevanter Skandal der Nachkriegsgeschichte, kein Korruptionsfall und kein
nachgewiesener Untreuefall, wäre ohne die Mitwirkung von Informanten ans Ta-

geslicht gekommen. Oder umgekehrt: Die Medien können ihre rechtlich geregelte Sonderstellung als ‚Vierte Gewalt' beziehungsweise als wirksame Kontrollinstanz in der Öffentlichkeit nur wahrnehmen, wenn sie auf das Wissen von Informanten zurückgreifen können. Informanten sind das Herz-Kreislauf-System für guten Journalismus. Ohne Informanten mit relevanten Informationen, die eigentlich nicht für die Öffentlichkeit bestimmt sind, würde der Journalismus auf ein viertklassiges ‚Generalanzeiger-Niveau' zurückfallen. Die rechtlichen Privilegien der Medien, vor allem das Zeugnisverweigerungsrecht, verlieren aber ihren Sinn, wenn der Schutz von Informanten im Kern von staatlichen Stellen nicht mehr akzeptiert wird.

Informanten verhalten sich wie ‚scheue Rehe'. Ihre Quellen versiegen, sobald sie nur die Spur einer Gefahr wittern oder das Vertrauen zu ihren Kooperationspartnern im Journalismus verlieren. Der skizzierte Maßnahmenkatalog – von der Vorratsdatenspeicherung über Razzien bis hin zu Abhöraktionen – kann als groß angelegte Treibjagd auf Informanten gewertet werden. Reflektierte Informanten mit substanziellen Informationen verstehen diese Signale und ziehen sich ins Unterholz der Bürokratie oder die Nischen ihrer Unternehmen zurück. In diesem Sinne müssen die permanenten Abschreckungs-Rituale von Politik und Verwaltung als effizient, aber auch als schädlich für eine funktionierende Demokratie gewertet werden. Das Motivationsspektrum von Informanten ist sehr unterschiedlich ausgeprägt. Oft geht es um fachliche und moralische Motive. Manche Informanten können es offenbar nur schwer ertragen, wenn Willkür, Korruption, oder Rechtsverstöße etc. „einfach so durchgehen." Intern – in Behörden und Unternehmen – können sie Missstände aller Art kaum artikulieren, ohne Gefahr zu laufen, ihren Arbeitsplatz oder zumindest ihre Karriere aufs Spiel zu setzen. Zudem wissen Sie, dass interne Kritik den Akteuren oftmals Gelegenheit gibt, Spuren zu vertuschen, die Verantwortung zu diffundieren oder Missstände rasch (präventiv) zu regulieren. Medienresonanz – so das Gefühl zahlreicher seriöser Informanten – ist die einzige Ressource, die überhaupt noch etwas bewegt. Da formal zuständige Kontrollgremien – von überflüssigen Datenschützern bis zu überforderten Personalräten und vielen mehr – ihre Aufsichts- und Überwachungsfunktion oft nur auf dem Papier, aber selten wirksam durchführen, ist das Vertrauen in diese Institutionen nur begrenzt. Öffentlichkeit ist also ein zentraler Katalysator für eine funktionierende Demokratie.

Das Prinzip des negative campaignings

Sicher gibt es für Informanten auch andere Motive. Rache-Bedürfnisse auf Grund von (ungerechtfertigten) Sanktionen, Karriere-Blockaden oder gar Mobbing-Aktionen und Rufmord können Triebfedern sein. Sicher spielt gelegentlich auch Rivalität eine Rolle; mitunter mögen auch wirtschaftliche Interessen im Spiel sein. (Verkauf von Daten wie im Fall Liechtenstein). Einzelne PR-Agenturen und Lobbyisten haben sich mittlerweile darauf spezialisiert, relevante Medien mit negativen Informationen im Sinne ihrer Auftraggeber zu füttern. Marktvorteile erreicht man heute zum Teil auch durch die Verbreitung von ‚heiklen' oder exklusiven Informationen über die entsprechenden Akteure. Kurt Beck machte die Strippenzieher „aus der zweiten Reihe" für seinen Sturz vom SPD-Vorsitz verantwortlich; Andrea Ypsilanti konnte die „Wortbruch-Kampagne" und die zum Teil infamen Angriffe auf ihre Person nicht überstehen. In der Politik steht das Wachstums-Modell ‚negative campaigning', inszeniert von PR-Agenturen oder professionellen ‚Gegner-Beobachtern', gerade im Wahljahr vor einem Konjunktur-Hoch. Bereits in früheren Bundestagswahlkämpfen wurden wichtige ‚Kampagnen-Themen' von den Parteien über ausgewählte Journalisten erfolgreich in die Medien geschleust. Edmund Stoibers Entgleisungen gegenüber den Ostdeutschen wurden etwa von der SPD-Gegnerbeobachtung mit Hilfe von ‚Informanten' erfolgreich in die Öffentlichkeit gesteuert.

Was später als „Recherche" der Medien spektakulär präsentiert wird, ist oft nur professionell gesteuerte Kommunikation.

Die Kontrolle, Pflege und der Schutz von Informanten gehören also – im Spiegel dieser Entwicklungen – zu den Kernaufgaben professioneller Journalisten. Sie müssen vor allem die Motivlage der Informanten sauber sezieren, Daten und Fakten intensiv prüfen und vor allem in jedem Fall einem aufwändigen Gegencheck unterziehen. Dies gilt ganz besonders für die vorsätzlich selektive Informantenarbeit von Fraktionsmitarbeitern in den Untersuchungs-Ausschüssen. Diese Informanten wissen mittlerweile, wie man ‚investigativen Journalismus' inszenieren kann, welche Medien (Autoren) die Funktion von Leitmedien wahrnehmen und wie die Verwertungsketten von Informationen über Agenturen etc. tatsächlich laufen. Im Untersuchungsausschuss der „CDU-Spendenaffaire" wurde dieses Geschäft schon zur Perfektion getrieben.

Im Umkehrschluss suchen sich professionelle Informanten auch ‚ihre Journalisten' und ‚ihr Medium'. Der potentielle Wirkungshorizont einer ‚Geschichte', die Mechanik ihrer Verwertung, die Garantie der Anonymität, langjähriges Vertrauen sind nur einige Kriterien, die die Zusammenarbeit prägen oder ausschließen. Die Faustregel lautet: Je relevanter das Informanten-Material, umso gezielter wird das „passende Medium" ausgesucht, das mit Sicherheit „Exclusivmeldungen" generieren kann. Denn darauf kommt es an: Parteien, Ministerien, Regierung und Opposition aber auch NGOs haben gelernt, dass nicht sie eine „relevante" Information veröffentlichen sollten. Der Umweg über eine Exklusiv-Geschichte einer namhaften Zeitung oder eines Magazins, stimuliert den Mediensog wesentlich intensiver.

Das Prinzip der Kommentierung von Marketing

Journalismus unter Kosten- und Zeitdruck ist heute immer öfter die verlängerte Werkbank professioneller Marketingabteilungen. Dankbar nehmen sie die Stoffe auf, die andere „Redakteure" in professionellen PR-Agenturen entwickelt und aufbereitet haben.

Viele Journalisten kommen offenbar auch ohne Informanten aus. „80 Prozent der Journalisten haben gar keinen echten Informanten – sie glauben, der Pressesprecher sei ein Informant." Diese nüchterne Lageeinschätzung von Kuno Haberbusch (NDR) in der Welt am Sonntag (11.6.2008), mit der Textzeile „Redaktionsleiter von Zapp kritisiert die Faulheit deutscher Journalisten" zugespitzt, rührte eigentlich an einem Tabu. Aber die pointierte These provozierte keine Gegenreaktionen, sondern wurde als Schlüsselzitat immer wieder kommentarlos nachgedruckt.

Haberbusch weist auf Missstände im Journalismus hin, die auch der Medienforscher Lutz Hachmeister bei der Wächterpreis-Verleihung der „Stiftung Freiheit der Presse" Anfang Mai 2008 in Frankfurt in einer wegweisenden Rede analysiert hat. Qualitäts-Journalismus müsse unabhängig von Ökonomie sein, unabhängig von Public Relations und den Standpunkten der eigenen Medienunternehmen. Guter Journalismus für alle Medien beruhe auf den „vier Faktoren Zeit, Geld, Recherche und Stil." (dpa, 7.5.08) Weiter führte Hachmeister aus: Die „ungesunden Beschleunigungstendenzen im Online-Journalismus" seien fühlbar, „auch die verschärfte Konkurrenz um Pseudo-Nachrichten in der Hauptstadt., wo die wirklich entscheidenden politischen und legislativen Prozesse, die sich auf der Ebene von Ministerialbeamten und Lobbyisten abspielen, zu selten reportiert werden".

Zu den Säulen „Zeit. Geld. Recherche, Stil.", die in der Frankfurter Rede akzentuiert wurden, müsste eigentlich auch noch das Kriterium „Distanz" hinzukommen. Denn immer häufiger verarbeiten (und veredeln) Journalisten nur noch die Stoffe, die die Marketingabteilungen präsentieren. In einer cross-medialen Welt wächst der Einfluß von Agenturen, von Produzenten von vermeintlich neuem Wissen und Politikern, die griffige Orginaltöne, aber wenig Argumente liefern. In diesem Umfeld arbeiten immer mehr Journalisten als Produzenten von Medienprodukten. Immer mehr grosse Geschichten werden „kalt" am Arbeitsplatz mit Material aus dem world wide web (www) geschrieben, ohne nur einmal mit einem der beschriebenen Akteure zu sprechen. Diese Reduzierung auf die ‚Kommentierung von Marketing' ist weiter verbreitet, als die Kommunikationswissenschaft ahnen kann.

Das Prinzip der Pseudo-Experten

Die Problematik von (vermeintlichen) Experten als Quellen wird unter Journalisten oder auf Medienfachtagungen systematisch ignoriert. Zu diesem auch von der Medienkritik ignorierten journalistischen Tabu-Thema gibt es eine hoch interessante interne Anleitung der Nachrichtenagentur AP zum „Umgang mit Quellen" (FH/Letzte Aktualisierung 02.10.2006). Hier werden alle Mitarbeiter auf die Regeln bei der Quellenprüfung, auf die Problematik von blogs und Quellen im

www, auf die Quellenaufbewahrung und Quellenhinweise aufmerksam gemacht.
Besonders aufschlussreich ist das Kapitel ‚Experten/Schwarze Liste'. Hier heißt
es: „In dieser – bislang noch sehr unvollständigen – Liste aufgeführte Experten
oder Institutionen haben uns aus unterschiedlichen Gründen schon Probleme
bereitet und werden daher in der AP-Berichterstattung nicht berücksichtigt. Alle
AP-Mitarbeiter, die schlechte Erfahrungen mit Experten/Institutionen gemacht
haben, mögen diese bitte per Mail an (...) mailen, damit wir sie ggf. in diese Liste
aufnehmen können." Nur zwei Fallbeispiele: „Geheimdienste: Udo Ulfkotte (nicht
umstrittener Geheimdienstexperte, der inzwischen auch als ddp-Mitarbeiter firmiert
und damit für uns endgültig nicht mehr in Frage kommt). Gesundheit: Deutsche
Gesellschaft für Ernährungsmedizin und Diätetik (DIET) (betreibt sehr geschickt
verdeckte Produkt-PR; wurde vor zwei Jahren von der ‚SZ' als unseriös enttarnt." Die
interne Liste der Nachrichtenagentur AP ist eine sehr wertvolle Quelle. Gleichwohl
müssten nicht nur die großen Nachrichtenredaktionen diese Sensibilität pflegen,
wenn interessengebundene ‚Rentenexperten', ‚Börsenexperten' oder ‚Automobil-
experten' die jeweilige Marktlage aus ihrer PR-Perspektive erklären. Journalisten
suchen sich oft „ihre" Experten aus und benutzen sie als „inneres Geländer" für ihre
Story. Eine Prüfung der tatsächlichen Kompetenzen und Interessen-Verfilzung ist
die seltene Ausnahme. Ein Experte ist heute schon ein Experte, wenn die Medien
ihn zum Experten gemacht haben. Nicht selten spielt auch die Verfügbarkeit des
jeweiligen Experten eine zentrale Rolle.

Das Prinzip der neuen Nachrichtenfaktoren

„Gesprächswert" ist heute in den meisten Medien wichtiger als der klassische „Nach-
richtenwert" eines Themas. Skandalisierung, Personalisierung und Visualisierung
sind heute nahezu unschlagbare Nachrichtenfaktoren, die selbst seriöse Nachrichtenagenturen nicht übergehen können.

Einmal gelernte und mit einer einfachen story verkauften Skandale beschäftigen die Medien oft monatelang. Die Geschichten im Umfeld von Amtsmissbrauch
und Korruption werden jedoch selten von Journalisten ‚ausgegraben', sondern
oft von gut präparierten Informanten auf die agenda ‚gesetzt'. Rudolf Scharpings
verhängnisvolle Verbindung mit dem Waffen-Lobbyisten und PR-Mann Moritz
Hunzinger wurde zunächst dem Spiegel offeriert; erst danach dem Stern, für den
sich der Deal schließlich auszahlte. Ernst Weltekes Adlon-Ausflug zur Euro-Taufe
mit familiärer Entourage wurde von seinen Konkurrenten und einstigen Weg-
gefährten im Finanzministerium mit Hilfe von Rechnungsbelegen skandalisiert.
Wie im Fall der RWE-Lobbyisten Laurenz Meyer und Hermann-Josef Arentz
kannten die professionellen Informanten die Grammatik der neuen Nachrichtenfaktoren und bauten auf geschicktes timing, kalkuliertes Dementi, dosierte

Materialergänzung – und schließlich den öffentlichen Abgang. Die Dramaturgie solcher Vorgänge planen PR-Profis am Reißbrett.

Oft wird in solchen Fällen mit großem Aufwand versucht, die ‚Nestbeschmutzer' (Informanten) zu finden, um die undichten Löcher zu schließen. Im Fall Florian Gerster, einst Chef der Bundesagentur für Arbeit (BA), lancierten interessierte Referenten sogar einen FAZ-Artikel. Ganz unverhohlen wurde die frühere stellvertretende DGB-Vorsitzende Ursula Engelen-Kefer an den Informanten-Pranger gestellt: „Die Hauptverdächtige Engelen-Kefer ist unterdessen auf Tauchstation ..." hieß es lakonisch.(FAZ 29.11.2003) Die Medien veröffentlichten in diesem Fall zwar das Material von Gersters Konkurrenten (und Nachfolger Weise), aber sie bohrten nicht nach: Die wirklichen Skandale um die freihändige Vergabe und mangelhafte Durchführung von millionenschweren Beratungs-Projekten der BA im IT-Bereich sind bis heute nicht aufgedeckt. Im Fall Märklin hat die Staatsanwalt im Zusammenhang mit den irrwitzigen Beraterhonoraren Ermittlungen aufgenommen. Im Fall „Bundesagentur für Arbeit" schläft die Justiz. Bei der Berichterstattung über Unternehmens-Skandale gibt es ein wesentliches handycap. Einen Informations-Anspruch gegenüber Unternehmen gibt es für Journalisten nicht. Eigentlich ein Thema für die zahlreichen Berufsverbände der PR-Industrie, den Bundesverband der Pressesprecher oder den Deutschen Presserat.

Aber auch Chefredakteure könnten sich gegen die als naturgegeben wahrgenommene Informationssperre wehren. Ähnlich wie bei der Kampagne zur „Autorisierungs-Zensur von Politiker-Interviews" oder der Beschränkung von Prominenten-Fotografen (‚Fall Caroline') könnte man die ‚Schweige-Zensur' von betroffenen Unternehmen, Behörden und Pressestellen prominent thematisieren. In Zeiten der Wirtschaftskrise nahezu ausgeschlossen.

Das Prinzip der systematischen Informationsblockade

Formal sieht die Chance zur Informationsbeschaffung gegenüber Behörden und staatlichen Stellen besser aus. Der überall gültige Informations-Ermittlungsanspruch leitet sich aus der Presse- und Rundfunkfreiheit ab. Der Grundkonsens: „Die Presse erfüllt eine öffentliche Aufgabe. Insbesondere dadurch, dass sie Nachrichten beschafft und verbreitet, Stellung nimmt, Kritik übt und auf andere Weise an der Meinungsbildung mitwirkt." In fast allen Landespressegesetzen gibt es dementsprechend eine ausdrückliche Normierung: „Die Behörden sind verpflichtet, den Vertretern der Presse die der Erfüllung ihrer öffentlichen Aufgaben dienenden Auskünfte zu erteilen." heißt es etwa im § 4 Landespressegesetz NRW.

Doch diese Auskunftspflicht der Behörden entwickelt sich in der Praxis immer mehr zu einer Farce. Ministerien und Behörden mauern immer dann, wenn es heikel wird. Die Ausnahmeregeln spulen die Pressesprecher auswendig ab.

Schwebendes Verfahren, Vorschriften über die Geheimhaltung, Datenschutz oder schutzwürdige Interessen. Die Abschottung und die von manchen Ministerien – wie dem Gesunheitsministerium – sogar öffentlich eingeräumte ‚Auswahl' von Informationen amputiert gezielt die Pressefreiheit und züchtet einen ‚Generalanzeiger-Journalismus'. Ein Beispiel: Immer wieder wurde die Öffentlichkeit zum Thema ‚NPD-Verbot' gezielt desinformiert. Führende Politiker versuchen den Konflikt mit dem Bundesverfassungsgericht allein auf die Rolle der zahlreichen NPD-V-Leute zu reduzieren. Tatsächlich haben aber die beiden von den Innenministerien eingesetzten Arbeitsgruppen von Verfassungsschützern und Staatsrechts-Experten gewichtige andere Gründe gegen ein NPD-Verbot aufgelistet. Sie haben die jahrelang abwartende, beobachtende Rolle der Politik kritisiert, die militante Gewaltbereitschaft der NPD in Frage gestellt und die hohen Hürden des Parteienverbots juristisch begründet. All diese Argumente wurden aus dem öffentlichen Diskurs ausgeblendet, auch weil die Behörden die fundierten, aber unbequemen Berichte der beiden Beratungs-Gremien nicht herausgeben. Der Fall „NPD-Verbot" ist nur ein Beispiel einer zunehmenden Informations-Selektion von Politikern, Wirtschafts- und Behördenvertretern.

Desinformation durch Informationsverweigerung und gezielte Auslassung. Diese Technik funktioniert auch, weil zu viele Journalisten sich zu schnell von den Behörden abweisen lassen. Oft hilft in Konfliktfällen schon die Forderung einer schriftlichen Begründung für die Informations-Blockade. Solche Ablehnungen – die meist verweigert werden – könnten Journalisten sammeln und öffentlich machen. Dies wäre der wirksame Protest gegen die Informationsverhinderung von Pressesprechern.

Denn ihr Bild von einer funktionierenden Presse ist ganz einfach. Die Medien sollen das veröffentlichen, was die Pressestellen ihnen mitteilen. Rückfragen überflüssig, Nachfragen unnötig. Das rheinland-pfälzische Innenministerium sieht Medien sogar in der Rolle eines ausführenden Organs, wie ein entsprechendes Dokument zum Umgang der Polizei mit den Medien belegt. Wenn diese Praxis aber weiter kritiklos hingenommen wird, verkümmert die Auskunftspflicht der Behörden in rasantem Tempo und wird am Ende so praktiziert, wie – schon heute – die rigide Informationspolitik der Unternehmen. Offenbar verfahren auch Medienvertreter hier nach dem Motto des Broadway-Kolumnisten Walter Winchell, der den PR-Leuten aus dem Herzen sprach: „Zu viel Recherche macht die schönste Geschichte kaputt."

Der restriktive Umgang mit dem Informationsfreiheitsgesetz auf Bundes- und Landesebene illustriert zudem – bezogen auf das Informationsverhalten – das Klima des überholten Obrigkeitsstaates. Veröffentlicht wird nur das, was mit Hilfe der Ausnahmeregelungen nicht verhindert werden kann. Aber auch hier muss eingeräumt werden, dass nur wenige Journalisten an diesem Instrument der Informationsbeschaffung interessiert sind.

Das Prinzip der naiven PR-Abhängigkeit

Nick Davies, erfahrener Sonderkorrespondent der britischen Tageszeitung ‚The Guardian', hat die britische Qualitätspresse einem aufwändigem Test unterzogen. Seine Ergebnisse sind niederschmetternd und vielleicht eine Folie für deutsche Kommunikationswissenschaftler, die ähnliche Tendenzen in der deutschen Medienlandschaft bislang nicht erkannt haben. „Ich war gezwungen mir einzugestehen, dass ich in einer korrumpierten Profession arbeite", so das Fazit des 400-seitigen Werks mit dem Titel ‚Flat Earth News'. „Die Journalisten seien im ‚professionellen Käfig' ihrer ‚Nachrichtenfabriken' gefangen und zu ‚Churnalisten' verkommen. (nach ‚to churn out': auswerfen). Sie schrieben Pressemitteilungen oder Agenturmeldungen nur noch schnell um, ohne selbst nachzuforschen. Dieser Zustand mache die Massenmedien äußerst anfällig für die Verbreitung von Falschmeldungen, irreführenden Legenden und Propaganda."

In seiner Buch-Rezension zitiert Henning Hoff in der Frankfurter Allgemeinen Sonntagszeitung (www.faz.net) schockierende Zahlen einer empirischen Untersuchung von 2000 Berichten (im Frühjahr 2006) der britischen Qualitätspresse. „Sechzig Prozent bestanden ausschließlich oder hauptsächlich aus PR-Material oder Berichten von Nachrichtenagenturen, die aber auch nur bei zwei Prozent als Quelle angegeben worden waren. (…) Nur zwölf Prozent der Texte ließen auf eigene Recherchen schließen." Die Ursache für diese Entwicklung – die wohl keine britische Spezialität ist – sieht Davis so: „Das Grundproblem ist, dass eine kommerzielle Logik die journalistische abgelöst hat." Nicht nur im online-Markt wird heute nicht mehr von Journalismus, sondern von ‚Geschäftsmodellen' gesprochen. Journalismus als Ware, die mit möglichst geringem (personellem) Aufwand hergestellt werden soll? Nick Davies erschütternde Analyse endet mit einer bitteren Botschaft: „Ich fürchte, ich beschreibe nur den Tumor, der uns umbringt, ohne eine Therapie anbieten zu können."

Das Prinzip Boulevardisierung @ Unterhaltung

Al Gore – der bekannteste Weltklima-Kämpfer – hat vehement „Belanglosigkeiten und Unsinn" in den Medien kritisiert. „Die Grenze zwischen Nachrichten und Unterhaltung" werde zerstört. Die Vereinigten Staaten seien „anfällig für massenhafte und dauerhafte Zerstreuung". Nicht nur beim Klimawandel würden die Tatsachen genauso „beiseite gewischt und missachtet", weil sie unbequem seien, wie es bei den Tatsachen zum Irak-Krieg geschehen sei. Al Gore sieht in dieser Entwicklung einen „Angriff auf die Vernunft." Aber der Friedensnobelpreisträger geht einen Schritt weiter und appelliert an die konsumfreudigen Bürger. Sie sollten sich weniger mit Klatsch und Tratsch beschäftigen, sondern mit wichtigeren Themen. Wie könne

es sein – so seine Frage – „dass wir viel mehr Zeit damit zubringen, über Britney
Spears' Glatze und Paris Hiltons Gefängnisaufenthalt zu reden?" Diese unbequeme
Frage nach den Konsumgewohnheiten der Mediennutzer gilt nicht nur für die USA,
sie wird auch in Deutschland noch tabuisiert. Die Kritik wirft die Frage nach dem
Stellenwert des Qualitätsjournalismus und den Chancen der Recherche auf.

Die prominent präsentierte Kritik ist im Prinzip nicht neu: Das Spannungs-
verhältnis zwischen vernachlässigten ernsthaften Themen und belangloser Berichterstattung wurde schon vor einem Jahrzehnt in vielen Facetten analysiert.
Neil Postmans Kritik unter dem Titel „Wir amüsieren uns zu Tode" (1985) hat zum
Teil den engen Kreis der professionell mit Medienfragen beschäftigten Akteure
überschreiten können. Aber man kann wohl ohne Übertreibung sagen, dass die
Kluft zwischen dem Einfluss der Medien in der Demokratie einerseits, der Analyse
ihrer Arbeitsweise, Wirkungsmechanismen und Defizite andererseits, größer geworden ist. Die Wirkungen der Medien auf Wirtschaft und Gesellschaft wachsen,
die Medienkritik und Medienanalyse bleiben aber eine Orchideen-Disziplin, oft
eingehegt im Interessengeflecht von Verlegern und Senderchefs. Jürgen Leinemann,
das Urgestein des deutschen Politik-Journalismus, hat diese Grundtendenz auf
den Punkt gebracht: „Alles, was nach Drama aussieht, kommt gut an. Die Leute
wollen Helden und Schurken, Richtig und Falsch." Diese Publikumswünsche werden heute von den Medien bedient. Dazu kommt die fast dominierende Haltung
vieler Journalisten, mit ihren Rückfragen lediglich eine taktische Absicherung
ihrer Hypothesen, des mainstreams oder verbreiteter Vorurteile vorzunehmen.
Stimmt der Verdacht, ist die journalistisch Befürchtung zu Plan X oder Y richtig,
sind die Personalspekulationen plausibel? Fundierte Sachanalyse und kompetente
Einordnung auf der Grundlage langjähriger Beobachtung treten in den Hintergrund.

Das Prinzip der Quoten- und Auflagen-Fixierung

Aber wie wird Qualität im Journalismus heute definiert? „Qualität ist für uns Quote.
Wenn Qualität keine Quote bringt, ist für uns das Spiel vorbei." Der ehemalige
Vorstandsvorsitzende der ProSiebenSat.1 Media AG, Guillaume de Posch, hat diese
kommerzielle Programmausrichtung vor dem Club Hamburger Wirtschaftsjournalisten präsentiert. (dpa, 16.10.07) Der Medienmanager spricht aus, was die meisten
der modernen „Medien-Manager" über ‚Qualität' wirklich denken.

Bei der Definition von Medien-Qualität kommt es darauf an, wer sich wie zu
diesem Thema äußert: Folgende Definitionsansätze illustrieren das weite Spektrum
der Sichtweisen:

- Eine Führungskraft in der Weiterbildung der öffentlich-rechtlichen Konkurrenz analysierte treffend den mainstream der Programmverantwortlichen in

seiner Welt: „Qualität gibt es auf jedem Niveau." Die Werkzeuge für diese
Art der Qualitätsmessung sind einfach: Quotenverlauf, Konkurrenz-Vergleich,
Umschaltzeiten, Altersdurchschnitt: Das sind die ‚harten Daten', die das in-
nere Geländer der Programm-Macher stützen. Meist die einzige Grundlage
für Programm- und Platzierungsentscheidungen.

- Frank Schirrmacher – Exponent des print-Journalismus und einer der FAZ-
  Herausgeber – nutzte (SZ, 29.10.07) eine Dankesrede zum Jacob Grimm Preis
  für Deutsche Sprache 2007 für eine ungewöhnliche Prognose: „Jeder, der
  Augen hat zu sehen, wird erkennen, dass das nächste Jahrzehnt das Jahrzehnt
  des Qualitätsjournalismus sein wird; er schafft die Bindekräfte einer medial
  disparaten Gesellschaft. (…) Die, die sich nicht anstecken lassen, die ihre
  Qualität, also ihre Inhalte, unverändert lassen, werden sein, was diese Gesellschaft dringender benötigt denn je: der geometrische Ort, an dem die Summe
  des Tages und der Zeit gezogen wird." Der Blick in die Zukunft vermeidet die
  Sicht auf die Gegenwart. Auch diese optimistische Unschärfe belegt, dass der
  Qualitäts-Diskurs offenbar auf analytisch unbefestigtem Gelände stattfindet.

- Relevante Inhalte, überprüfte Informationen, Quellenvielfalt, das Interesse an
  Aufklärung, eine reflektierte Haltung zum Beruf sind Klammern für einen
  Qualitätsjournalismus, der demokratische Teilhabe ermöglichen und gesellschaftliche Integration fördern kann. Qualitätsjournalismus in diesem Sinne
  ist der Kitt, der eine demokratische Gesellschaft zusammenhält und einen
  Diskurs über wichtige Entscheidungen für das Zusammenleben der Menschen
  in Rede und Gegenrede vorantreibt. Aus dieser „Relevanz" leiten sich übrigens
  die rechtlichen Privilegien – auch bezogen auf den Informantenschutz – ab.

Dieser Qualitätsjournalismus wird in Deutschland in vielen Medien täglich – auch
in Nischen-Programmen und -Publikationen – praktiziert, aber unzureichend vom
Publikum genutzt. Dieser Qualitätsjournalismus wird heute massiv bedroht: durch
Sparzwang, um übertriebene Renditeerwartungen von Verlegern und Aktionären
zu erfüllen, von quoten-getriebenen und boulevard-süchtigen Medienmachern, die
den inneren Kompass ihres beruflichen Auftrags verloren haben, und von einem
Publikum getrieben, das Zerstreuung, Nutzwert und Nervenkitzel sucht.

Das Prinzip Recherche – als Ausweg und Qualitäts-Katalysator

Was aber kann eine intensive Vermittlung, Förderung und Pflege von Recherche
in den Redaktionen zur Entfaltung eines Qualitätsjournalismus beitragen?

Erstens: Recherche muss von der Ausnahme zum Normalzustand in den Redaktionen werden. Recherche ist das Rückgrat für guten Journalismus. Sie kostet

Zeit und Geld und verlangt von den Journalisten besonderes Engagement. Um die Medienqualität zu verbessern, sollte der klassische Recherche-Journalismus auf allen Ebenen gefördert werden. Dieser Schritt zu mehr Bescheidenheit würde alle dementieren, die die (investigative) Recherche als unerreichbar, unbezahlbar – und deshalb nicht praktizierbar – klassifizieren. Gleichzeitig würden mit der Verankerung der Recherche in der Alltagspraxis breite Lernfelder für viele Medienmacher eröffnet, die heute meist brach liegen. Redaktionen, die sich konzentriert der Recherche widmen (im NDR-inforadio oder der SWR-Hörfunk-Redaktion „Recherche und Reportage", Sonder-Rechercheure selbst in Lokalzeitungen o. a.), greifen diesen Grundgedanken erfolgreich auf und stützen die für die Entwicklung eines Qualitäts-Journalismus notwendige Recherchekultur. Auch die Leser goutieren offenbar – so mehrere Umfragen – hintergründigen Journalismus.

Zweitens: Recherche darf nicht nur als Marketinginstrument und für das branding von Magazinen missbraucht werden. Eine Umfrage unter Chefredakteuren des G+J Verlages hat vor Jahren ergeben, dass sie die Recherche für das wichtigste Instrument zur Etablierung eines erfolgreichen Journalismus halten. Welche Konsequenzen diese Einschätzung nach sich ziehen müsste, blieb unbeantwortet. Investitionen in Recherche? Oft bleibt es bei folgenlosen Ankündigungen. Fast alle Magazine in öffentlich-rechtlichen und privaten Medien schmücken sich bei ihren Auftritten mit Superlativen zur Recherche, auch wenn sie wissen, dass sie die selbst formulierten Ansprüche nur selten einlösen. Ziel sollte es sein, nicht nur von Recherche zu reden, sondern Recherche zu ermöglichen, zu fördern und finanziell abzusichern.

Drittens: Recherche müsste eigentlich auf der Liste der aussterbenden Arten platziert werden. Der mögliche Nutzen der Recherche steht in einem ungünstigen Verhältnis zur Intensität der Weiterbildungsangebote. Im aktuellen Programm etwa der Akademie für Publizistik (Hamburg) gibt es einen Kurs mit dem Titel „Sauberes Handwerk – Recherche-Strategien" (der zweimal angeboten wird.) Der Bereich Öffentlichkeitsarbeit und PR wird dagegen allein mit acht eigenständigen Seminar-Modulen bedient. Dies ist nur ein Fallbeispiel, das stellvertretend für die gesamte (Weiter)-Bildungslandschaft steht.

Viertens: Dieses Potential müsste durchgehend in der Journalisten Aus-und Weiterbildung vorangetrieben werden. Praxis darf nicht nur simuliert werden, echte Praxis mit realistischen Aufgaben und konkreten, veröffentlichungsfähigen Geschichten muss der Werttreiber und Motor der Ausbildung sein. Recherche braucht Leidenschaft, Interesse, Antrieb und professionelle Begleitung. „Nichts ist erregender als Erfolg ..." Diese leicht abgewandelte Formel eines berühmten Journalisten sollte das Leitmotiv für eine effiziente Recherche-Ausbildung sein.

Elektrisieren, unterstützen, Grenzen zu überschreiten, der Abschied von der passiven Ergänzungsrecherche hin zu einer eigenständigen Rechercheleistung können viel bewirken und Motivation für Recherchejournalismus auslösen. In diesem Sinne kann eine solide, stimmig aufgebaute, theoretisch fundierte und praktisch inspirierte Recherche-Ausbildung Nutzwert-Journalismus im besten Sinne sein. Nutzwert-Journalismus für eine demokratische Öffentlichkeit.

Fünftens: Folgt man den einschlägigen journalistischen Lehrbüchern, steht die Recherche am Anfang jeder journalistischen Produktion. Dass dieser Grundsatz längst aus der Praxis verschwunden ist, wurde skizziert. Auffallend ist die zunehmende Trennung von zwei Produktionsstufen, vor allem in TV-Redaktionen. Die redaktionelle Vorbereitung (Konflikt-Szenario, location, Protagonisten, Casting etc.) wird von einem Mitarbeiter übernommen. Diese Vor-Recherchen werden dann an den Produzenten übergeben, der das vorgegebene Thema nach Vorgabe umsetzt. Mit dem wenig überraschenden Ergebnis, dass die Recherche-Tiefe oft auf dem Niveau eines Anzeigenblattes stagniert. Das Wichtigste im Journalismus sollte also wieder wichtig werden. Deshalb lohnt es sich, den bedrohten Qualitätsjournalismus mit dem Sauerstoff Recherche zu beleben.

Eine intensive Recherche-Ausbildung birgt keine Risiken, hat aber viele nützliche (Neben)-Wirkungen zur Steigerung der Medien-Qualität:

- Mehr Recherche schärft das Auswahl-Sensorium für Wichtiges und Unwichtiges. Relevantes wird wieder relevant (Inhalt).
- Mehr Recherche sensibilisiert für die sozial-kommunikative Rolle im Verhältnis zu Informanten, Zeugen und Quellen (Vertraulichkeit).
- Mehr Recherche belebt die verschüttete Verifikations- und Falsifikationskultur (Aufgabe der Überprüfung von Fakten und Vorgängen).
- Mehr Recherche reduziert die Fehleranfälligkeit und erhöht so die Glaubwürdigkeit.
- Mehr Recherche bildet die Grundlage für bessere Interviews und die Erzählung der Geschichten. (Handwerk) In den erstklassigen Ausbildungsstätten in den USA heißt es bei erkannten Mängeln: „you didn't do enough research."
- Mehr Recherche ist ein Bypass für mehr journalistisches Selbstbewusstsein und damit der notwendigen Stärkung einer bedrohten journalistischen Berufsidentität (Ethik/Haltung).
- Mehr Recherche bringt für die Medien Marktvorteile durch die Präsentation von echter Exklusivität und damit verbundener Aufmerksamkeit für qualitätsvollen Journalismus. Recherche könnte Markenkern und Abgrenzungsmerkmal zur Konkurrenz sein.
- Mehr Recherche fördert – schließlich – die oft verwaiste Fachkompetenz in

den Redaktionen und bringt Folgegeschichten, weil das Vertrauen von Informanten oft auch an das erkennbare Qualitätsniveau der Medien gekoppelt ist. Der Kreis schließt sich; vereinfacht könnte man sagen: Die Investitionen in Recherche-Kompetenz zahlen sich aus.

- Mehr Recherche sensibilisiert für den professionellen Umgang mit schwierigen Informanten und komplizierten Quellen.

Selbstverständlich müssten die vorgeschlagenen Instrumente und Maßnahmen für die Medienpraxis genau definiert, begründet und dann auch überprüft werden. Jedes Haushaltsgerät in Deutschland wird besser überprüft als die Ausbildung in einflussreichen Verlagen. Im Zuge der Zertifizierungs- und ‚benchmark'-Kultur könnten auch Aspekte der Recherche-Qualität von erfahrenen Medienmachern und Kommunikationswissenschaftlern überprüft werden. Ergebnisse, Missstände und Leuchttürme könnten jedes Jahr in einem ‚Weißbuch Medienqualität' dokumentiert werden. Die grassierende Enttäuschung vieler Bürger über die skizzierten Defizite der Medien, aber auch das wachsende Interesse an Medienfragen fände hier ein wirksames Forum.

Zusammengefasst: Recherche kann den gewünschten und geforderten Qualitätsjournalismus beatmen, im Sinne der Mediennutzer und einer aufgeklärten Öffentlichkeit einen besseren Journalismus ermöglichen. Guter Recherche-Journalismus macht unabhängig(er) von Quellen, die eine gesteuerte Kommunikation anstreben. Recherche muss aber intensiver gepflegt, redaktionell ermöglicht und intensiv trainiert werden.

Anregungen, die Sozialtechnik der Recherche voranzutreiben, sind in diesem Sammelband zusammengefasst worden.

Prof. Dr. Thomas Leif
Vorsitzender netzwerk recherche (nr)

Recherche-Seminare – Überlegungen zur Optimierung des Ausbildungsangebotes

I. Ausgangslage: eine verbesserte Recherche-Ausbildung erhöht die Journalistische Wertschöpfung – Vorteile der Recherche-Ausbildung

1. eine verbesserte Recherche erhöht die Qualität aller Produkte
2. Exclusiv-Recherchen schaffen Nachrichten, die „kostenlos" jedes journalistisches Unternehmen profilieren. Die hier angelegten Chancen werden – auf allen Ebenen und in allen Sparten – derzeit nicht (optimal) genutzt.
3. mehr Recherche schafft Synergie-Effekte und beflügelt die Kooperation zwischen den Redaktionen, zwischen Fernsehen, Hörfunk und Internet.
4. intensive Recherchen und ihre erfolgreiche mediale Vermittlung fördern die Berufs-Identität der „Macher" und nutzen der Markenbildung des jeweiligen Mediums.
5. die Intensivierung der Recherche-Ausbildung bringt für jedes Medium einen weiteren Mehrwert: über den Ausbildungsprozeß können auf allen Ebenen (bislang unbekannte) Talente rekrutiert, inspiriert und gefördert werden.
6. Exclusive Recherche-Ergebnisse bringen öffentliche Reputation, journalistischen Mehrwert und sind ein Beitrag zur Markenpflege des Mediums

II. Umsetzung: bislang wird die Recherche-Ausbildung im Vergleich zu anderen Angeboten unzureichend genutzt. (vgl. aktuelle Weiterbildungsprogramme etwa bei der Akademie für Publizistik oder der ARD-ZDF-Medienakademie.) Gemessen an den nachweisbaren Effekten für die Medien sollte hier ein künftiger Schwerpunkt in der Recherche-Ausbildung in allen Medien gesetzt werden.

Folgende Bildungs-Formate bieten sich an: (Typologie)

1. Verbesserung der persönlichen Recherche-Strategien – 3-tägiger Praxiskurs

Diese Modul wurde in den vergangenen Jahren in Kooperation mit zahlreichen Journalistenschulen bereits erfolgreich durchgeführt. (Teilnehmer-Zahl: 15 bis 20)
Dieser Kurstyp müsste mindestens zwei Mal im Jahr in jeder Journalistenschule, Sender, Verlag etc. angeboten werden.

2. Recherche – Intensiv: 1 Woche Praxiskurs

Dieses Angebot müsste integraler Bestandteil der Volontärs-Ausbildung sein. Nach derzeit vorliegenden Informationen gibt es solch ein Angebot bislang nur sehr selten. Ergänzend sollte dieses Angebot auch einmal von allen Medien angeboten werden. Bewährt hat sich in diesem Zusammenhang, dass die einzelnen Fachredaktionen einzelne Teilnehmer auf der Basis gründlicher Analyse für diesen Kurs empfehlen.

3. Recherche für Führungskräfte

Dieses von uns entwickelte neue Modul soll vor allem Redaktionsleiter für die Ressource Recherche interessieren und sensibilisieren. Gleichzeitig sollen Optimierungsstrategien in den Redaktionen vermittelt werden. Dieses Seminar ist aus den Reflexionen einer Spezialtagung für Recherche-Trainer in Kooperation mit der Evangelischen Medienakademie (Berlin) entstanden.

4. Mentoring

Ein Jahr begleitet ein „erfahrener" Rechercheur einen interessierten Kollegen oder Kollegin in allen Recherchefragen. Dieses besonders in angelsächsischen Ländern gepflegte Modell kann zu sehr guten Ergebnissen führen, da der Lern- und Arbeitsprozess intensiv und längerfristig angelegt werden kann. Bei der Bearbeitung von Recherche-Stipendien von nr wird dieses Modell meist mit grossem Erfolg umgesetzt.

Besonders erfreulich ist, dass die von nr propagierte Idee der *Recherche-Stipendien* mittlerweile von einem Dutzend anderer Anbieter aufgenommen wurde. (von neon bis kontext, von n-ost bis zu kirchlichen Trägern)

5. Interne Recherche-Hospitanzen

Interessierten Kolleginnen und Kollegen wird vor allem im Volontariat ermöglicht, in einer Phase und bei besonderem Interesse mit einem erfahrenen Kollegen oder Kollegin an einem konkreten Projekt zu arbeiten. Die jeweiligen Recherche-Erfahrungen würden in solche einer vier- bis achtwöchigen Phase weitergegeben.

6. „Donnerstags-Runde"

Im Rahmen offener Runden könnten relevante Recherchen für einen Interessierten Kollegenkreis rekonstruiert werden.

In Werkstattgesprächen könnten hier zudem national und international bekannte Rechercheure *ihren* Recherche-Stil anschaulich vermitteln.

Mit dieser Form haben wir in zahlreichen Recherche-Seminaren sehr gute Erfahrungen gemacht, da auf diese Weise die persönliche Motivation *und* die rein handwerkliche Seite intensiv vermittelt werden könnten.

Zusatznutzen: Durch solche „visits" würde sich das Kontaktfeld der Interessenten positiv ausweiten.

Auf der Jahreskonferenz von nr wird dieses Modell mit etwa zwei Dutzend „Erzählcafes" intensiv vermittelt. Vorteil: authentische Vermittlung von Recherchen, Lernen am Modell, Überwindung des „inneren Schweinehundes" etc.

7. Internationale Konferenz in Zusammenarbeit mit Weiterbildungs-Einrichtungen

Im Jahr 2009 könnte eine international ambitionierte Fachkonferenz (für Recherche-Trainer) mit wichtigen europäischen Rechercheuren angeboten werden. Da es in Deutschland bislang ein solches Projekt nicht gab, ist zusätzlich von einer beachtlichen öffentlichen Resonanz auszugehen.

8. Recherche-Trainings für Spezial-Redaktionen

Dieses Modell wurde bereits sehr erfolgreich bei der Redaktion „zapp" (NDR) und für die Volontärsjahrgänge des ZDF umgesetzt. Hier können spezifische Anforderungsprofile in den Übungskanon integriert werden.

9. Training on the job

Hier wird das gängige Seminar-Prinzip unterbrochen; Trainer beobachten die Arbeit und die Produkte einer Redaktion über einen längeren Zeitraum und bringen ihre Impulse *in* der Redaktionspraxis ein. (z. B. an einem Vormittag) Dieser Ansatz knüpft an die Erfahrungen der „systemischen Therapie" an.

Nicht alles soll bis ins Letzte geklärt und vereinbart werden. Es geht um Reflexions-Impulse, die im Alltag aufgegriffen werden.

III. Curriculum

Intensives Recherche-Training verfolgt vor allem auch das Ziel, Motivation durch konkrete Erfolgserlebnisse zu vermitteln. Es geht darum Interesse an der vertieften journalistischen Arbeit zu wecken, Ängste und Desinteresse abzubauen und den Nutzen für die Alltagsarbeit zu dokumentieren.

Folgende Bausteine haben sich in zahlreichen Seminaren als erfolgreich erwiesen:

1. Einführung in die Recherche an Hand von Fallbeispielen – Hierzu liegen entsprechende Ausarbeitungen und eine power-point-Präsentation vor, die an interessierte Trainer weitergegeben werden kann. (Bestellung: info@ netzwerkrecherche.de)
2. Modul: Quellenmanagment und Informantenpflege (mit vorliegenden Faktenblättern)
3. Modul: Telefon-Training – Does und Don'ts für Rechercheure
4. Die 15-Minuten-Recherche: Die 10-Punkte-Methode zur Überprüfung einer Anfangs-Information – Check von Themen und Agenturmeldungen im Turbo-Tempo
5. Das Promi-Interview incl. Portrait: Die Teilnehmer interviewen prominente Rechercheure nach einem Raster und schreiben ein Portrait; die Ergebnisse werden systematisch sortiert und ausgewertet. Diese aus der Praxis entwickelte Methode erweist sich stets als „absoluter Renner".
6. Detaillierte Rekonstruktion einer „großen" Recherche mit den jeweiligen Autoren nach festgelegtem Raster (u. a. mit erfolgreichen Rechercheuren)
7. Modell Hintergrund-Recherche: Die Teilnehmer recherchieren an Hand eines genauen Rasters über mindestens zwei Tage ein realistisches, aber noch nicht veröffentlichtes, relevantes Thema und liefern am Ende einen ausführlichen Recherche-Bericht ab. Dieser ist Grundlage zur Umsetzung eines Themas in der Redaktion. D. h. Im Normalfall bringen die Seminarteilnehmer nach dem Kurs ein ausrecherchiertes Thema in die Redaktion. Dies ist der Kern des Seminars. Von den Trainern werden *realistische*, unverbrauchte Themen angeboten.
8. Recht für Rechercheure: die wichtigsten juristischen Regeln für die Recherche.
9. Prominent besetztes Hintergrundgespräch mit genauer Vorbereitung, verteilten Rollen und „feed back" *mit* dem Gast und in der Gruppe.

Zu allen Modulen liegen ausgearbeitete handouts vor; jeder Teilnehmer verlässt das Seminar mit werthaltigem Material zum Nachlesen und Nachschlagen. Bestellung bei: info@netzwerkrecherche.de

IV. Kombination Recherche und Interview

Insgesamt würde sich – nicht nur für Volontäre oder Journalistenschüler – ein abgestimmtes Paket von Weiterbildungsmaßnahmen – z. B. über zwei Jahre – empfehlen: (insgesamt 10 Tage) Dazu würden die Module
- Recherche – Einführung
- Online-Recherche

- Interview-Training für Rechercheure
- Die Hintergrund-Recherche

gehören.

Zwischen den einzelnen Modulen würden grössere „Recherche-Hausaufgaben" integriert, die ausführlich ausgewertet und reflektiert würden.

V. Literatur und Material

Hinweise und Erfahrungsberichte zu den skizzierten Bausteinen gibt es in den von mir zusammengestellten Büchern

- Trainingshandbuch Recherche, (2003)
- M e h r Leidenschaft Recherche (2004 – 2. Aufl)
- Alle einschlägigen Titel sowie die zentralen Texte zum Thema Recherche liegen vor.
- Thomas Schuler wird in 2010 ein grosses Recherche-Handbuch vorlegen.

VI. Materialband zur Recherche

2010 wird nr in einer Materialmappe für Recherche-Trainer das über Jahre gesammelte Seminar-Material mit vielen Übungen zur Verfügung stellen.

VII. Ein erneutes Treffen von Recherche-Trainern könnte folgende postiviven Impulse geben:

1. Austausch der Trainer
2. Vorstellung von erfolgreichen Praxis-Modulen
3. Diskussion über die Recherche-Apathie
4. Profi-Impulse von Weiterbildungs-Spezialisten zu übergreifenden Themen wie „Moderations-Technik", Interview-Technik, Umgang mit Krisensituationen etc.
5. Besprechung der geplanten Dokumentation zu „Praxishilfen für Recherche-Kurse
   etc.

Dokumentationen

Die Dokumentationen

nr-Werkstatt:
Getrennte Welten

nr-Werkstatt:
In der Lobby brennt noch Licht

nr-Werkstatt:
Interview-Kulturen

nr-Werkstatt:
Undercover

können kostenfrei gegen einen adressierten und ausreichend frankierten Rückumschlag (DIN C5, 1.50 Euro) beim netzwerk recherche bezogen werden.

Bezugsadresse:
netzwerk recherche e.V.
Geschäftsstelle
Stubbenhuk 10, 5. OG
20459 Hamburg

www.netzwerkrecherche.de
info netzwerkrecherche.de

1. Recherche in der Ausbildung von Journalisten und Informationsbeschaffern

Recherche will Realitäten rekonstruieren. Das geschieht regelmäßig gegen Widerstände und Barrieren bei Interessengruppen, die gerne eine andere Wahrheit vermitteln. Hinter dem Mythos des investigativen Journalismus steckt meist nichts anderes als ausdauernder und bis aufs Mark fühlender Recherche-Journalismus. Wer so arbeitet, muss persönliche Voraussetzungen wie Durchhaltevermögen, Frustrationstoleranz und unglaubliche Neugier mitbringen. Ebenso helfen soziale Qualifikation im Umgang mit anderen Menschen, um an Quellen und Informanten heranzukommen.

Während erfahrene Rechercheure oft unbewusst die richtigen Wege gehen, tun sich junge Kollegen schwer mit einem zielführenden Bewusstsein an harte Recherche-Aufgaben heranzugehen. Damit jedoch das Wissen unzähliger Rechercheur-Generationen nicht auf der Strecke bleibt, tut Aus- und Weiterbildung Not. Zwar gibt es überbetriebliche wie auch *inhouse* veranstaltete Aus- und Weiterbildungen für das Handwerk des Journalisten. Ein Blick hinter die Kulissen zeigt allerdings: Recherche-Training fällt immer wieder unter den Tisch. Medienunternehmen fordern Recherche-Kultur, lassen es aber oft an Anerkennung für Recherche-Leistung mangeln. Unterhalb dieser Ebene kristallisieren sich die Problemfelder bei Weiterbildungsveranstaltern, Seminarteilnehmern und nicht zuletzt bei Dozenten und Trainern. Bei allem Nachholbedürfnis im Fach Recherche gibt es die gute Nachricht: In Wissenschaft und Praxis entstehen mittlerweile eine Reihe von Lösungen für eine bessere Recherche-Ausbildung.

1.1 Interview: Mehr Recherche-Kultur im Journalismus

– Thomas Leif, Vorsitzender von Netzwerk Recherche e. V., über die zunehmende Informationsverdünnung, Bequemlichkeiten eines Berufsstandes und neue Chancen in der Ausbildung

Woher kommt Ihre Leidenschaft für die Recherche?
Ein Trend ist, dass viele Journalisten sich nur noch als Produzenten sehen, die schnell aus Fremdquellen etwas ‚Neues' herstellen. Zwei Drittel des journalistischen Materials kommt aus PR-Quellen oder Interessengruppen. Das ist nur noch eine Art Ergänzungsjournalismus. Mein Bestreben orientiert sich am Qualitätsjournalismus. Und der braucht eben Recherche.

Investigativen Journalismus also?
Ich spreche von Recherche-Journalismus, also der zeitaufwändigen, gründlichen und nachhaltigen Recherche durch Journalisten. Die erste Ebene ist die alltägliche Recherche, bei der vorliegende Informationen kritisch beleuchtet und verglichen werden. Die zweite Ebene ist für mich der besondere Hintergrundbericht mit neu gewonnenen Informationen, die über den Abgleich der vorhandenen Nachrichtenquellen hinausgehen. Und die dritte Qualitätsebene ist die genuine Enthüllung, die aus eigener Kraft entstanden ist und aufgrund der investierten Recherche-Leistung die Öffentlichkeit bewegt.

Weshalb scheuen Sie das Wort ‚investigativ'?
Weil kaum jemand investigativ arbeitet. Man kann ja froh sein, wenn die erste Stufe, die ich eben genannt habe, erfüllt ist. Ich glaube, das Ausmaß der Nicht-Recherche in Deutschland ist überhaupt noch gar nicht analysiert worden. Was investigativ erscheint, ist oft nur von einem Interessenvertreter zugesteckt.

Glauben Sie, dass zeitaufwändige und gründliche Recherche überhaupt noch gefragt ist?
Gefragt schon, aber nicht mehr produziert. Ich glaube auch, dass viele Journalisten weder die Mentalität noch die Antriebskraft zur intensiven Recherche haben, weil das anstrengend und unbequem ist. Recherche-Kultur muss erst wieder neu erfunden werden.

Haben die Redakteure und Journalisten das Recherchieren verlernt?
Der Nachwuchs, den die Boomjahre in den Journalismus spülten, fand es einfach
nur sexy, Journalist zu sein. Es gibt zu viele, die sich gerne selbst sehen und sich
nicht verpflichtet fühlen, eine Dienstleistung für die Gesellschaft zu erbringen.
Jetzt ist der Boom zu Ende und nun wird neu sortiert.

Aber wir sehen auch die Veränderungen in etablierten Magazinen. Journalismus entwickelt sich weg von kritischem Journalismus hin zu Abbildungen des
Oberflächenreizes und zu suggestiven Hypes.

Es gibt aber erste Zeichen für einen *turn-around*. Wir haben herausgefunden,
dass vor allem leitende Mitarbeiter, die Stücke abnehmen, die Themen einkaufen
und Aufträge erteilen, wieder das Recherchieren lernen sollten. Recherche ist in
Deutschland nicht nur ein Basis, – sondern auch ein Führungsproblem.

*Inwiefern sind die von Ihnen kritisierten Missstände ein hausgemachtes Ausbil-
dungsproblem?*
Traurig, aber wahr ist: Wie selbstverständlich gehen Medienunternehmen davon
aus, dass Journalisten recherchieren können. Die Älteren glauben, sie können
recherchieren, die Jüngeren fangen bei Null an. Es gibt keine systematische
Recherche-Ausbildung, keinen einzigen Sender, keine einzige Redaktion, die
training on the job macht. Volontariate im öffentlich-rechtlichen Rundfunk bieten
oft keinen einzigen Recherchekurs.

Kein Licht am Horizont?
Gut, der Holtzbrinck-Verlag hat u. a. für die *Saarbrücker Zeitung* Recherche-Kurse
veranstaltet. Außerdem wurden bei einigen Regionalzeitungen Chefreporter eingestellt, die das Privileg haben, länger an einem Thema zu arbeiten.

*In den USA sind die Recherche-Journalisten die Helden und arbeiten im Teams.
Wie ist das bei uns?*
Vieles, was über den fantastischen Recherche-Journalismus in den USA gesagt
wird, stimmt nicht. Für Deutschland gilt: Wenn Sie länger an einem Thema arbeiten,
unterscheiden Sie sich allein schon in ihrer Arbeitsweise. Sie müssen Ihr Thema
exklusiv unter Verschluss halten. Sie stehen unter einem gewissen Individualisie-
rungsdruck. Eigentlich hätten die alten Haudegen den informellen Auftrag, den
Jungen das Geschäft zu zeigen. Aber der Jugendkult in den Medien vertreibt jede
Motivation in dieser Richtung.

*Investigative Journalisten werden vor allem von der eigenen Gilde missgünstig
beäugt. Woran liegt das?*
Wer eine gut recherchierte Story bringt, wird meist nur von einer kleinen Schar
von Insidern beachtet. Ansonsten findet Anerkennung kaum statt. Ich meine, dass

gute Rechercheure hervorgehoben werden müssen. Hoch angesehene Trophäen gibt es für die besten Reportagen, die erfolgreichsten Recherchen werden nicht ausgezeichnet.

Anerkennung spiegelt sich auch im Verhalten der Führungskräfte in den Redaktionen wieder. Wenn ein Kollege aufgrund seiner Recherchen Druck von außen bekommt, muss er selbstverständlich Rückendeckung bekommen. Gefragt ist doch mehr Anerkennung, mehr Ausbildung, mehr Team-Orientierung bereits in der Planung, bessere Ergebnisse und bessere Kommunikation über die Ergebnisse. Schauen Sie sich doch die ARD-Magazine an. Ihre Meldungen in den Agenturen und der Abdruck von News auf der Grundlage guter Recherchen ist für ein publizistisches Unternehmen viel mehr wert als Anzeigen oder Unterhaltungsshows. Die Öffentlich-Rechtlichen bekommen übrigens auch Gebühren dafür, dass sie stellvertretend für die Gesellschaft gewisse Unregelmäßigkeiten ans Tageslicht bringen.

Auf dem Mainzer Medien-Disput wurde viel von Agentur-Journalismus und Second-Hand-Journalismus geredet. Sehen Sie eine Verflachung des politischen Journalismus?
Vor allen Dingen gibt es einen Trend zum Oberflächlichen. Eine Komplexitätsfalle lässt Journalisten glauben, die Leute könnten kompliziertere Stoffe nicht mehr verstehen. Studien haben nachgewiesen, dass die Boulevardisierung der Regionalzeitungen zunimmt. Themen, die früher unter „Vermischtes" liefen, wandern jetzt auf die „Seite Eins". Aggressive Bildüberschriften werden beliebter – das ist Soft-Boulevard. Was die *Bild-Zeitung* macht, hat sich in variierter Form in Regionalzeitungen eingeschlichen. Der private Rundfunk verdünnt Informationen auf Teufel komm raus. Die Tendenz ist, dass nur noch Stoffe, die unterhaltenden Charakter haben und personalisierungsfähig sind, gesendet werden. „Keep it simple and stupid" meint: Es werden eher die Produzenten der Einfachheit genommen als die Gestalter komplexer Sachverhalte. Recherche-Journalismus ist eben meist komplexer Natur. Informationsverdünnung dagegen sehen viele Programmverantwortliche als Mittel zur Quotensteigerung.

Wird nur noch gesendet oder gedruckt, was Quote macht?
Es geht um Massentauglichkeit. Das Genre des „Aufregers" spricht Bände. Formel-Eins-Geschichten stehen sogar in der *Tagesschau* ganz vorne. Boris Becker wird statt als Straftäter als Promi-Figur gesehen und gesendet. Über Dieter Bohlen laufen während der Buchmesse jede Menge Filme in etablierten Kulturmagazinen. Wer kritische Geschichten bringt, der landet um 23.30 Uhr auf der Feature-Leiste, wenn die Leute schlafen. Der Sieg des Seichten auf allen Wellen ist nicht zu übersehen.

In dem amerikanischen TV-Magazin „60 Minutes" werden investigative Geschichten gebracht, die jedes Mal ein Quotenschlager sind. Wollen deutsche Zuschauer, Leser und Zuhörer keine Enthüllungen?
In den USA wird jeder miserable Mord zur Sensation hoch gepuscht. Es gibt auch viel nervöse Berichterstattung wie etwa Hass-Radios. USA ist kein Vorbild. Die USA hat nur einzelne Segmente, die vorbildlich sind. Wir leben in einer Gesellschaft, die hoch zerklüftet ist. Nicht alle werden ausreichend mit Qualität bedient. Ich glaube, dass sich Qualität am Ende durchsetzt. Qualität kommt von Qual und Qual hat etwas mit Recherche zu tun.

Welche Segmente in Amerika sind gut und welche schlecht?
Bis auf die Qualitätszeitungen sind die amerikanischen Regionalzeitungen genauso spießig wie unsere Regionalzeitungen. Da gibt es zwar hier und da schon mal Recherche-Blüten, aber das ist konventioneller Journalismus. Es gibt dann, wie bei uns auch, sehr gute Magazine oder Zeitschriften, wie die *New York Times*. Fernsehen und Hörfunk sind informativ oft vermüllt. Elektronische Medien emotionalisieren enorm. Stark um sich greift in den USA die Personalisierung. Schauen Sie an, wie der unabhängige US-Journalismus patriotisch für die Irak-Bombardierung eingenommen worden ist. Es gab in dem Sinne keine kritische oppositionelle Berichterstattung, mit wichtigen Gegeninformationen zur militärischen Logik der Bush-Administration. Seitdem ich einige Journalisten-Kongresse in USA erlebt habe, bin ich skeptisch geworden. Die Kollegen kochen auch nur mit Wasser.

Es wird oft beklagt, dass Recherche-Journalismus zu teuer ist.
Wir geben Geld für so viel Unsinn aus. Wer Content produzieren will, muss eben investieren, in Reisekosten und Recherchetage. Es ist beispielsweise eine qualitative Entscheidung in Richtung journalistischem Freiraum, wenn sich in Zeitungen Pools von Leuten bilden, die sich austauschen können und dafür auch freigestellt sind. Qualitätsstudien zur *Hessen-Nassauischen Allgemeinen* in Kassel haben festgestellt, dass ihre Leser kritische, reflektierte, durchrecherchierte Storys sehr honorieren. In einem hoch differenzierten Medienmarkt können Sie sich nur mit publizistischen Sonderleistungen abgrenzen. Nur haben viele Verlagsmanager mit dem Medien-Content keinen Vertrag, sondern hängen an der Nadel des Controllings. Sie sind Betriebswirte, die auch Frittenbuden im großen Stil betreiben könnten, aber keine Verlage im alten Stil. Und außerdem: Die einzelnen Medien im Konkurrenzkampf und Marktwettbewerb können sich durch einmalige Storys ein Markenimage erwerben, wie etwa die *Süddeutsche Zeitung*. Auch im *Tagesspiegel* gibt es Autoren, die mit Hand und Fuß auf „Seite Drei" veröffentlichen. Neudeutsch nennt man das *return on investment*. Das sollten die Verlags-Betriebswirte doch verstehen.

Welche Mittel halten Sie im Recherche-Journalismus für gerechtfertigt? Lügen über die Identität oder verdeckte Recherche à la Wallraff – wo liegen die Grenzen?
An erster Stelle steht das Basishandwerk: Fachkompetenz ansammeln, den Dingen nachgehen und viele Quellen bearbeiten. Wer in Einzelfällen eine verdeckte Identität braucht, diese absichert und begründet, soll sie haben. Aber nur,wenn es Relevanz und Struktur der Geschichte begründen. Die Wallraff-Methode, wer wendet die denn an? Das ist doch ein historischer Mythos. Die Tatsache, dass Journalisten illegale Methoden anwenden, ist wirklich die Ausnahme. Die reale Bedrohung ist, dass Informanten verfolgt werden. EU-Kommission, BKA, LKAs, Ministerien fahnden nach Informanten. Groß-Bataillone von Juristen verhindern bestimmte Themen, weil die Gegenseite die Recherche fürchtet, wie der Teufel das Weihwasser.

Fehlt es an Medienkritik?
Medien beeinflussen das gesellschaftliche Zusammenleben, werden von Akteurseite aber kaum reflektiert. Journalismus ist in dieser Frage degeneriert. Schauen Sie sich Medienveranstaltungen an. Die Gewerkschaften sind vollkommen marginalisiert als Akteure eines kritischen Journalismus. Harte Diskussionen über fachliche Fragen gibt es kaum. Schauen Sie die Austausch-Listen von bestimmten Journalisten-Mailings an. Das Einzige, was funktioniert, sind Journalisten-Rabatt-Seiten. Da tut der Berufsstand schon viel um nicht besonders ernst genommen zu werden. Tucholsky hatte Recht mit seinem Hinweis, dass die meisten Journalisten schon froh sind, nur wie eine Macht behandelt zu werden.

Kann man denn Journalismus überhaupt noch als Vierte Gewalt sehen oder als Kontrollorgan der Demokratie, was er eigentlich sein sollte?
In Ausnahmen sehr wohl. Generell ist Journalismus heute eine miniaturisierte Vierte Gewalt, bei der die Legitimation und die Qualität sehr zu wünschen lassen. Meiner Ansicht nach ist die selbstkritische Sicht auf den Journalismus sehr unterentwickelt.

Wie beurteilen Sie die Rechtslage für Rechercheure in Deutschland?
Wer heute recherchieren will, der kann das. Wir haben eine solide Rechtsprechung des Bundesverfassungsgerichts. Bedrohung sehe ich in Knappheit der Mittel, das mangelnde Bewusstsein der Vorgesetzten für Recherche-Journalismus, Manipulation der Informanten und vor allem durch die juristischen Mittel der potenten Gegenseite. Das ist der Versuch mit allerhand Winkeladvokatentum die Recherchen zu brechen. Und natürlich die mangelnde Loyalität in den Häusern, in den Verlagen, die die Rückendeckung aufgeben, wenn es heiß wird. Aber das sind keine Entschuldigungen, um auf Recherche zu verzichten.

Zum Verhältnis von Politik und Journalismus. Gibt es in Deutschland einfach wenig Skandale aufzudecken, oder sonnen sich Journalisten lieber gern in der Macht, als sie anzugreifen?
Bequemlichkeit und Zurückhaltung ist die Krankheit, gemischt mit der Lustlosigkeit zur Arbeit. Alle Kollegen, die schon einmal richtige Skandale aufgedeckt haben. wissen, dass sie mehr in ihrem Job bringen müssen, als verlangt wird. Und darauf haben wenig Leute Lust. Es fehlt an Know-how, es fehlt an Kompetenz, es fehlt an Zugriff, es fehlt an Power und es fehlt auch an kooperativer Arbeit. Zur Politik haben viele Kollegen ein desinteressiert-zynisches und gelangweiltes Verhältnis. Sie wollen die Show auf der Bühne haben und sind teilweise Produzenten der Show. Die Bewertung der politischen Performance ist ihnen wichtiger als die analytische Bewertung der Substanz von Politik.

Welche Lösungsansätze sehen Sie?
Wir alle sollten uns auf die journalistischen Wurzeln besinnen. Wir müssen Qualitätskriterien auf allen Ebenen fordern: durch eine sehr intensive Ausbildung, durch *mentorings*, durch Begleitung, durch Anerkennungskultur. Eine selbstkritische Inventur des Journalismus ist nötig. Kritische Reflexion in den Redaktionen

müsste ganz oben auf der Agenda jeder Führungskraft stehen. Und wir brauchen eine bessere Auswahl von Journalisten, um Party-Journalismus vom seriösen Journalismus zu trennen.

Noch eine hypothetische Frage: Stellen Sie sich vor, Sie recherchieren an einem Thema, bei dem ein Freund involviert ist. Dabei stellt sich heraus, dass Ihr Freund Dreck am Stecken hat. Wie würden Sie sich verhalten? Würden Sie es trotzdem berichten?
Ich würde prüfen, wie valide die Quellen sind. Wenn sie das nicht sind, würde ich an diesen Stellen weiterrecherchieren. Ich würde niemals einem faulen Ei nachgehen, und niemals dubiose Quellen nutzen. Sie müssen jede Sache unvoreingenommen, kritisch und nachhaltig prüfen. Und wenn Sie von privater Seite etwas kriegen, müssen Sie es doppelt prüfen. Vielleicht würde ich die Geschichte an Kollegen weitergeben. Misstrauen ist sozusagen die zentrale Ressource von Recherche. Dazu kommt eine Überdosis Neugier und natürlich die permanente Überprüfung aller verfügbaren Quellen.

Interview: Jennifer Knoblach, Bearbeitung: Stefan Mühleisen

1.2 Recherchieren lernen
– Plädoyer für ein journalistisches Handwerk

von Johannes Ludwig

Journalisten, die recherchieren und darüber schreiben, sind bodenständig: ihre Welt, die sie anderen rational und kognitiv vermitteln wollen, ist die reale – nicht die fiktive, die sich vorrangig über ästhetische Gestaltungselemente konstruiert. Journalisten beschreiben und rekonstruieren vor allem die Realität, wie sie existiert oder wie sie wahrgenommen wird. Zauberei spielt dabei keine Rolle. Schreibende Beobachter, die andere nicht aus der real existierenden Wirklichkeit in künstlerische Welten ‚entführen‘ wollen, sondern die ihren Job im Heranführen an nackte Tatsachen sehen und andere damit ‚fesseln‘ wollen, sind daher nicht so sehr Künstler, sondern vorrangig nüchterne Realitätsrekonstrukteure, auch Rechercheure genannt. Das dazu relevante Know-how besteht demnach in Fertigkeiten, die sich ganz pragmatisch an eben dieser Aufgabe orientieren: in einem journalistisch wachsamen Blick, im kritischen Denken sowie im kompetenten Erklären. Aus diesem Grund ist Recherchieren auch keine „hohe Kunst“, für die man ‚begnadet‘ sein muß, sondern Handwerk. Und Handwerk ist erlernbar.

Aus der Didaktik, der Psychologie und den Managementwissenschaften wissen wir, dass man Wissen vermittelt, indem man darüber spricht, die Probleme benennt sowie Lösungen diskutiert und praktiziert. Diese drei Aktivitäten gilt es zu trainieren, sprich zu üben.

Recherchieren ist nachträgliches Rekonstruieren von Ereignissen und Zusammenhängen. So genanntes investigatives, also untersuchendes, ermittelndes Recherchieren ist dabei nichts anderes als Recherchieren unter erschwerten Bedingungen: die Rekonstruktion von Realitäten geschieht hier regelmäßig gegen Widerstände und Barrieren. Die Grenzen zwischen Recherchieren, hartnäckigem Recherchieren und investigativem Recherchieren sind dabei fließend.

←――――――――――――――――――――――――――――――――――――――→

| Übernahme von fremden Berichten, Nachrichten, Infos usw. | Recherchieren | Hartnäckiges Recherchieren | Investigatives Recherchieren |

Ein weites Feld spannt sich vom investigativen Journalismus bis zum Übernehmen vorgefertigter Informationen.

Im Grunde ist Recherchieren, wenn man es ernsthaft betreibt, immer auch ermittelnd, sprich auf Informationssuche angelegt, die jenen, die im Visier der Beobachtung stehen oder die die seitens der Journalisten nachgefragten Informationen ‚kanalisieren' sollen, nicht unbedingt zum Wohlgefallen gereichen muß. In dieser Hinsicht ist ernsthafte Recherche regelmäßig unerwünscht und deshalb investigativ.

Es gibt zwei elementare Voraussetzungen, um Menschen für die Recherche zu begeistern: Es muß sich um aufgeschlossene, interessierte, ‚hungrige' Leute handeln. Sie müssen über die soziale Qualifikation verfügen mit anderen Menschen umgehen zu können – im Zusammenhang mit Quellen, Informanten, aber auch mit den in Frage kommenden Objekten der Recherche selbst, die Rechercheuren meist nicht sehr wohlgesonnen sind.

Viele Journalisten sind von einem gewissen Jagdtrieb geprägt. Das ist die Voraussetzung für das ‚Dranbleiben' an einem Objekt oder an einem Thema. Dass Recherchen dennoch häufig stecken bleiben oder erst gar nicht in Gang kommen, liegt oft am Ansatz oder Start. Unzureichende Arbeitsbedingungen erschweren die Recherche: wenig zeitlicher und mentaler Freiraum zum Nachdenken, geringe Kapazitäten, Stress und Produktionsdruck. Was das Interesse und die handwerkliche Ebene betrifft lässt sich Begeisterung entzünden. Investitionen ins Recherchetraining lohnen sich daher, denn sie setzen bisher verborgene Kräfte frei.

1.3 Recherchieren als Seminar
– Problemfelder, Aufgabenstellungen und Abhilfen

von Michael Haller

Immer wieder hört man Seminarteilnehmer hinterher sagen: „Das war ja spannend, aber meine Redaktion lässt mich leider nicht so arbeiten." oder „Vielen Dank für die prima Tipps, vielleicht kann ich sie ja auch eines Tages anwenden." oder „Hat mir viel gebracht, nur umsetzen kann ich solche Methoden bei uns leider nicht."

Warum ist es so schwer auch interessierten Journalisten das Handwerk der Recherche in berufsbegleitenden Seminaren so nahe zu bringen, dass sich etwas in ihrem Berufsalltag verändert? Hat dies vielleicht etwas mit der Weiterbildungsform Seminar zu tun?

Natürlich fielen mir gleich einige Antworten ein. Doch diese Annahmen wollte ich erst einmal überprüfen. Also habe ich mir zur Vorbereitung auf den Netzwerk Recherche-Workshop „Train the Trainer" in Berlin den Berg an Seminarbewertungen, Übungsmaterialien, Beispielsammlungen, Gesprächsnotizen, Protokolle und Korrespondenzen aus meinen inzwischen zwanzig Jahren Rechercheseminar-Dozentendasein unter die Lupe genommen – und die Befunde mit den Erfahrungsberichten anderer Dozenten und Absolventen anderer Seminare abgeglichen.

Dabei herausgekommen ist eine Problemanalyse gängiger Recherche-Seminare, die ich im Folgenden anhand folgender vier Problemfelder beschreiben möchte:

- der Veranstalter
- die Seminarteilnehmer
- die Seminarsituation – und nicht zuletzt:
- der Dozent

Nach dem Denkmuster „Diagnose-Therapie" möchte ich zu jedem dieser vier Punkte zuerst die Problem verursachenden Gründe, daran anschließend Lösungsvorschläge erörtern.

Problemfeld Veranstalter

Unter den berufsbegleitenden Seminaren sollte man zwischen *Inhouse*-Workshops und überbetrieblichen unterscheiden. Da praktisch alle Zeitungs- und die meisten

Zeitschriftenvolontäre – immerhin rund 70 Prozent des Journalistennachwuchses – Recherchieren in überbetrieblichen Kursen lernen (sollen) und *Inhouse*-Workshops die Spezialität großer Medienhäuser sind, beschränke ich mich im Folgenden auf die Situation in den überbetrieblichen Akademien und Journalistenschulen.

Zur Auswertungsbasis: Ausgewertet habe ich meine Erfahrungen aus den drei überbetrieblichen Akademien in Deutschland (Hamburg, Hagen, München), dem MAZ in Luzern, der ÖMA in Salzburg, der Deutschen Journalistenschule sowie verlagseigenen Schulen in Hamburg, Essen und Berlin.

Verdecktes Desinteresse

Ein Recherche-Dozent spürt schon bei der ersten Kontaktnahme das nur gespielte Interesse der Akademiechefs und Kursleiter. Zwar haben sie inzwischen gelernt, dass Recherchieren etwas Wichtiges ist, doch es bleibt abstraktes Wissen. Es werden keine nachhaltigen Konsequenzen gezogen. Dies liegt auch an der beruflichen Sozialisation vieler Kursleiter, die selbst Seiteneinsteiger sind und den Journalismus über ihre Vorliebe für den sprachlichen Ausdruck entdeckt haben.

Oftmals definieren sie die Akademieziele auch nach dem Geschmack ihrer Kunden, also den Pressehäusern, denen die „flotte Schreibe" und das Textmanagement als Lernziele wichtiger sind als das Recherchieren. Hinzu kommt eine ziemlich unreflektierte Faszination gegenüber der Technik. Weil die Akademie auch einige Fernsehkameras besitzt, müssen die Zeitungsvolontäre während der Kurszeit drei Tage mit der Kamera herumlaufen. Für systematisches, erfolgskontrolliertes Recherchieren hat man keine Zeit.

Viele Akademieleiter sind stolz auf ihre neueste Technik: Digitalkamera, tolle Scanner, neue, superschnelle Rechner, endlich sogar TFT-Flachbildschirme. Recherchieren? „Wir bieten den Volos jetzt auch ein Internetseminar" antwortete ein Kursleiter in Hamburg ganz frei von Ironie. Auch dies zeigt, dass man fürs Recherchieren kein tieferes Verständnis hat. Oft fehlt die Recherchier-Standardausstattung in Form aktueller (!) Behördenverzeichnisse und Jahrbücher, nachgeführten Telefonlisten, den wichtigsten Nachschlagewerken und Lexika, genügend Aufzeichnungsgeräten und Telefonen mit Mithör- und Mitschneidemöglichkeiten. Die Missachtung der Recherche-Literatur erkennt man auch daran, dass ein „Hiwi" (oder die Sekretärin) die in einem abgelegenen Winkel untergebrachte Hilfsbibliothek zu betreuen hat. Natürlich besitzt die Akademie das Recherche-Handbuch und die Recherche-Fachzeitschrift. Nur greifbar ist nichts. Auf Nachfrage erfuhr ich: „Klar, wir haben zwei Exemplare des Handbuchs", dann, nach kurzer Pause: „Aber eins ist schon lange verschwunden, wahrscheinlich hat es jemand mitgehen lassen." Das andere stehe im Chefzimmer.

Wenn man die auf vier Wochen angelegten „Volo"-Kursprogramme der überbetrieblichen Einrichtungen unter die Lupe nimmt, dann wird deutlich: Die Recherchierkurse sind meist auf vier Halbtage verdichtet, höchstens ein Tag „Theorie", knapp ein Tag „Auswertung", dazwischen ein paar Stunden zum Telefonieren und Internetsurfen. Das heißt: Von dem Lernstoff eines Volontariats, der gemäß Manteltarifvertrag überbetrieblich zu vermitteln ist, werden knapp sieben Prozent fürs Recherchieren aufgewendet. Rechnet man die vollen zwei „Volo"-Jahre als Ausbildungszeit, sind es gerade 0,3 Prozent.

Wir haben für die Fachzeitschrift *Message* im Herbst 2000 unter den Ausbildungseinrichtungen eine Enquête durchgeführt. Auf die Frage, ob spezielle Recherchierseminare angeboten würden, lautete eine der Antworten: „Recherchieren, das lernt man doch nebenbei, wenn man an seinem Thema arbeitet" (vgl. *Message* 1/2001, S. 43–47). Der Ton macht die Musik im Haus.

Abhilfe: Einstellung der Veranstalter ändern

Wir müssen dafür sorgen, dass sich die Einstellung der Veranstalter gegenüber der Recherchierausbildung ändert. Hier neue Vorschläge:

Bedingungen definieren: Am wirksamsten wäre es, wenn sich alle Dozenten darauf verständigten, dass diese eintägigen „Telefonier-doch-mal-rum- oder Wir-surfen-mal-im-Internet-Seminare" nichts bringen und darum abzulehnen sind. Und wenn sie genügend Selbstbewusstsein und Kompetenz besitzen, sollten sie folgende Minimalbedingungen nennen:

• Begrenzung der Seminargröße auf eine Zahl individuell schulbarer Teilnehmer;
• kein wilder Seminarhaufen, sondern eine homogene Gruppe (gleiche Voraussetzungen und Vorkenntnisse, dieselbe Mediengattung);
• genügend Zeit für angeleitetes Methodentraining, genügend Zeit für Übungsrecherchen, genügend Zeit für die Auswertung (mehr dazu im Abschnitt für Praxismodule);
• minimale technische Ausstattung (neben den technischen Apparaten auch Zugangsliteratur, Nachschlagewerke, Verzeichnisse, Beispielsammlungen);

Natürlich fällt es vielen hauptberuflichen Dozenten schwer solche Forderungen anzumelden. Die Sorge, sich unbeliebt und entbehrlich zu machen, ist verständlich. Aber es hilft bereits, wenn sie die für ein gelungenes Seminar notwendigen Bedingungen immer wieder ansprechen und ihre Forderungen in homöopathischen Dosen anmelden.

Anstöße geben: Man sollte die Akademie- und Kursleiter für Defizite beim Recherchieren sensibilisieren, indem man sie als Dozent um gute Recherche-

Beispiele mitsamt Rechercheprotokoll aus anderen Kursen und Seminaren der Akademie bittet. Plötzlich merkt man dort, dass man gar keine hat. Nun kann der Dozent doch immerhin um die Anschaffung von Beispielsammlungen wie *Recherche Werkstatt* (vgl. Haller, 2001) bitten.

Unter die Arme greifen: Hilfreich ist es, wenn der Dozent dem Veranstalter eine Literaturliste und eine Ausstattungsliste an die Hand gibt: Im ersten Abschnitt steht, was zwingend erforderlich, im zweiten, was erwünscht ist. Es nützt, wenn man seine Ausstattungswünsche mit anderen Dozenten (insbesondere: Onlinejournalismus, Reportageschreiben, Ressortjournalismus) abgleicht: Wenn drei dasselbe wollen, hat die Forderung mehr Durchschlagskraft.

Mit gutem Beispiel vorangehen: Es empfiehlt sich, gut dokumentierte Recherchen aus den eigenen Seminaren als Beispiele der Akademie oder Einrichtung zur Verfügung zu stellen. Die Sammlung wird in einem Ordner – gut sortiert nach Recherche-Typen und Themenfeldern – abgeheftet und einem Mitarbeiter der Einrichtung zur Betreuung anvertraut. Weitere gut aufbereitete und dokumentierte Recherche-Beispiele finden sich in *Message*, die von der Einrichtung bereitgestellt werden sollte.

Für Nachbereitung sorgen: Es genügt nicht, den Teilnehmern eine Seminarkritik (ob mündlich oder schriftlich) abzufordern. Entscheidend ist die Umsetzung des Gelernten im journalistischen Alltag. Also müssten die Absolventen weiter begleitet werden. Der Dozent sollte die Veranstalter dazu bringen, dass der Kontakt in den nächsten Wochen anhält, z. B. über eine Mailingliste. So können die Seminarteilnehmer Fragen, Zwischenergebnisse oder Probleme kommunizieren. Dies ist zweifellos ein mühsames und auch ehrgeiziges Unterfangen. Doch der Veranstalter sollte lernen, dass Recherchieren ein erfolgskontrollierter Lernprozess ist, der begleitet werden muss. Die Dozenten als Einzelkämpfer stoßen hier an ihre Grenzen. Darum sollte für diese Aufgabe das Netzwerk Recherche als Mentor eingesetzt werden.

Problemfeld: Nöte mit den Seminarteilnehmern

Nur wenige Leute des journalistischen Nachwuchses bringen den „Biss" gleich mit. Die meisten haben eine Konsumentenhaltung. Da wird die Trinkflasche gemächlich ausgepackt und neben das Handy auf den Tisch gestellt, die Arme verschränkt und abgewartet: Was bringt er uns, der Typ da vorn? Dank Pisa wissen wir auch, dass Ahnungslosigkeit verbreitet ist. Nur wenige Berufseinsteiger haben eine genaue Vorstellung, was eine Information, was eine Behauptung und was nur Geschwätz ist. Es sind diese vier „Volo"-Typen, die wir fürs Recherchieren erst mal gewinnen müssen:

Die Oberschlauen: Kaum haben sie von einer Begebenheit gehört schon beginnen sie zu fabulieren: „Na klar, das kam so, weil ... “ oder „Ich hab 'ne Idee, wer dahinter stecken könnte!" Mit anderen Worten: Sie suchen nach Erklärungen, noch ehe sie wissen, was tatsächlich passiert ist. Ihr Motiv ist Geltung: Sie wollen vor den anderen als vielwissend und besonders clever erscheinen.

Die Gutgläubigen: Sie halten (fast) alles für wahr nach dem Motto: „Ich will eine nette Geschichte erzählen, Zweifel stehen mir im Wege." Bei einigen ist es tatsächlich Naivität, bei vielen anderen indessen Bequemlichkeit, warum sie recherchierfaul sind. Abschreiben macht keinen Stress.

Die Angepassten: Viele junge Leute stellen sich instinktiv auf das ein, was ihre Chefs wünschen – nicht unverständlich in Zeiten der Krise mit steigender Arbeitslosigkeit. Ihr Motto: „Infos gibt's in Hülle und Fülle, gefragt ist die griffige Story. Und entsprechend biege ich die Schose zurecht."

Die Romantiker: Sie suchen nach der ganz großen Enthüllung, nach dem Skandal. Alles, was nach alltäglicher Knochenarbeit aussieht, erscheint ihnen trivial. Sie träumen vom knallharten, investigativen Rechercheur, der irgendwann mit einer großen Enthüllung zu Ruhm gelangen werde wie schon Woodward und Bernstein.

Ihnen allen gemeinsam ist eine irreführende Einstellung zum Journalismus im Allgemeinen und zum Recherchieren im Besonderen.

Abhilfe: Seminarteilnehmer fürs Recherchieren gewinnen

Wir müssen diese Leute fürs Recherchieren gewinnen – sie als erstes aufwecken. Der episodal gewählte Seminareinstieg, die ersten Beispiele, die Methodenhinweise, sie müssen zum Aha-Erlebnis führen: „Das also heißt Recherchieren!" Im Einzelnen sind es folgende Inhalte, die „rüber kommen" sollten:

Die mit Datenbanken und Webangeboten überfütterten Journalisten müssen den Status von Informationen kennen und nutzen lernen: Was sind Sachverhalte, was Behauptungen, was Kolportage? Was unterscheidet aggregierte von hypothetischen, was spekulative und deutenden Aussagen? Was alles gehört zur Sachebene, was zur Deutungsebene? Wie unterscheide ich belegte von nur behaupteten, diese von evidenten oder konsensgestützten Aussagen? Diese Unterschiede sollten anhand verschiedener Szenarien und Fallbeispiele immer wieder durchgespielt werden wie das „Kleine Einmaleins" in der Grundschule.

Der Umstieg vom Alltagsdenken in professionelles Denken lässt sich am Umgang mit Vorurteilen schulen, z.B. kann man mit suggestiv formulierten Testfragen („Finden Sie nicht auch...?") die Leute verunsichern und aus ihren Schablonen kippen, sie gegen ihr eigenes Vorurteil recherchieren lassen. So lernen sie das Neue, noch nicht Gedachte zu denken – und nebenbei auch, wie eine ‚echte' Thesenrecherche funktioniert.

Zum Denken gehört auch der zutreffende sprachliche Ausdruck. Der Dozent kann über seine Sinnbilder und Metaphern zeigen, dass es immer auch um eine spezifische Denk- und Herangehensweise geht: unter die Lupe nehmen, hinter die Kulisse, hinter die Fassade blicken, den Knäuel entwirren, am Faden ziehen, auspacken, entblättern, nachlegen, den Boden entziehen.

Vom Beliebigen zum Wichtigen: Viele angehende Journalisten sind mit RTL, ProSieben und Sat.1, mit *Focus, Bild* und *Bunte* aufgewachsen – und haben kein Bewusstsein für das, was das Bundesverfassungsgericht einst die „öffentliche Aufgabe" nannte. Warum überhaupt recherchieren? Man muss ihnen zeigen, was aus der Orientierungsfunktion des Journalismus würde, wenn nur noch PR-Produktionen und Kurzweilgeschichten publiziert würden. Anhand vieler Beispiele und der Szenariotechnik lässt sich zeigen, was „Relevanz" bedeutet und was gemeint ist, wenn die Landespressegesetze dem Journalismus die Aufgabe, Kritik und Kontrolle zu üben, explizit zuweisen.

„Helden der Recherche": und immer wieder exzellente Rechercheure als Beispiele und auch Vorbilder anführen – nicht nur Wallraff, die Neue Heimat, die Barschel-Affäre und Leyendeckers Spendenskandal, sondern auch Unbekannte vor allem aus der Welt des Lokaljournalismus, vorausgesetzt, sie sind wirklich lehrreich.

Problemfeld: Der Frust mit der Weiterbildungsform

Erst diese taxierenden Blicke, dann die Vorstellungsrunde, dazwischen die Hinweise des Kursleiters, dass die schmutzigen Tassen bitteschön in die Spülmaschine gehören: Für die meisten Teilnehmer ist ein Seminar eine Veranstaltung an einem fremden Ort mit fremden Menschen und fremden Zielsetzungen. Sie sind verunsichert, manche auch ängstlich, einige überspielen ihre Unsicherheit mit betont lässigem Gehabe. Und wenn eine Recherche-Aufgabe ansteht, sagt einer: „Also, hier kenne ich mich nicht aus!" oder „Bringt mir doch nichts, bei uns ist die Behörde anders organisiert." oder „Teamarbeit geht doch nur mit Kollegen, die man kennt." Es stimmt, der fremde Ort ist für viele ein Problem: Es zieht ihnen den Boden unter den Füßen weg.

Hinzu kommt die unrealistische Situation: Da soll eine Lokalrecherche genau während dieser zwei Seminartage durchgezogen werden. Wo doch gerade heute der Behördensprecher krank und der Vorstandsvorsitzende auf Geschäftsreise sind. Kurz: Seminare laufen in einer willkürlich definierten Zeitschiene ab – und sind deshalb von vielen Glücksfällen abhängig.

Abhilfe: Das richtige Seminarkonzept

Eines der Probleme haben wir schon abgehandelt: die zu kurze Seminardauer. Würde das Seminar auf zwei oder drei Wochen verteilt, könnten sich die Leute auf die Gegebenheiten einstellen (vgl. folgenden Beitrag: „Das richtige Seminarkonzept wählen").

Weil dies meistens nicht geht, ist Mehrarbeit angesagt: Die Übungsrecherchen müssen von langer Hand vorbereitet und die Verfügbarkeit unverzichtbarer Ansprechpartner gecheckt werden (gilt vor allem für „Volo"-Seminare).

Aber man kann die Tatsache, dass alles fremd ist, auch als Chance verstehen, weil hier die alten Verhaltensmuster (z.B. die fest programmierte Telefonnummer der Pressestelle zu drücken) nicht greifen: Den eingespielten Helfer aus der Dokumentations-Abteilung gibt es hier nicht; der ältere, erfahrene Kollege, der immer Rat weiß, er ist nicht da.

Wir Dozenten sollten mit der künstlichen Seminarsituation offensiv umgehen, also den Teilnehmern gleich klar machen, dass es eine Laborsituation ist, bei der notwendigerweise die Vorgehensweise, also das Methodische, im Vordergrund steht und nicht der zu recherchierende Inhalt.

Wir können die Leute sogar dazu bringen, über das eigene Vorgehen nachzudenken: Wie komme ich zu gesicherten Ausgangsinformationen? Welche Stellen und Ansprechpartner könnte es hierzu geben? Wer spielt welche Rolle bei dem Thema? Wen müsste ich zuerst, wen anschließend, wen eher am Schluß befragen? Der fremde Ort bietet tatsächlich eine gute Gelegenheit, sich ins methodische Recherchieren hineinzudenken, den das funktioniert überall gleich. Da dämmert es vielen, dass die Reihenfolge der Befragung für den Recherche-Erfolg von zentraler Bedeutung ist. Plötzlich geht so manchem ein Licht auf, dass Ursachenfragen weit zurückgestellt und zuerst die ereignisbezogenen Sachfragen geklärt sein müssen.

Jetzt können wir den Seminaristen auch die wichtigsten Hilfsmittel ans Herz legen, weil sie in dieser fremden Umgebung deren Nützlichkeit viel schneller begreifen:

· das Recherche-Protokoll (wann mit wem über was in Kontakt getreten?)
· die (fortlaufend zu aktualisierende) Informantenliste, daraus abgeleitet
· der (methodisch richtig komponierte) Befragungsplan

In einer fremden Umgebung recherchieren: Wer dies gelernt hat, der findet sich auch anderswo zurecht. Und er trainiert mit dem Methodenwissen auch das fürs Recherchieren zentrale Kompetenzmerkmal „Findigkeit".

Problemfeld: Ärger mit dem Dozenten

Nicht zuletzt sind auch wir Dozenten ein Problemfall. Und dies umso mehr, je schlechter wir vorbereitet sind und je mehr wir uns auf so diffuse Größen, wie ‚Instinkt', ‚Tricks' oder ‚Talent' versteifen. Unter den Dozenten sind mir im Laufe der Jahre vor allem vier Fehlhaltungen aufgefallen, die mit bestimmten Persönlichkeitsmerkmalen zusammengehen:

„Ich bin begnadet": Diese Haltung strotzt vor Selbstverliebtheit. Sie zeigt sich darin, dass der Dozent viele kleine Anekdoten aus dem eigenen reichen Journalistenleben erzählt (und es insgeheim genießt, dass die Zuhörer an seinen Lippen kleben) und sich selbst als Beispiel und Vorbild präsentiert in der Art einer Meisters, dem die Jünger zu Füßen sitzen. Seine Beispiele sind indessen nur ausnahmsweise übertragbar und die meisten Episoden uralt, der Lerneffekt ist entsprechend gering. Was im übrigen nicht heißen soll, dass der Dozent nicht auch Selbsterlebtes einstreut, um seinen Ausführungen Anschaulichkeit und Authentizität zu geben.

„Wir lagen vor Madagaskar": Dieses alte Seemannslied haben die Gernegroßen auf den Lippen, die von ihren Heldentaten an fernen Orten schwärmen und doch nur Seemannsgarn spinnen. Solche Schilderungen erreichen das Gegenteil ihres Zwecks: Sie wirken wegen ihrer Großmäuligkeit abschreckend; zudem besitzen Superthemen und Skandalereignisse keinen Beispielwert.

„Nun trauen Sie sich mal!": Dieser imperative Gestus des Dozenten ist gelegentlich richtig, vor allem, wenn man verstockte und schüchterne Anfänger vor sich hat. Oftmals verbirgt sich hinter diesem „Spring einfach ins Wasser" aber auch Unsicherheit und Ratlosigkeit, indem der Dozent den Methodenproblemen aus dem Weg geht. Ausprobieren ist okay – vorausgesetzt man ist methodensicher und kann das Probierfeld abstecken.

„Lernen müssen Sie schon selber!": Diese Haltung klingt überzeugend, weil der Dozent der Regel folgt: Ich sage euch, wie es geht, die Umsetzung lernt ihr aber nur durch ständiges Üben. Doch mitunter verbirgt sich dahinter auch Dozentenfaulheit: Er doziert, wie es funktioniert (zwei Folien), beantwortet ein paar Anschlussfragen, verteilt die Übungsaufgaben (eine Folie), meldet sich ab und lässt arbeiten. Dann wird eingesammelt, durchkopiert, ausgeteilt und kurz durchgesprochen (eine Folie) – Ende der Veranstaltung. Kein Wunder, dass die „Volos" mit dem Gefühl zurückkehren, dass Recherchieren nichts Wichtiges sei.

Abhilfe: Dozenten müssen sich selber helfen

Aus den vielfältigen Selbsterfahrungen ganz unterschiedlich arbeitender Dozenten lassen sich folgende drei „Münchhausengriffe" ableiten:

– Bevor man unterrichtet, sollte man sein eigenes Verständnis von Recherche klären, mit Kollegen aus anderen Ressorts besprechen und vor allem mit der Fachliteratur abgleichen. Viele haben aufgrund ihrer Tätigkeit ein deutlich eingeschränktes Vorverständnis. (Wenn eine Dozentin während ihrer gesamten Berufslaufbahn immer nur Redakteurin einer Publikumszeitschrift war, wird sie offene Themenrecherchen favorisieren und das Problem der Informationsüberprüfung übersehen; die meisten ihrer Zuhörer arbeiten jedoch in Lokal- und Nachrichtenressorts, wo es vor allem um Ereigniserweiterungsrecherchen geht oder dasselbe umgekehrt.). Diese Beschränktheit muss erkannt, reflektiert und überwunden werden.

– Die Recherchen von Kolleginnen und Kollegen periodisch auswerten! Brauchbare Beispiele sammeln, das heißt, Alltagsrecherchen, die erläutert und deren Schritte nachvollziehbar sind. Es gibt genügend Zugänge zu gutem Recherche-Material auf internationaler Ebene die z.B. regelmäßig von Message dokumentierten Preisträger (wie IRE-, Pulitzer- und Wächterpreis), auf nationaler Ebene z.B. die von der Adenauerstiftung dokumentierten Arbeiten der mit dem Förderpreis ausgezeichneten Recherchen im Lokaljournalismus; die von der „Initiative Tageszeitung" herausgegebene Drehscheibe; die von der Fiduziarischen Stiftung der deutschen Presse unregelmäßig herausgegebene Sammlung prämierter Recherchen usw.

Dieses Material muss freilich auch methodenkritisch analysiert werden. Denn mitunter findet auch das blinde Huhn ein Goldkorn, taugt aber nicht als Beispiel für die, die sehen lernen wollen.

– Den Seminarstoff nicht bei sich, den eigenen Erfahrungen und Beispielen festmachen, sondern bei denen, für die wir das Ganze machen. Ausgangspunkt sollten also die Probleme und Fragen der Seminarteilnehmer sein. Das heißt, man sollte sich eine Woche vorher die E-mail-Adressen beschaffen und einen kleinen Fragebogen rundschicken zur Vorbereitung: Wie und was haben Sie bisher recherchiert? Welche Art Probleme hatten Sie beim Recherchieren? Bringen Sie als Beispiele zwei gelungene und zwei missratene Recherchen mit!

Bei der Vorbereitung des Seminars sollten wir dem Modell „Reißverschluss" folgen: hier das Methoden- und Erfahrungswissen, dort die Praxisprobleme aus dem Alltag der Seminaristen. Im Fortgang des Seminars sollten beide Seiten ineinander greifen und praktikable, dabei theoretisch fundierte Verfahren produzieren.

Ziele für Recherche-Seminare

Egal ob wir ein Anfängerseminar oder einen Workshop für berufserfahrene Kolleginnen und Kollegen machen: Stets geht es um den Erwerb von Recherchierkompetenz – und nicht um das Erzählen von Tricks und Gags. Zu dieser Kompetenz führen vier Lernziele, die – sozusagen als Grundmelodie – in allen Seminaren gegenwärtig sein sollten. Diese möchte ich nachfolgend anklingen lassen.

Erstes Seminarziel: Die Augen öffnen

Die Seminarteilnehmer müssen sensibilisiert werden, damit sie mit ihrem Arbeitsstoff kritisch umgehen: mit ihren Informationen, oder richtiger, mit Aussagen von Menschen über Vorgänge und andere Menschen.

Dies erreicht man:
  – Durch Training mit Informationstexten unterschiedlicher Herkunft: PR-Mitteilungen, Behördenverlautbarungen, telefonische Mitteilungen (Gesprächsprotokolle), Archivmaterial: Die Aussagen auseinander nehmen und die Seminaristen dazu befähigen, dass sie den Status der Informationen erkennen.
  – Durch Training mit Texten, die ein Mix aus objektiven und subjektiven Sachaussagen, Interpretationen und Meinungsäußerungen sind: auf die oft fließenden Übergänge von Faktenwissen (wer, was, wann, wo) zu Interpretationen (als X auftauchte, erhob sich Y heißt nicht: weil X auftauchte, reagierte Y) aufmerksam machen.
  – Anhand von Hergangsschilderungen den Teilnehmer zeigen, dass im Alltagsleben (im Unterschied zur leblosen Natur) Ursachenbehauptungen keine Tatsachen, vielmehr sinndeutende Konstruktionen sind.
  – Anhand von Aussagen, die vermeintlich evident, jedoch durch nichts belegt sind, lässt sich der Umgang mit Vorurteilen, Spekulationen und Thesen üben. Die Teilnehmer werden sensibilisiert für das oftmals zwar nahe Liegende, aber nicht Gedachte und Bedachte. Sie lernen, ihre Vorurteile (Einstellungen) ,aufzubrechen‘ und als eine Art Hebel zu benutzen.

Zweites Seminarziel: Das Herz erwecken

Nein, keine Sentimentalitäten, vielmehr Begeisterung muss entfacht werden und die Fertigkeit, sich selbst zu beobachten. Denn wer erfolgreich recherchiert, der hat zwei Zügel in der Hand, mit denen er seinen Recherchierwagen lenkt: rechts die Neugier und links die Skepsis. Die Formel heißt: „Ich glaube nichts aber ich halte alles für möglich."
  Alles für möglich halten, ist Neugier. Gegen das Vorurteil erwacht die Lust am Herausfinden. Also muss man das Fragen lernen dort, wo das Sich-Wundern beginnt. In einer Statistik lese ich, dass es in Leipzig doppelt so viele Drogentote gibt wie in Dresden. Dabei wäre Dresden als grenznahe Stadt mit größerem sozialem

Elend doch eigentlich mehr gefährdet. Wie kommt's? Wer hier nachfragt, ist einer politisch induzierten Datenmanipulation auf der Spur. Oder: gut gelungen, dieser Büroneubau, der mit Steuermitteln gefördert wurde. Auch beim Eröffnungsfest floss der Schampus reichlich. Komisch, dass erst ein Drittel der Fläche vermietet ist. Wer nachschaut, sieht, dass der Schwager des Generalunternehmers im Stadtrat sitzt. Wann flossen wie viel Subventionen an wen? Wer fragt, der riecht die Kungelei.

Nichts glauben, sondern alles, was man erfährt, für Versionen halten, wobei sich noch zeigen wird, was zutreffend und was geflunkert ist: Dies ist der andere Zügel des Rechercheurs. Damit steuert er am Schlagloch der Gutgläubigkeit vorbei und bleibt auf der festen Straße des quellenkritischen Denkens. „Bei Baubeginn hatten wir das Gebäude voll ausgemietet, aber dann sind drei Mieter abgesprungen!" So, so. Wie heißen die drei denn? Und waren es nur Optionen oder unterschriebene Verträge? Wer hat denn unterschrieben? Wann genau kam der Rückzug? Ach, zwei Wochen, nachdem die Subventionszusage vorlag? – ein merkwürdiger Zufall.

Sich für die „öffentliche Aufgabe" begeistern, heißt, nicht jedes Spektakel für einen ‚Knaller' halten, nicht jede voyeuristische Neugier bedienen. Recherchieren muss Sinn machen, sonst kommt der Journalismus insgesamt vor die Hunde. Der Kannibalismus einer Sekte vor 15 Jahren? Schade um die Kollegen vom ZDF. Der tote Säugling neben der Mülltonne? Das überlassen wir der Springer-Presse. Und der Seitensprung des Bundeskanzlers? Ist durchaus prickelnd und vielsagend, was den Charakter unseres Regierungschefs betrifft. Aber nicht von öffentlichem Interesse, solange derartige Sprünge nicht mit Steuergeldern alimentiert werden.

Drittes Seminarziel: Den Verstand schulen

Wir alle wissen, dass zum Recherchieren auch Intuition, Einfühlung und das Augenmerk für die Gunst der Stunde gehören. Doch diese Fähigkeiten lassen sich nicht in einem Seminar trainieren, über sie kann man bestenfalls reden.

Trainieren lassen sich aber einige weitere, als Handwerk zu verstehende Fertigkeiten gemäß der Formel: Erfolgreiches Recherchieren, das sind 90 Prozent Transpiration und 10 Prozent Inspiration. Hierzu gehören:

Methodisches Denken, z. B. aufgrund ihrer Rolle und Zuständigkeit auf die Interessenlage des Informanten zu schließen. Oder das Ereignis nicht als Fakt, sondern als Ablauf zu verstehen, der sich rekonstruieren lässt. Oder die Begrenzt- und Bedingtheit einer Zeugenaussagen zu erschließen. Oder bei Erklärungen beziehungsweise Begründungen die erforderlichen Belege gleich mitzubedenken. Zielführendes Fragen: Wer recherchiert, muss fragen, also die verschiedenen Frageformen und -ebenen bewusst einsetzen können. Und er sollte auch in der Psychologie des Befragens so sicher sein, dass er sich selbst keine Falle stellt. Auch hier gilt: die Selbstbeobachtung als Steuerungsinstrument nutzen lernen.

Ein paar Regeln und Verfahren müssen gleichsam im Schlaf gewusst und beherrscht werden: Dass man z. B. bei einer Konfliktrecherche von ‚außen' nach ‚innen' vorgeht; dass man immer zuerst Sachaussagen, dann erst die Warum-Aussagen überprüft, dass man zuerst neutrales Sachwissen einholt, ehe die Akteure befragt werden; und dass man Erzählungen immer Erzählungen sein lässt, also nie im Indikativ wiedergibt.

Viertes Seminarziel: Die Kompetenz stärken

Natürlich lassen sich auch die zuvor genannten Seminarziele zur Kompetenz zählen. Ich möchte hier aber noch einige handwerkliche Fertigkeiten besonders betonen, um vor den „kreativen Chaoten" nachdrücklich zu warnen: „Wir wurden ja auch deshalb Journalisten, weil uns jeder Tag etwas Neues bringt und der unaufgeräumte Schreibtisch für unseren Schöpfergeist steht." Wir sollten unseren Seminaristen den schönen Schein dieser Einstellung verdeutlichen und uns wie ihnen klar machen, dass zum Recherchieren auch ein paar Handwerkstugenden gehören:

Erstens *Pingeligkeit und Selbstdisziplin*: Man muss ja nicht gleich wie einige US-Pulitzer-Preisträger während vieler Wochen Tausende von Datensätzen per Computerprogramm durchrechnen, um schließlich einer Wahlfälschung auf die Spur zu kommen. Aber eine penible Datenbeschaffung und präzise Auswertung sollten schon sein.

Zweitens unsere *Spezialtugenden:* die wichtigste, Hartnäckigkeit bis hin zur Sturheit, ohne die man angesichts der Verweigerungshaltung der Behörden-Pressestelle das Thema fallen lässt oder dem nörgelnden Ressortchef nachgibt und eine unfertige Recherche publiziert.

Drittens die *Sekundärtugenden* Zuverlässigkeit (die bei Terminen beginnt und beim Versand von Belegen endet) und – nicht zuletzt – äußerliche Angepasstheit: Auch Journalisten sind Rollenträger. Gute Rechercheure spielen sich nicht auf, sondern geben sich gewandt wie ein Fisch im Wasser.

Die wichtigste Verhaltensregel, die unsere Seminaristen lernen sollten, zum Schluss: Beim Befragen der Akteure sollen sie niemals hoch-, sondern stets tiefstapeln. Also nicht so tun, als wüssten sie es schon (Bluff hat meist kurze Beine), sondern so, als wüssten sie (fast) nichts. Nur, wer sich (fast) unwissend gibt, fordert die anderen auf, ihnen etwas zu erzählen. Und nur dies führt am Ende zu einer schönen Geschichte.

Literatur:
Haller, Michael: Recherche-Werkstatt, Konstanz 2001

2. Praxismodule für Recherche-Seminare

Es gibt nicht *das* Modellseminar, mit dem man am besten in die Sozialtechnik des systematischen Recherchierens einführen kann. Es gibt aber viele Bausteine, die, jeweils individuell und bedarfsgerecht zusammengefügt, den richtigen Weg zum effektiven und erfolgreichen Recherchieren weisen können.

In diesem Kapital öffnen ganz verschiedene Recherche-Trainer ihre Werkstätten, erläutern ihre Lernmodelle, Motivationstechniken und die wirksamsten Fallbeispiele. Bei aller Verschiedenheit gibt es eine gemeinsame Klammer der Wissensvermittler: „Qualität kommt von Qual" und Recherche ist kein luftiges Zauberwerk sondern solides Handwerk. Wie man dieses grundlegende journalistische Handwerk erlernen, verbessern und perfektionieren kann, zeigen verschiedene Seminarmodelle, die von Praktikern für Praktiker aufgeschrieben wurden.

2.1 Das richtige Seminarkonzept wählen
– Zielgruppen gerechte Praxismodule für Aus- und Fortbildungsprogramme

von Michael Haller

Ob man Greenhorns bei der Deutschen Journalistenschule, „alte Hasen" während des Inhouse-Workshops einer großen Regionalzeitung oder erfahrene Rundfunkjournalisten bei der ZFP (Zentralen Fortbildung für Programmmitarbeiter von ARD und ZDF) in Hannover trainiert: Ihnen allen ist auf unterschiedlichem Niveau das Lernziel „Recherchieren können" gemeinsam. Wenn nachfolgend die Vorzüge und Nachteile einzelner Seminarkonzepte diskutiert werden, sollte über drei ‚ewig gültige' Lernziele stillschweigend Konsens bestehen:

- Wer recherchiert, soll in der Sache aufklären (nicht in der Philosophie).
- Wer recherchiert, will (am Ende) seinem Publikum etwas Wichtiges oder Bemerkenswertes erzählen.
- Wer recherchiert, muss effizient arbeiten, also Aufwand und Ertrag in ein gutes Verhältnis bringen – ganz besonders, wenn er freier Journalist ist.

Wenn wir über unterschiedliche Seminarformen reden, dann geht es im Grunde darum die mit dem Berufsbild Journalismus verbundenen Ziele je nach Organisationsmitteln, Berufserfahrung und Mediengattung in Programme umzusetzen. Vier Seminarkonzepte sollen dies skizzenhaft zeigen.

Konzept 1: Grundlagenseminar für Einsteiger

Es ist beliebt bei vielen überbetrieblichen Anbietern und funktioniert nach dem System „Maggi-Kochschule": Halbfertigprodukte werden nach bewährten Rezepturen zusammengerührt. Das Ergebnis schmeckt entsprechend.

Immerhin kann das Seminar das „Kleine Einmaleins" der Recherche vermitteln und mit Trockenübungen die Anwendung zeigen. *Teilnehmer:* Berufseinsteiger und -anfänger, meist Volontäre. Anzahl: bis 15 (sofern auf Übungen verzichtet wird maximal 20) Teilnehmer *Zeitrahmen:* üblicherweise zwei Tage (mitunter auch nur eineinhalb Tage)

Ablaufplan: Zwei-Tage-Grundlagenseminar für Berufsanfänger

1. Auftakt (zwei Stunden): Über Informationen und Informanten (Situationen stellen, Materialien diskutieren, Fragespiele anreißen).
2. Einstieg (zwei Stunden): Wie man Informationen überprüft und erweitert (an drei Musterbeispielen – Ereignis, Hintergrundthema, offenes Thema – durchspielen).
3. Exkurs (ein halber Tag): Über Ressourcen und Zugänge (Materialauswertung, Möglichkeiten und Grenzen des Internet, Expertenbefragungen).
4. Durchführung (fünf Stunden): Das strategische Vorgehen: Verfahren und Regeln beim Recherchieren (Fortführung der Musterrecherchen, kleine Übungen in Gruppen)
5. Instrumente erklären (Befragungsplan, Rechercheprotokoll, Lückenliste).
6. Rechtliche Fragen einbringen und klären.
7. Auswertung (zwei Stunden): Umsetzung der Erträge in einen Beitrag/ eine Geschichte in Gruppen üben.

Kommentar: In manchen Akademien dient dieser Typ als Recherche-Alibi-Veranstaltung. Nach dem Motto: Wir tun doch was! Wenn man sich als Dozent trotzdem darauf einlässt, dann Vorsicht. Denn es macht wenig Sinn, die Teilnehmer während eines zweitägigen Seminars real recherchieren zu lassen – dies wäre wegen der vielen Unwägbarkeiten ein Lottospiel und vermittelt ein falsches Recherchierverständnis. Es sei denn, das Seminar ist optimal vorbereitet. Doch dann sind die Übungen gerade wegen ihrer guten Vorbereitung unrealistisch: Die Teilnehmer missverstehen Recherche als Fahrplan. Auch Rollen- und Szenen-spiele unter Berufsanfängern sind bei Kurzseminaren oftmals lächerlich. Um die Zeit nicht zu verplempern, sollte mit erprobten und plausiblen Beispielrecherchen gearbeitet werden.

Generell: Bei solchen Kurzseminaren sollte man das Gewicht darauf setzen, die Recherchierlust mit gut ausgewählten Beispielen zu wecken, handwerkliche Grundlagen zu ‚pauken' (Zugangswissen, Methoden) und strategisches Denken (zielführendes ‚Herausfinden') zu üben.

Konzept 2: Grundlagenseminar mit Rechercheübung

Dieses Seminar bietet zusätzlich zum „Kleinen Einmaleins" den Einstieg ins „Große Einmaleins". Es ist so anzulegen, dass nach einer Einführung genügend Zeit für praktisches Recherchieren bleibt. *Teilnehmer:* Berufsanfänger, aber auch Journalisten, die sich noch nie mit Recherchierverfahren beschäftigt haben (wie die meisten Kollegen im Lokalressort). *Teilnehmerzahl:* wenn möglich, nicht mehr als zwölf Teilnehmer. Das Grundlagenseminar wird vielerorts aber auch mit 15 bis 18 Teilnehmern durchgeführt. Das geht deutlich zu Lasten der individuellen Betreuung. *Zeitrahmen:* Das Konzept sieht zwei größere Rahmenveranstaltungen vor, dazwischen möglichst begleitetes, praktisches Arbeiten.

Ablaufplan: Grundlagenseminar mit Rechercheübung

1. Erster Tag: Über das Recherchieren (analog zu den ersten vier Abschnitten von Konzept 1, aber entsprechend eingedampft).
2. Zweiter Tag (Halbtag): Themenkonferenz. (Jeder Teilnehmer hat drei Themen vorbereitet, die er vorstellt. Ihre Machbarkeit wird im Plenum durchgesprochen und entschieden – das ist sehr instruktiv!)
3. Zum Abschluss: Bekanntgabe einer Mailingliste; Teilnehmer werden verpflichtet zwei Mal pro Tag in ihre Mailbox zu schauen und sich gegebenenfalls an der laufenden Diskussion zu beteiligen.
4. Etwa drei Halbtage (auf eine Woche verteilt): Recherchieren in Zweiergruppen unter Supervision (bei Inhouse-Seminaren: auf Grund der räumlichen Nähe der Teilnehmer eventuell zusätzlich nach zwei Dritteln der Zeit eine Trouble-shooting-Konferenz).
5. Nach einer Woche (Stichtag): Auswertung der Recherchen (in der Gruppe), dann individuelles Verfassen des Berichts (jeder liefert einen Beitrag).
6. Ein Halbtag: Alle lesen alles.
7. Ein Tag: Auswertung der Ergebnisse im Plenum, Besprechung der gesammelten Erfahrungen (wie gearbeitet wurde), Auswertung der Erträge (was erarbeitet wurde) und Texte (wie der Ertrag umgesetzt wurde).
8. Abschließend (zwei Stunden): Diskussion weiterführender Fragen (insbesondere Recherche von Konfliktthemen, Medienrecht, journalistische Ethik – und: Einsatzmöglichkeiten der Recherche).

Kommentar: Dieses Konzept habe ich in den 80er Jahren für die Hamburger Akademie für Publizistik (mit dem damaligen Leiter Armin Sellheim) speziell für die überbetriebliche Volontärsausbildung entwickelt. Es erfüllt unsere Zielsetzungen recht gut.

Allerdings ist die Planung logistisch anspruchsvoll, weil zwei Seminarphasen ablaufen. Probleme: Entweder zweimalige Anreise oder Recherchieren am Seminar-Standort mit zusätzlichen Unterbringungskosten. Während der Recherchierwoche muss der Dozent für Trouble-shooting zur Verfügung stehen. Und er benötigt viel Zeit für die gründliche, individuelle Auswertung. Er muss den Leuten genau zeigen können: Was war Zufall, was war methodisch bedingt, was lag an individuellem (Fehl-)Verhalten?

Konzept 3: Workshop mit Berufserfahrenen

Dieser Seminartyp unterscheidet sich von den vorigen darin, dass hier kein Unterricht stattfinden soll, sondern die Atmosphäre des Erfahrungsaustauschs geschaffen werden muss: Der Dozent besitzt zwar Sachautorität, bewegt sich aber in der Rolle des moderierenden Kollegen.

Er sollte die Gesprächsrunden so strukturieren und steuern, dass über die Erfahrungen die handwerklichen Schwächen und Methodenprobleme sichtbar und methodenbegründete Lösungswege erkannt und angewendet werden. Der Austausch von Tipps und Hinweisen ist sozusagen das Salz in der Seminarsuppe. *Zeitrahmen:* Für den Start mindestens eineinhalb Tage, für das Recherchieren (verteilt auf maximal zwei Wochen) mindestens zwei Tage, für die gemeinsame Auswertung mindestens ein Tag. *Teilnehmer:* berufserfahrene Journalisten wenn möglich aus unterschiedlichen Ressorts und Medien; maximal zwölf Leute.

Ablaufplan: Workshop für Berufserfahrene (über zwei Wochen verteilt)

1. Vorbereitungsphase (zwei Wochen vor Seminarbeginn): Die Teilnehmer werden angeschrieben und aufgefordert, Folgendes vorab zu liefern: in Stichworten der berufliche Werdegang, Stärken/Schwächen-Erfahrungen beim Recherchieren, Liste der fünf größten Probleme, drei Wünsche an den Dozenten, eine als gelungen und eine als missraten empfundene eigene Recherche-Arbeit.

2. Die Auswertung dieser Zusendungen führt zum Aufbau des Seminars. Wichtig: kein fertig konfektioniertes Programm nehmen, sondern individuell an die Problemerfahrungen und Wünsche der Teilnehmer anpassen (die Teilnehmer danken es Ihnen!).

3. Seminar-Einstieg (drei Stunden): Erfahrungsaustausch, Problemsichtung, Strukturierung des Seminars unter Verwendung von Instrumenten, die auch bei komplexen Recherchen hilfreich sind (Mindmapping und Meta-Pan, Focusing, lautes Denken). Mündet in genaue Seminar-Themengliederung anhand der Problemliste.

4. Input (etwa drei Stunden): der Dozent arbeitet die Problemfragen lösungsorientiert ab (etwa fünf Komplexe: 15 Minuten Referat, 15 Minuten Diskussion) und gibt klar strukturierte, didaktisch gut aufbereitete Folien/Materialien. Die vorab gelieferten Recherchen werden von ihm einbezogen.

5. Lesepause (eventuell für den Feierabend bis zum nächsten Morgen): Alle mitgebrachten Arbeiten (inzwischen kopiert) werden von allen gelesen und anhand der im „Input"-Abschnitt besprochenen Kriterien bewertet.

6. Umsetzung (ein Tag): Im Plenum Besprechung der über die Lektüre gewonnenen Einschätzungen. Teilnehmer entwickeln selbst Strategien zu ihren mitgebrachten Themen und Recherchen. Diese werden durchgesprochen, auch anhand von Rollenspielen und Mindmapping; Sammlung von Tipps und Hinweisen der Seminarteilnehmer zu jedem Projekt.

7. Durchführung (maximal zwei Wochen): Parallel zum redaktionellen Alltag werden die Recherchen durchgeführt – unter Supervision durch den Dozenten und begleitet von intensiver E-mail-Kommunikation zwischen allen Teilnehmern. Der Nebeneffekt ist, dass die Fähigkeiten zum Mitdenken und Hilfsbereitschaft untereinander geweckt werden, z. B. lässt sich der beste Tipp prämieren.

8. Auswertung im Plenum (etwa sechs Stunden): Recherche-Protokolle und Befragungspläne sowie Recherche-Erträge liefern die Gesprächsgrundlagen. Manöverkritik wird vom Referenten so moderiert, dass nur handwerklich-professionelle Aspekte diskutiert werden (keine Stammtischgespärche).

9. Nachbereitung (etwa eine Stunde): Analyse der neu gemachten Erfahrungen, dann Systematisierung des Lernprozesses in Form eines Kurzprotokolls für alle Teilnehmer.

10. Nach-Nachbereitung: Nach etwa vier Wochen E-mail-Rundbrief des Dozenten: Was blieb hängen, was ist wieder weggerutscht, was gibt's Neues?

Kommentar: Im Rahmen von Inhouse-Workshops größerer Verlagshäuser habe ich mit diesem Konzept sehr gute Erfahrungen gemacht. Wichtig ist die Atmosphäre; sie muss frei sein von Wichtigtuerei und ganz auf den Nutzwert ausgerichtet sein. Solche Seminare führen mitunter zu einem Netz kooperierender Kollegen, die den Erfahrungsaustausch (oft auch gegenseitige Hilfe) noch nach Jahren weiterpflegen.

Als Inhouse-Workshop führen solche Seminare auch zu publizistisch gut verwertbaren Resultaten. Die Chefredaktion oder Verlagsleitung sieht, dass es nicht nur teuer war, sondern auch Ergebnisse gebracht hat – im Unterschied zu Recherche-Sandkastenspielen, die zwar unterhaltsam sind, aber oft wenig Lernerfolg mit sich bringen. Das Seminar kann auch themenzentriert angelegt werden oder bestimmte Methoden wie investigatives Recherchieren oder Befragungstechniken in den Mittelpunkt stellen. Nachteile solcher Seminare sind, dass sie eine sehr präzise Vorbereitung erfordern, sehr zeitaufwändig und relativ teuer sind.

Konzept 4: Workshop für investigative Reporter

Hier geht es um Aufbauhilfe für eine in Deutschland noch stark unterentwickelte Spezies: die aufdeckend oder enthüllend recherchierte „große Geschichte" – sei es ein Strukturthema, sei es die Rekonstruktion eines bedeutsamen Vorgangs, sei es ein über Beobachtung und Recherche erschlossenes Reportagethema.

Teilnehmer: Berufserfahrene, in Sachen Recherche fortgeschrittene Journalisten unterschiedlicher Ressorts und Medien, aber aus derselben Mediengattung (Print oder Hörfunk oder Fernsehen), maximal zwölf Reporter.

Zeitrahmen: Mindestens vier Tage, besser sogar fünf Tage. Wenn das Seminar als komplette Woche angeboten wird, muss es so vorbereitet und getaktet sein, dass die Teilnehmer weniger Zeit fürs Recherchieren haben und mitgebrachte Halbfertigstücke bearbeiten. Idealerweise findet der Workshop als initialer DreiTage-Block und abschließender Zwei-Tage-Block statt, dazwischen liegt eine Unterbrechung für das individuelle Recherchieren.

Ablaufplan Investigatives Recherchieren für Fortgeschrittene

Vorbereitung und Einstieg wie im Workshop für Berufserfahrene. Dann aber:

1. Erarbeitung von Konzepten (Recherche-Designs) für „große Themen" und Einübung von Hilfsinstrumenten wie Daten- und Strukturanalyse, Visualisierungstechniken (Mind Mapping), Einsatz von Datenbanken, kritisches Statistikwissen, Expertenbriefing und Ähnliches.
2. Training „verschränktes Recherchieren": Sachebene (Sicherung von Fakten und Abläufen) mit der Handlungsebene (Befragen, Beobachten der Akteure) verknüpfen!
3. Befragungstechniken; Erschließen und ‚Pflege' von Informanten; Umgang mit Akteuren.
4. Mehrere Tage individuelles Recherchieren unter Supervision (E-mail-Kontakt). Zurück im Seminar:
5. Special 1: Über das Erzählen von Geschichten mit Akteuren, Betroffenen, Mitläufern (für Rundfunkjournalisten: mit Mikro und Video).
6. Special 2: Über Dramaturgien: wie die „enthüllende Geschichte" ablaufen muss und die Elemente zusammengebaut werden.
7. Auswertung: individuell zugeschnittene Empfehlungen/Hinweise für die in Arbeit befindlichen Themen.
8. Nachbereitung und Begleitung: Während der folgenden vier Wochen begleiten die Dozenten die Seminarteilnehmer individuell bei der weiteren Recherche (E-mail) und diskutieren z. B. ausgewählte Problemfragen über Rundmails.

Kommentar: Dieser Seminartyp fordert dem Dozenten viel ab und setzt genügend Erfahrung im Umgang mit großen Themen und Geschichten voraus. Im Unterschied zum vorigen Seminartyp kann man hier nur begrenzt nach dem Muster „Erfahrungsaustausch" vorgehen, weil in Deutschland nur die wenigsten Journalisten überhaupt Erfahrung mit recherchierten Geschichten von mehr als 15.000 Zeichen haben (wie die *Spiegel*-Titelgeschichte, ein Beitrag im *Zeit*-Dossier, ein *Geo*-Report oder große *Stern*-Geschichten).

Der Dozent sollte neben den didaktischen Fähigkeiten über zwei spezifische Kompetenzen verfügen: das Recherchieren von Strukturthemen und das Schreiben großer Geschichten. Hierzu gehören der sprachliche Ausdruck (Reportageschreiben) und die Kenntnis der wichtigsten Dramaturgiekonzepte. Solche Seminare lassen sich auch gut mit zwei Dozenten abhalten.

Aus meiner Dozentenerfahrung kann ich sagen, dass solche Seminare aus nahe liegenden Gründen am besten als Inhouse-Seminare großer Medienhäuser laufen – und sehr viel Spaß machen, weil hier wirklich gute Geschichten entstehen und viele weiterführende Kontakte aufgebaut werden können.

Fazit: Das richtige Seminarkonzept zum richtigen Zweck

Kurzseminare mit zwei oder weniger Tagen Dauer zeigen nur dann Wirkung, wenn auf zeitraubende Sandkastenspiele verzichtet und die Absolventen anschließend bei ihrer praktischen Arbeit über einige Wochen begleitet werden (Supervision per E-mail).

In Basis-Seminaren für Anfänger und Einsteiger geht es vor allem um das richtige Verständnis des Recherchierens, um Methodenwissen sowie um die Lust und den ‚Biss' beim ‚Herausfinden'. Manch berufstätiger Journalist gehört in Sachen Recherche zu den Anfängern.

In Seminaren mit berufserfahrenen Journalisten muss man die Teilnehmer bei ihren Fragen und Problemen ‚abholen'. Sie können lernen, dass kompetentes Recherchieren in kürzerer Zeit zu besseren Ergebnissen führt.

Spezielle Seminare über investigatives Recherchieren oder über große Strukturthemen sind erfolgreich einzusetzen als moderiertes Erfahrungslernen unter Praktikern („alte und junge Füchse lernen voneinander") und als längerfristige Supervision (Inhouse) oder als ein auf spezifische Medienbedürfnisse zugeschnittener Workshop auf höherem professionellen Niveau (Fortgeschrittene).

Leitfaden: Workshop „Recherchieren"
Konzept eines dreitägigen Seminars für Zeitungsjournalisten (Ahnungslose,
Anfänger und Berufserfahrene gemischt)

von Michael Haller

Vorbereitung

Folgender Rundbrief geht spätestens zehn Tage vor Seminarbeginn (per E-mail)
an die Seminarteilnehmer:

Liebe Kolleginnen und Kollegen,
ich freue mich auf unser Rechercheseminar, das am XXX beginnt. Damit Sie
sich besser vorbereiten können, schreibe ich Ihnen nachfolgend, wie ich mir den
Aufbau des Seminars vorstelle und welche Lernziele wir ins Auge fassen. Daran
anschließend werde ich Sie um die Zusendung von Unterlagen bitten, damit auch
ich mich auf Sie und Ihre Vorstellungen vorbereiten kann.

Hier mein Konzept:
Gute Recherchen führen zu exklusiven, hoffentlich auch wichtigen Informationen,
die möglichst interessant erzählt werden sollen. Kurz: Gute Recherche gehört zur
publizistischen Qualität auch des Lokalteils einer Regionalzeitung. Das Seminar
soll helfen solche Recherchen durchzuführen und in spannende Texte umzusetzen.

- Am ersten Tag des Seminars wird es um das begriffliche Handwerkszeug
  gehen: Wie unterscheiden wir ‚gute' von ‚schlechten' Informationen? (Status
  von Aussagen: Tatsachen, Behauptungen, Spekulationen, Mutmaßungen,
  Deutungen, Einschätzungen – Primäraussagen, Sekundäraussagen usw.).
  Wie können wir unsere Quellen bzw. Informanten einschätzen? (Akteure,
  die Rolle des Beobachters, Interessengebundenheit, subjektive Perspektiven
  usw.). Am Nachmittag: Durchsicht von Beispieltexten und Materialien. Zur
  Übung analysieren wir Berichte der tagesaktuellen Zeitung am Ort, listen die
  Sachaussagen mit ihren Quellen auf, fahnden nach fehlenden Quellen (und
  deren mögliche Informationen) und analysieren Zusammenhänge.
- Am zweiten Tag geht's um Methodenfragen. Wir diskutieren Verfahren
  und Strategien aufgrund der gesammelten Erfahrungen: Wie funktioniert
  das Überprüfen der Ausgangsinformationen? – Wie mündet man in die
  Erweiterungsrecherche? – Was kann die Thesenrecherche? Vor allem: Wie
  finde ich ein realistisches Rechercheziel? – Wie treibe ich die aufdeckende

Arbeit voran? Wie nutze ich Konflikte und Gegensätze unter den Akteuren? Am Nachmittag besprechen wir die Themen, die Sie sich für die nächsten Tage zu recherchieren vorgenommen (und vorbereitet) haben.

- Während der folgenden drei Tage (Mi.-Fr.) führen Sie so weit wie möglich Ihre Recherche durch und übermitteln mir bis spätestens Sonntag Nachmittag Ihre Ergebnisse in Form eines möglichst druckreifen Textes per E-mail (Adressen finden Sie am Ende dieses Programms). Legen Sie bitte ein kurzes Rechercheprotokoll (wann mit wem zu was gesprochen) bei.

- Am dritten Seminartag (Montag der Folgewoche) werten wir Ihre Arbeiten aus, analysieren Erfolge wie auch ,erlittene‘ Pannen und Probleme – und nutzen die Gelegenheit für einen weiterführenden Erfahrungsaustausch.

- Abschließend besprechen wir die im Recherchieralltag wichtigen Aspekte des Presserechts, diskutieren über die notwendige Redaktionsausstattung – und besprechen, wie man in Ihrer Redaktion Lust auf mehr Recherche wecken kann.

Haben Sie zum Seminarinhalt andere Vorstellungen oder auch Anregungen, Vorschläge und Hinweise? Dann schreiben Sie diese auf und legen sie dem Brief bei, den Sie mir in den nächsten Tagen zukommen lassen. Denn:
Für meine Seminarvorbereitung bitte ich Sie, drei Dinge zu tun:

Erstens: Schreiben Sie Antworten zu folgenden Fragen (max. eine DinA 4-Seite):

1. Welche Art von Ausbildung haben Sie wo durchlaufen? Seit wann sind Sie journalistisch hauptberuflich tätig? Seit wann an Ihrem jetzigen Arbeitsplatz? Wie viel Zeit können Sie pro Tag für Recherchierarbeit aufwenden (nehmen Sie im Rückblick auf die vergangenen vier Wochen einen Durchschnittswert)
2. Wie lauten Ihre Erwartungen an das Seminarziel? – bitte möglichst konkret.
3. Wo genau sehen Sie in Sachen Recherche Ihre Schwächen, mit was insbesondere haben Sie Probleme?
4. Wo sehen Sie ihre Stärken, was fällt Ihnen beim Recherchieren eher leicht (vielleicht nennen Sie ein konkretes Beispiel)?

Schicken Sie mir diese Aufzeichnung rechtzeitig (bis spätestens xxxxxx) wenn möglich per E-mail, ansonsten per Fax an folgende Anschrift:

Postadresse
E-mail
Fax-Nr.

Zweitens: Lesen Sie im Handbuch „Recherchieren" (Haller, 2000, www.uvk.de) die Einführung in die Grundzüge des methodischen Recherchierens (S. 51–84).

Notieren Sie sich, was Ihnen unklar oder nachfragebedürftig erscheint. Bringen Sie Ihre Notizen zum Seminar mit.

Drittens: Wählen Sie eine Ihrer Arbeiten (= publizierter Beitrag) aus, bei deren Recherche Methodenprobleme auftraten (also keine bloß äußeren Probleme wie Krankheit, Urlaub, zu große Entfernung der Informanten u. a. m.). Fotokopieren Sie diesen Beitrag 15 Mal und bringen Sie die Kopien zum ersten Seminartag mit.

Vielen Dank für Ihre Vorarbeit – bis in zwei Wochen!

Konzeption und Planung

Nach Auswertung der Einsendungen bauen wir das Seminarprogramm. Zwei Tage vor Beginn des Seminars wird eine Kurzfassung des Programms an die Teilnehmer gemailt. Dieses könnte etwa so aussehen:

Durchführung
Programm des dreitägigen Workshops „Recherchieren" für Zeitungsjournalisten

Erster Tag

09.30–10.00	Vorstellungsrunde, Präzisierung des Seminarziels
10.00–11.30	Grundlagen: Über Informationen und Quellen
11.45–12.30	Diskussion der Grundlagen – anschließend ein Rollenspiel: Wie frage ich am besten wen?
14.00–15.30	Durchsicht und Analyse mitgebrachter Materialien
15.45–17.30	Auswertung von Meldungen und Berichten: Auflisten von Sachaussagen und Quellen. Suche nach neuen Quellen und Informanten und deren Einordnung. Vorbesprechung der Rechercheaufgabe

Zweiter Tag

09.30–10.00	Über das methodische Recherchieren: Verfahrensregeln
10.00–11.30	Diskussion der Verfahren an konkreten Beispielen
11.45–12.30	Das Rechercheziel – und wie man Kompromisse schließt wegen der fehlenden Zeit, den Mitteln und Kollegen
14.00–15.30	Über Hilfsmittel, Tricks und Routine während der Recherche – Diskussion der Erfahrungen
15.45–17.30	Themenkonferenz: Besprechung Ihrer Rechercheprojekte, die in den folgenden drei Tagen durchgeführt werden sollen

> Redaktionsschluss für Ihren Recherche-Beitrag: Samstag, den ...

Dritter Tag

09.00–10.30 Erfahrungsaustausch: Die Recherchen der Vorwoche
10.45–12.30 Auswertung der Arbeiten: Erster Teil
14.00–15.30 Auswertung der Arbeiten: Zweiter Teil
             Hinweise, Tipps, Empfehlungen
15.45–17.00 Spezielle Aspekte der Recherche nach Maßgabe der aufgeworfenen
             Fragen und Wünsche der Teilnehmer Aspekte des Presserechts und
             der Ausstattung
17.00–17.15 Seminarbesprechung und -feedback

Erreichbarkeit
Hinweise an die Workshop-Teilnehmer: Rückfragen zwischen den zwei Seminarta-
gen: In dringenden Fällen telefonisch 0341-xxxxxxxxxx Die E-mail-Adresse lautet:
xxxxxx@uni-leipzig.de Falls Sie keinen Internetzugang haben, hier die „notfall-
mässig" zu benutzende Fax-Nr. (jeweils von Freitag bis Sonntag): 040-xxxxxxx

Checklisten und Hilfsmittel
Basisseminar „Recherchieren" für Zeitungsvolontäre

Checkliste: Bewertung von Informanten

Definition: Informanten sind Leute, die über den uns interessierenden Sachverhalt mehr wissen als wir. Alles andere ist unklar. Darum müssen wir Informanten
einschätzen können. Hier die drei Checks:

1. Wie steht der Informant zu dem, über den/über das er spricht? Neutral, pro
    oder kontra (d. h. befangen oder parteiisch?) Kontrolle: „Was hat er davon?"
2. Welche Bedeutung hat das, was er sagt? Für Teile der Bevölkerung/des Publi-
    kums, für öffentliches Interesse? Ist es allgemein interessant oder unterhaltsam?
    Kontrolle: „Wer (alles) kann damit was anfangen?"
3. Welche Art von Information ist das, die der Informant weitergibt? Relativ
    zum Urheber (authentisch oder Kolportage?) Kontrolle: „Woher weiß der
    das?" Status der Information (Sachaussagen, Interpretation oder Deutung?)
    Kontrolle: „Was weiß er, was glaubt er, was meint er?"

Checkliste: Das methodische Vorgehen

Beim Recherchen laufen folgende Verfahren nacheinander ab:

1. Das Überprüfen
Frage: Stimmt die Ausgangsinformation (oder These oder Themenannahme) überhaupt? Überprüfbar sind nur Sachverhaltsaussagen gemäß der W-Formel: Wer (alles)? Was? Wann? Wo?. Regel: Die Überprüfung findet auf der Sachebene statt!

2. Das Erweitern
Fragen zu Ereignis und Thema: Was lief noch alles ab und wie (Ereignis)? Was spielt hier alles hinein (Thema/Trend)? Informationsdichte steigern und Sachzusammenhang mit Hintergrund herstellen (wer alles, seit wann genau, wo sonst noch, wie kam es usw.)

3. Die Bedeutung
Frage: Warum lief es so ab? Sinnzusammenhänge erschließen sich nur durch Interpretation der Fakten. Also braucht es zur Sachebene noch eine Deutungsebene. Regel: Gute Vollrecherchen verlaufen zweistufig. Die Deutungsebene ist der Sachebene nachgeschaltet!

4. Sonderfall: Konfliktrecherche
Die Polarität (Parteien, Lager) strategisch nutzen!
Das Rechercheziel: Die Hauptakteure und ihre Handlungen (Zuständigkeiten und Verantwortlichkeiten) aufdeckend beschreiben. Ross und Reiter nennen!

Die wichtigsten Hilfsmittel beim Recherchieren

1. Zugangswissen: Was finde ich wo?
   - Archive und Datenbanken inklusiv Internet/World Wide Web (Zugangs- und Nutzungshilfen geben)

2. Informanten und Experten: Wie finde ich wen?
   - Kontakte, Kontakte, Kontakte (Handarchiv)
   - Expertensysteme
   - Such- und Findedienste (wie Mailingsysteme)

3. Findigkeit: Wie komme ich zu neuen Informationen?
   - Erschließen unbekannter/verborgener Quellen
   - Psychologie des Befragens

Der Rest ist:

- Hartnäckigkeit (Fleiß, Fleiß und nochmals Fleiß)
- Glück (kommt öfter vor)
- Fairness (keine faulen Tricks)
- Guter (klarer, sachlicher) Kommunikationsstil
- Korrektes Verhalten (Fairnessregeln, Pressekodex)

2.2 Recherche als „Geodäsie" des sozialen Raumes
– Überlegungen für ein Recherche-Camp im Großstadtdickicht

von Hans-Volkmar Findeisen

> Ich rede von Orten, „Places". „Schauplätze[n]" [...]. Plätze, die sich
> zur Schau stellen. So unabdingbar sie im Schau-Business auch sind,
> so unterbewertet sind sie zur Zeit auch. Ich möchte deshalb eine
> Lanze brechen für Orte und über den Orts-Sinn sprechen, als eine
> verloren gehende Fähigkeit, einen unserer „Sinne" eben, nämlich
> auf Orte „achten" zu können.
>
> Wim Wenders

Am Anfang steht die Wahrheit

Meine ersten Reportagen schrieb ich über den vor zehn Jahren zu Ende gegange-
nen Krieg auf dem Balkan. Mehrfach bin ich nach Bosnien gefahren, mit dem
Gastarbeiterbus und auf alle Seiten der Front. Alle Kriegsparteien kämpften einen
absurden Krieg für ihre historisch geglaubte Mission, behauptete Identität und
Wahrheit, deren Konsequenzen heute in Den Haag aufgearbeitet werden. Eine der
Reuigen ist Biljana Plavsic, die rechte Hand von Radovan Karadzic. Sie hat sich
dem Tribunal gestellt. In Banja Luka habe ich ihr einst die Hand geschüttelt. Dort
begegnete mir auch Volker Krämer, Fotojournalist im Dienste des *Stern*. Er war
einer, der alles schon „gemacht" und, sagen wir, ein wohlwollend-distanziertes
Verhältnis zu seinem Beruf und dessen Wahrheit hatte. Er sprach vom Aufhören
und der Zeit danach. Trotzdem hat er weitergemacht. Später, zu Ende des Kosovo-
krieges, geriet er zwischen die Fronten und wurde von Unbekannten erschossen.
Sein Magazin hat ihm ein Editorial und einige Seiten gewidmet. Es verwies auf
die Notwendigkeit riskanter Einsätze, um der Wahrheit willen. Für die, die ihn
gekannt haben, war auch das Editorial post mortem riskant und wenig realitätsnah.

Auf der Suche nach der Wirklichkeit

Journalisten recherchieren, suchen nach der Wirklichkeit, wie sie wirklich ist.
Deren Wahrheitsgehalt aber hängt vom Kontext ab, von Öffentlichkeiten und Milieus. Hiesige Vorstellungen von Journalismus und Recherche sind gewachsen und

verbunden mit der Entwicklung der westlichen, „bürgerlichen" Demokratien. Als Anwalt des souveränen Volkes ist der politische Journalist – zumindest dem Ideal nach – stets bezogen auf eine bestimmte, sprich repäsentative Form politischer Öffentlichkeit. Diese inszeniert sich nach dem Prinzip des klassischen Schauspiels: zentralperspektivisch, konfrontativ, wahrheitsbewußt. Etwas wird vorgeführt, das dem Leben entnommen ist. Der Journalist als Autor strebt danach, eine „reinigende Wirkung" zu erzeugen und das Publikum zu erregen. Es soll am Ende geläutert hinausgehen und in einer in neuem Konsens formulierten Öffentlichkeit agieren.

Eine religiöse Variante dazu bildet die Kleinliteratur der christlichen Erweckungsbewegungen und die jüdisch-eschatologische Sozialkritik und ihre Auseinandersetzung mit dem „Großstadtsumpf" um die Wende zum 20. Jahrhundert. Von hier führen direkte Verbindungslinien zum neu entstehenden Beruf des Journalisten und seinen Recherche-Methoden (*muckraking*).

Die informelle Öffentlichkeit spricht

Auslandsjournalisten kennen das. In anderen geographischen und sozialen Kontexten funktioniert dieses Spiel der Öffentlichkeit nicht so recht. Die Legitimationsformel von der „Wahrnehmung berechtigter Interessen" läuft ins Leere, wenn das Gegenüber im eigenen Interesse lieber eine Flasche Wodka kippt, als den wissbegierigen Journalisten über Interna der Grenztruppen meinetwegen in der zentralasiatischen Republik Tuwa aufzuklären. Nur die Virtuosen und Gaukler, das vergißt man gerne, gieren nach Kamera und Mikrofon. Der Rest hingegen sagt „lieber nix", geschweige denn „die Wahrheit".

Selbst weite Teile der bundesdeutschen Öffentlichkeit bleiben stumm und unzugänglich. Gleichgültig ob man Fantasy-Laienspieler oder Neonazis, ob Hilfsvereine für mißbrauchte Mädchen, Start-up-Yuppies oder den Hochadel nimmt oder sogar manche NGOs (Non-Government-Organisations), sie bieten kein Gegenüber, an dem der Journalist sich reiben oder festbeißen könnte. Man läuft ins Leere, und viele Kollegen sehen dann nur noch Korruption und Geheimniskrämerei.

Welche Wirklichkeit wird da im Medium abgebildet? Wer kommt wie zu welchen Ergebnissen? Und wie steht er für sie ein? Auch das Publikum ist kritischer geworden oder guckt lieber gleich ‚echte' Fiction wie *Tatort* oder *Lindenstraße*. Dass aus einem Gebäck, der Oblate beim Abendmahl, der Leib Christi werden kann oder ein Fetzen Papier als Geld anerkannt und ihm ein Tauschwert zugeschrieben wird, schreibt der Medientheoretiker Jochen Hörisch, hängt von seiner Beglaubigung ab. Das gehe allen Medien so. Schaffen sie diesen Sprung nicht, geraten sie in eine Glaubwürdigkeitskrise und das Publikum beschleicht das Gefühl, im Hamsterrad herumgejagt zu werden. Es fragt sich, was das Reportierte mit der eigenen Lebenswirklichkeit eigentlich zu tun hat.

Gefragt ist deshalb ein Typus von Journalist und ein methodisches Rüstzeug, das es erlaubt, Wirklichkeit auf verschiedenen Ebenen aufzubrechen. Gesucht ist mit anderen Worten der Journalist als Ethnograf.

Paradigmenwechsel – Strukturwandel der Öffentlichkeit

Dies gilt umso mehr, je deutlicher sich in den westlichen Ländern die sozusagen offizielle Öffentlichkeit selbst verändert. Das stellt auch an die Leistungsfähigkeit des Journalismus neue Anforderungen. „Multikulti", Kungelei, Individualisierung und leere Kassen fördern die Atomisierung des repräsentativen Systems und die (an sich alte) Erkenntnis, daß man es allgemein nicht mit einer politischen Kultur, sondern einer Vielzahl von Kulturen zu tun hat.

Umgekehrt sind die Kreise der Fremden und Unzugänglichen im eigenen Land zwar nicht unbedingt transparenter, aber zumindest haben sie (von der Sekte des Kalifen von Köln bis hin zum Bier saufenden Punk auf dem Kinderspielplatz) gelernt, wie wichtig Aufmerksamkeit und Ereignismanagement im vielstimmigen Chor der Moderne geworden sind. Nicht jeder *native speaker* ist mehr einer. Hinter ihm steckt oft genug ein versierter Öffentlichkeits- oder ein studierter Sozialarbeiter, der weiß, was journalistische Kunden wünschen und wie ein Thema verpackt sein muss. Jedes Bahnhofskind hat ein Gespür dafür wie man mit einem „Medienfuzzi" ins Geschäft kommen kann.

Will sagen: die *scapes* (engl. Räume, Bereiche) überlappen sich. Die offizielle Öffentlichkeit ist genauso wenig offen, wie Vertreter einer informellen Gesellschaft nach antiquierten ethnografischen Idealen ‚objektiv', also ohne Einbeziehung des Betrachterstandpunktes, und wie ein Eingeborenenstamm beschrieben werden können.

Realität als Text – die Landvermessung des sozialen Raumes

Umsichtige Recherche bewegt sich an der Schnittstelle zwischen dem politischen und ethnografischen Journalismus und versucht deren methodische Unterschiede, Perspektiven und Gemeinsamkeiten herauszuarbeiten und in einer flexiblen Strategie zu verzahnen. Wie man der politischen Öffentlichkeit zu Leibe rückt, dafür gibt es gute Vorbilder und Trainings. Hingegen verkörpert der ethnografische Journalist vor allem in der Bundesrepublik kaum mehr als eine Randfigur.

Im unserem Recherche-Camp stehen er und seine besondere Herangehensweise im Mittelpunkt. Das schließt nicht aus, dass dort auch Kollegen etwa der politischen Nachrichtenmagazine des Fernsehens von ihrer Recherche berichten. Im Gegenteil.

Gesellschaftliches Leben spielt sich nicht im Vakuum des Labors ab. Jeder Raum ist nicht nur geografischer, sondern immer auch sozialer, gestalteter Raum, in dem ein Netz von Kräften wirksam wird. Räume lassen sich lesen wie Texte. Wer die Innenseite eines Milieus, einer Sekte, einer Bewegung fassen will, sieht sich in erster Linie an die Methoden der *cultural studies* (die „Schulen“ von Chicago, Birmingham als Vorbild) verwiesen. Diese erschließen ihr Feld auf der Beobachtungs- und Handlungsebene und suchen so dessen Mechanik und Symbolik zu verstehen.

Andere Wahrheiten aufspüren

Nach der Art der Landvermesser vermisst die Recherche den Raum. Sie umkreist das Objekt ihres Interesses, besieht es von verschiedenen Seiten und scheut die flotten Fragen und die einseitige Konfronation. Dies erfordert Zeit, Mühe, geplante Umwege und Akteursbewußtsein, das heißt, durch seinen Eintritt ins Feld erkennt der Journalist an, dass er selbst ein gestaltender Teil der Wirklichkeit ist, die er eigentlich nur abbilden will. Das schließt die Kritik und den Diskurs nicht aus, sondern ermöglicht sie erst, sofern die Erkenntnisinteressen, Hypothesen und Recherche-Wege später bei der Darstellung transparent bleiben.

Damit büßt der Journalist zunächst einmal Autorität ein. Er ist kein Solist mehr. Mit seiner Wahrheit tritt er zurück in den vielstimmigen Chor der Wahrheiten. Zugleich aber begründet er seine Autorität neu. Als versierter Grenzgänger und Insider („taking the role of the other“) besitzt er Informationen, die andere nicht haben, und er kann mit Kenntnissen und Motiven spielen, verfügt über eine klare Interpretation und weiß Wirkung zu erzeugen. Wer seine Pappenheimer kennt und ihre Darstellungsformen bis ins Detail beoachten gelernt hat, der wird auch im Überangebot der ‚gefakten‘ Themen, Bilder oder „Opfergeschichten“ nicht untergehen.

Die Wiederentdeckung des Rechercheurs

Die Figur des – nennen wir ihn – „Ethno-Journalisten“ ist keine Erfindung und auch keine Domäne der *cultural studies*, sondern allenfalls eine Wiederentdeckung. Seinen Typus hat es in der Geschichte des Journalismus immer gegeben – und zwar von Anfang an.

Entstanden ist er um 1900 mit der Herausbildung der modernen Großstadt aus der Symbiose und Personalunion mit Professionen, die damals noch gar nicht spezialisiert waren: dem *detective* (Kriminalbeamten), dem Privatdetektiv, dem Soziologen, dem Fotografen, dem Sozialarbeiter usw. Zwei Namen haben Geschichte gemacht: Egon Erwin Kisch und seine Kollegen in Wien und die „Schule" Robert Ezra Parks in Chicago. Regelrechte Traditionslinien finden sich in den angelsächsischen Ländern, in der Pressefotografie, in der Literatur, in der modernen Kunst oder auch in der Schriftsteller- und Journalistenausbildung des ehemaligen Ostblocks (Johannes R. Becher-Institut/Deutsches Literaturinstitut Leipzig).

Übungsfeld – Das Dickicht der Großstadt

Bei Seminaren der SWR-Personalentwicklung oder am Literaturinstitut Leipzig haben wir städtische Räume zum Inhalt unserer Übungen gemacht. Dies liegt nahe, weil mit der fortschreitenden Dezentralisierung und Lastenverteilung auch die Kommunen zunehmend ins Blickfeld geraten. Die Schlachten um Themen wie Gerechtigkeit, Kriminalität, Erziehung, Integration, gesundheitliche Versorgung oder die im Rahmen der *Agenda 21* angesprochene Frage der Bürgerhaushalte werden substanziell vor allem in Gemeinden und Stadtteilen geschlagen. Wir haben uns bewußt Stadtteile herausgesucht, in denen der „Druck", wie die Stadtplaner sagen, relativ hoch ist, also solche, in denen viel los ist, die einerseits das Erscheinungsbild einer multikulturell deklassierten Landschaft bieten, aber andererseits auch für Besserverdienende, Galerien usw. ein interessantes Lebensumfeld bieten, was die Attraktivität des Standorts auch für teure und luxuriöse Investionen erhöht (Gentrifizierung).

Wir haben unser Feld auf drei Schnittebenen vermessen und dabei unsere Erfahrungen ständig mit Experten und geladenen Gästen abgeglichen.

Erste Schnittbene: beat – Abgrenzen, Gehen, Beobachten, Sammeln
Jeder Gartenzaum, jede Fassade, jedes Kopftuch, jede Bahntrasse, jede Beobachtungskamera markiert Grenzen. Sie markieren Macht und Ohnmacht, Zugehörigkeit und Ausschluss, Bewegung und Stillstand. Alle Intervention im Raum zielt deshalb auf Grenzen. Nur über Grenzen und Bruchkanten ist Kommunikation (mit dem Raum, seinen Bewohnern und ihren Zeichen) möglich. In der Sprache der amerikanischen Polizei- und Sozialarbeit markieren *beats* (engl. Polizeidistrikte, aber auch Interventionsbereiche für soziale Programme) die Planquadrate und Zuständigkeiten großstädtischer Dienststellen. Im Gegensatz zu den ‚gewachsenen' Bruchlinien im Viertel schneiden sie die Milieus auf wie eine große Torte.

Auf der ersten Schnittebene folgen wir diesem Muster und stecken auf dem Stadtplan ein bestimmtes Feld aus. Wir begehen es ein, zwei Stunden, durchkreuzen es mit der Straßenbahn, machen Notizen zu Gewohnheiten der Bewohner, zur Bevölkerungsstruktur, besuchen „Visitenkarten" und Schmuddelecken, sammeln das achtlos Weggeworfene am Straßenrand, Flyer und Stadtteilzeitungen, notieren städtebauliche Eigenheiten, schrille Kontraste, untersuchen das Angebot an Läden

oder beobachten wie sich die Leute bewegen. Der Raum ist ein riesiger Gedächt-
nisspeicher. Alles ist wichtig: die Notiz in der Stadtteilzeitung, die Erzählung
einer Hausfrau im Blumenladen, eine Geste, ein Augen-Blick. Alles hebt man auf.
Aus dem Fragment entsteht die *memoire involontaire* (M. Proust), ein Profil, eine
unerwartet markante Physiognomie. Die zunächst angetroffene matte Oberfläche
offenbart plötzlich Tiefe, schillernden Glanz und Eigenart und sie gibt uns genug
Frage- und Gesprächsstoff („Sagen Sie mal, wieso ist das hier so und so"), um
Kontakte aufzubauen.

Als Ratgeber steht bei dieser Übung ein Kriminalist zur Verfügung, der
von Rekonstruktionen aus dem Detail, von *profiling* und Indizienbeweisen
etwas versteht.

Zweite Schnittebene: Ethnologen des Alltags

„Who are the players?", fragen versierte amerikanische Kollegen, wenn sie ins
Feld aufbrechen. In jedem Raum gibt es mächtige Spieler und frustrierte Verlie-
rer, die die Regeln bestimmen oder unter Umständen viel zu erzählen haben. Sie
sind wie Türöffner. Man muß die richtige Sprachebene treffen, sich angemessen
verhalten und kleiden (im Zweifel gilt: „dress down!") und herausfinden wie
man ihr Vertrauen gewinnen kann. Es gibt Berufsgruppen, die sind für solche
Grenzgänge wie geboren und quasi selbst schon ein Reportagethema oder eine
Figur für ein Drehbuch. Wir nennen sie Ethnologen des Alltags und meinen
Rettungssanitäter, Stromableser, Stadtplaner, Seelsorger, Zeitschriftenwerber,
Postzusteller, Schornsteinfeger, Pflegedienste, Versicherungsvertreter, Location
Scouts, Gefrierkostfahrer, Denkmalpfleger, Polizisten, Prüfer der Gebühreinein-
zugszentrale (GEZ), Prospektverteiler und ähnliche Berufsgruppen. Mit ihnen
laufen die Kursteilnehmer einfach mit. Überrraschenderweise fragt kaum einmal
jemand danach, wer der „Praktikant" denn eigentlich sei, und es ist unproblema-
tisch, wenn er seine Identität preisgibt.

Diese Übung offenbart Lebensverhältnisse, Lebensstile und Problemlagen
und gewährt Einblicke in die private Seite des Stadtteils. Andererseits sind die
Ethnologen des Alltags selbst Lernobjekt. Sie vermitteln ein Gefühl dafür, was man
braucht, um im Viertel eingelassen zu werden. Sie sind Grenzgänger par excellence.
Hat man ihr Vertrauen gewonnen, sind sie gerne bereit, einen weiterzuvermitteln.
Wer „im Ernstfall" nicht auf die Wirkungsmacht des Mediums spekuliert und darauf hofft, dass Kameras, Notizblöcke und Mikrofone Türen öffnen, wer versteht,
mit sperrigen Realitäten zurechtzukommen, hat am Ende die besseren Bilder und
authentischeren Geschichten.

Zur Begleitung dieses Arbeitsschritts haben wir einen renommierten Stadt-
ethnologen, Mediengeschichtler und Methodiker der Großstadtreportage zur Seite.

Dritte Schnittebene: Zugriff im Mimikry
Waren die bisherigen Begehungen eher dem passiven Sammeln und Beobachten
gewidmet, zielt der dritte Zugriff auf aktive Intervention. Man formuliert selbst
eine Strategie der Intervention, organisiert Suchbewegungen, zieht Grenzen und
konstruiert einen Bezugsrahmen.

Dazu kann es notwendig sein, verschiedene Rollen zu spielen: als Passant,
Prospektverteiler, Spaziergänger, junges Paar, Hilfsbedürftiger, unter Umständen im schnellen Wechsel. Das schaffen wir durch eine einfache Aufgabenstellung: „Heften Sie sich einer Person an die Fersen und verfolgen Sie ihre Wege".
In der journalistischen Praxis sind oft solche Beschattungen gefragt, etwa bei
der Verfolgung illegaler Tiertransporte, Subventionsbetrug oder Ähnlichem. Die
Rollen-und Sozialreportage arbeitet nach diesem Muster. Als kritischen Helfer
und Berater engagieren wir einen Privatdetektiv.

Cross Mapping – das inszenierte Vermessen eines Stadtraumes
Eine weitere Interventionsvariante wäre das *Cross Mapping*. Der Begriff ist vor
allem durch den Filmautoren Alexander Kluge ins Gespräch gebracht worden.
Gemeinsam mit der Hochschule für Grafik und Buchkunst, der Leipziger Kunst-
und Medienakademie haben wir willkürlich sogenannte Flatterbänder gespannt,
fiktive *claims* markiert, Reaktionen und Gespräche provoziert, die Aktion mit
Foto und Video dokumentiert. Ähnlich hat der Schweizer Thomas Hirschhorn
auf der letzten *Documenta* mit seinem Bataille-Monument nach einer anderen
Beschreibungsebene des Städtischen gesucht.

Solche Spiele sollen Appetit machen auf einen Habitus und Arbeitsstil, der
nicht nur Themen abgreift, sondern systematisch neue Themenfelder erschließt,
sie förmlich bewohnt, sie als fortlaufende Erfahrungsquelle benutzt, die ihm zu
neuen Erkenntnissen verhilft. Wer den Medienmarkt verfolgt, wird feststellen,
dass viele erfolgreiche Publikationen über Armut oder Reichtum, Krieg, moderne Sklaverei, Kriminalität usw. immer mehr von Autoren/Journalisten stammen,
die sich solche Horizonte systematisch aufgebaut und Felder erschlossen haben,
indem sie als Mitbewohner (der kanadische Theaterwissenschaftler Dwight Con-
quergood, der über die Ghettos in Chicago arbeitete), als Billigarbeitskraft (die
amerikanische Kolumnistin Barbara Ehrenreich, die über den Markt der modernen
Sklavenarbeit geschrieben hat) oder als Dokumentatoren (wie die in Gaza tätige
Fotojournalistin Amira Hass) längere Zeit ins Feld gingen, um dorthin übrigens
ständig wieder zurückzukehren.

Hinweis: Aufmerksamkeit ist das Lernziel

Die Übungen des Recherche-Camps sollen nicht ein direkt verwertbares journalistisches Ergebnis produzieren. Im Mittelpunkt steht das Interesse, soziale Aufmerksamkeit, Sensibilität und Empathie, einen guten Blick und Dialogfähigkeit zu trainieren und platte Stereotypen zu durchbrechen, was in den angelsächsischen Ländern schon seit langem unter dem Begriff *social awareness* vermittelt wird. Nicht zuletzt Teilnehmer, die in diesen Feldern leben und arbeiten, lernen ihre Stadt mit anderen Augen zu sehen und Wirklichkeit nicht als eine aus der Distanz wahrgenommene Kulisse, sondern als Quelle für dichte, spannende, authentische und im Wortsinn sensationelle (anrührende) Beiträge. Sie lernen wie man sich Kontakte an der Basis aufbauen und Glaubwürdigkeit beim Publikum gewinnen kann.

Motivation und Blockaden für die Seminarteilnehmer

Das Dickicht der Stadt verlangt Zeit und Hingabe, und es ist auch viel schöner und glänzender, etwa zur Pressekonferenz mit Konstantin Wecker oder Zoe Jenny geschickt, als dazu verdammt zu werden, zwei Hausfrauen beim Wäscheaufhängen auf dem Balkon zu belauschen.

Die Kollision mit einem vordergründig zielorientierten Berufsverständnis, dem eiligen Lebensstil der Großstadt (den der „rasende Reporter" zu verkörpern suchte) und steigendem Produktions- und Zeitdruck ist unvermeidlich. Dass es nicht um die 1000 besten Recherche-Tricks, sondern um ein anderes Verständnis der eigenen Berufs- und Akteursrolle geht, ist eine langsam wachsende Erkenntnis. Dass Umwege (zumal in die *outbacks* der Kulturen) eine eigene Qualität beinhalten (Kritik: „das ist doch kicki", „das kann jeder"), scheint vielen erst mal nicht nachvollziehbar, oder die Investitionskosten sind einfach zu hoch. Jeder muß am Ende natürlich selbst entscheiden, ob er dranbleiben will.

Im Hintergrund steht ein strukturelles Problem: Kann man Grenzgänge überhaupt trainieren? Der Blick auf die Geschichte der *cult studs* oder den frühen Reportagejournalismus zeigt, dass die Erfolgreichen (Park, Kisch usw.) selber Aufsteiger, Grenzgänger und Randständige waren. Das deckt sich mit der Erfahrung der Kurse, dass z. B. der Reporter des Regionalstudios (der vielleicht früher mal für den Lokalteil einer Provinzzeitung gearbeitet hat) besser mit dem Ansatz zurecht kommt als der Ästhet aus „der Kultur", der Illustrationsmaterial für ein Drehbuch sucht.

Didaktischer Nutzen eines Recherche-Camps

Die Seminare schwanken zwischen Ablehnung und Begeisterung. Sie zeigen Auswege aus den Zweifeln und der Enge der eigenen Berufsrolle auf, die meist nicht mehr zu den Anforderungen einer komplexen Moderne passt und in einem die Ahnung keimen lässt, dass etwa auch in der Region oft mehr steckt als lahme Interviews mit selbstgefälligen Bürgermeistern, Sängerpräsidenten oder selbsternannten Heimatvertretern. Miteinander ins Feld zu gehen, ist Teamwork. Wie beim Klettern im Gebirge muss man auf die anderen achtgeben. Diese Gruppenerfahrung tut gut, insbesondere wenn man erfährt, dass auch in vielen anderen Ländern und Regionen ähnliche Netzwerk-Alpinisten ‚herumkraxeln', mit denen man dereinst die neue Internationale der Ethno-Journo-Kraxler bilden wird.

Literatur:
Aleida Assmann: Erinnerungsräume, München 1999
Francois Jullien: Umweg und Zugang, Wien 2000
Rolf Lindner: Die Stunde der Cultural Studies, Wien 2002

2.3 Eine-Quelle-Geschichten und andere Übel
– Prinzipien für den Umgang mit Informanten und Informationen

von Thomas Schuler

Wie lassen sich Grundsätze der Recherche vermitteln? Die einfache Antwort lautet: indem man recherchieren lässt. Der Lerneffekt ist am größten, wenn man etwas selbst tut – auch mit dem Risiko zu scheitern. Wir lernen wenig durch Vorträge, mehr durch Anschauung und noch viel mehr durch Praxis. Am meisten lernen wir durch Fehler in praktischen Übungen. Scheitern ist also kein wirkliches Scheitern, sondern dient dazu Probleme klarer zu erkennen. Daher bestehen meine Seminare aus Übungen, an denen die Teilnehmer scheitern dürfen und sogar sollen.

Allerdings läuft man Gefahr, dass die Teilnehmer zwar – erfolgreich oder scheiternd – recherchieren, ihnen jedoch nicht bewusst wird, worauf es beim Recherchieren ankommt. Ihre Recherche bleibt beliebig, der Erfolg scheint dem Zufall überlassen. Das eigentliche Ziel des Seminars – die Methodik deutlich zu machen – verkehrt sich ins Gegenteil. Im Kopf setzt sich die Ansicht fest, dass es keine Prinzipien gibt. Wie lässt sich dieses Problem vermeiden? Es kommt auf die Didaktik an. Ziel aller Übungen bei Grundlagenseminaren sind zwei Erkenntnisse.

Erstens: Die Teilnehmer sollen lernen, dass Texte, die sich auf nur eine einzige Quelle stützen, Tabu sind. Solche Geschichten sind kein Journalismus, sondern Public Relation. Alle Journalisten lassen sich hin und wieder missbrauchen. Journalisten aber, die Eine-Quelle-Texte veröffentlichen, lassen sich missbrauchen – ohne auch nur ein klein wenig dagegen zu tun.

Zweitens: Die Teilnehmer sollen lernen, erst die Grundlage – auch „Fakten-ebene" genannt – zu klären und dann Informanten nach ihrer Interpretation – die „Deutungsebene" – zu befragen. Es gilt erst das Was, Wann und Wo zu eruieren, bevor man sich dem Wie und Warum widmet. Freilich ist es verlockend, mit der Deutungsebene zu beginnen, weil auf dieser Ebene meist alle brisanten Fragen zu beantworten sind. Überspitzt formuliert: Bevor man sich den interessanten Fragen zuwendet, gehören die langweiligen Fragen angegangen. Journalisten sind versucht sofort ‚nach vorne‘ zu recherchieren. Die guten Rechercheure kümmern sich jedoch erst um die Grundlage, indem sie rückwärts, also ‚nach hinten‘, recherchieren. So kann man von einer gesicherten Basis aus immer tiefer nach vorne stoßen.

Übungen wider die Eine-Quelle-Recherche

Zeitungen und Zeitschriften sind voll von mangelhaft recherchierten Texten: Journalisten wissen oft nicht wirklich, was an gesicherten Fakten vorliegt. Sie verlassen sich ganz oder in wichtigen Kernaussagen auf nur eine einzige Quelle und ihre Texte sind daher in hohem Maße einseitig und parteiisch ohne komplexe Zusammenhänge und Widersprüche deutlich machen zu können. Sie sind nicht nur fragwürdig, was ihren Wahrheitsgehalt angeht. Sie sind zugleich irreführend und langweilig.

Bereits eine einfache Einstiegs-Übung zeigt: Etliche Berufsanfänger glauben, das Befragen mehrerer Quellen sei kein Prinzip, sondern lediglich bei außerordentlich wichtigen und komplizierten (politischen) Themen angebracht. Weil sie als Anfänger diese komplizierten Themen nicht bearbeiten, müssen sie sich folglich nicht an das Prinzip halten – und fühlen sich mit diesem Argument völlig im Recht.

Wenn die Teilnehmer diese Ansicht äußern, ist bereits der erste wichtige Schritt vollzogen: darüber zu reden und diese Einstellung zu hinterfragen. Wenn das Problem nicht genau benannt ist, kann man es nicht behandeln. Warum sollte es einmal wichtig sein, viele Leute zu befragen – und in einem anderen Fall angeblich nicht? So lange man Journalisten nicht klar machen kann, dass es keine Ausnahmen gibt, so lange werden sie die Ausnahme zur Regel machen.

Wie kann man die Teilnehmer zum Reden bringen? Anhand von zwei Beispieltexten. Der eine handelt von dem „mysteriösen Tod" eines Gastwirtes aus Bad Tölz, der im Lokalteil der *Süddeutschen Zeitung (SZ)* erschienen ist. Der andere, im Lokalteil der *Berliner Zeitung* veröffentlicht, porträtiert die Synchronsprecherin von Julia Roberts und Ally McBeal. Beide Texte sind nicht zu lange – damit nicht zu viel Zeit mit Lesen vergeudet wird und die Teilnehmer nicht ermüden und abschalten. Der Text in der *SZ* enthält etliche Quellen. Im zweiten Bericht aus der *Berliner Zeitung* ist keine Quelle außer der Sprecherin selbst erkennbar.

Mysteriöser Tod: Tölzer Kneipier stirbt in seinem Haus in der Karibik

Die Staatsanwaltschaft München II ermittelt, ob der Tölzer Kneipier Georg G. gewaltsam ums Leben gekommen ist oder Selbstmord begangen hat. Der 58Jährige, der in den 90er Jahren in Bad Tölz die Musikkneipe Butterfly betrieb, ist am 12. Dezember unter ungeklärten Umständen in seinem Haus in der Dominikanischen Republik gestorben.

In einer Kurzfassung des Obduktionsberichtes schlussfolgern die dominikanischen Behörden, dass es sich um Mord handelt. „Das ist uns zu summarisch", sagt Oberstaatsanwalt Rüdiger Hödl. „Wir brauchen einen genauen Tatortbericht und einen detaillierten Obduktionsbericht. Uns interessieren die Fakten, aus denen

sich die Wertung der dominikanischen Behörden ableitet." Deshalb habe er ein
offizielles Rechtshilfeersuchen beantragt.

Georg G., in der Tölzer Kneipenszene wegen seiner rotblonden Haare
als „Erdbeer-Schorsch" bekannt, wurde im Wasser der Zisterne seines Hauses
aufgefunden, sein Hals wies starke Strangulationsmerkmale auf. Der Staatsanwalt-
schaft liegt aber auch die Kopie eines Abschiedsbriefes vor, sowie Informationen
über ein Telefonat, in dem Georg G. am 12. Dezember einem deutschen Bekannten
ankündigte, er werde sich umbringen. „Die Indizien sprechen für einen Freitod,
der Obduktionsbericht für Mord," sagt Hödl.

In einem Fernsehbeitrag von Stern TV sowie einem Artikel in tz und Bild
am Sonntag wird Georg G. einem Kinderschänderring auf der Karibik zugeord-
net. „Wir ermitteln in erster Linie die Todesursache", sagt Oberstaatsanwalt Hödl.
Er behalte die Hinweise der Fernsehjournalisten aber im Auge, da das im Fall
eines Mordes ein Motiv abgebe. Möglicherweise werde er auf Zeugen aus dem
Beitrag zurückgreifen.

Mehrere Wirte in Bad Tölz beschreiben Georg G. als seltsamen und sehr zu-
rückhaltenden Mann. „Er hat nie etwas von sich preisgegeben", sagt einer. Richtig
gut will ihn keiner gekannt haben. In Bad Tölz sei G. so gut wie nie ausgegangen,
wenn, dann sei er nach München gefahren. Wie einige Gastronomen sagten, war
G. ihrer Ansicht nach nicht in pädophilen Zirkeln. „Bad Tölz ist ein Dorf. Wenn
da irgendetwas gewesen wäre, hätte sich das herum gesprochen."

In Deutschland lag gegen den gebürtigen Thüringer Georg G. ein Haftbefehl
vor – er hatte keinen Unterhalt mehr für seine Kinder gezahlt. Zum letzten Mal
soll er sich vor drei Jahren in Bad Tölz aufgehalten haben, wo seine Tochter noch
wohnt. (SZ, 8/9.Februar 2003)

Daniela Hoffmann ist eine Schauspielerin unter vielen – und sie ist Julia Roberts und Ally McBeal

Niemand haucht so erotisch wie Julia Roberts, keine plappert so nervös wie Ally
McBeal. Falsch! Daniela Hoffmann tut es. Die Schauspielerin aus Bergfelde bei
Berlin ist die Stimme sowohl des langbeinigen Hollywood-Superstars, als auch der
von Calista Flockhart gespielten Serienfigur, die als neurotische Anwältin mit einem
Männerproblem seit einigen Jahren für einen vergnüglichen Dienstagabend sorgt.

Ihren Durchbruch als Synchronsprecherin feierte Daniela Hoffmann mit Pretty
Woman – genau wie Julia Roberts selbst. Seither ist sie die deutsche Stimme der
US-Schauspielerin und auch deren großer Fan. „Ich mag sie wirklich sehr gerne."
Umso überraschender ist da das Geständnis, dass sie Erin Brokovich, den Film
für den Julia Roberts einen Oscar erhielt, noch nie gesehen hat – jedenfalls nicht

in der richtigen Reihenfolge. „Wenn wir synchronisieren, machen wir das ja nicht chronologisch, sondern so, dass jeder Sprecher seine Szenen hintereinander hat."

Für den deutschen Markt werden praktisch alle großen Hollywood-Filme heutzutage synchronisiert, die meisten davon in Berlin, der Hauptstadt der Stimmen. 30 Prozent Anteil, so eine Branchenregel, hat die Synchronisation am Erfolg von ausländischen Filmen. Doch wie groß ist der Anteil von Daniela Hoffmann persönlich an der Popularität von Julia Roberts in Deutschland? Sie zögert. „Also, sie wäre mit einer anderen Stimme sicherlich genauso beliebt. Aber ich glaube schon, dass meine Stimme ganz gut zu ihrer Art passt."

Eine Karriere à la Hollywood hat Daniela Hoffmann bisher nicht erlebt. Dabei stand ihr Berufswunsch schon im Alter von sechs Jahren fest: Schauspielerin. Damals hatte sie gerade ihre erste Rolle, die Kröte in Prokofjews Die Liebe zu den drei Orangen an der Komischen Oper Unter den Linden, gespielt. Nach dem Abitur studierte sie in Leipzig vier Jahre lang Darstellende Kunst. Kino- und Fernsehrollen folgten, ebenso Engagements, etwa als My Fair Lady am Metropol Theater. Als Daniela Hoffmann kurz vor Mauerfall nach einem Besuch im Westen blieb, musste sie ganz neu anfangen. Ihr Ruf galt nichts mehr in der neuen Zeit, trotz der profunden Ausbildung. Rollen gab es für sie kaum.

Da traf es sich gut, dass Daniela Hoffmann 1990 Roberts deutsche Stimme wurde, „weil bei einem Casting keiner die geforderte proletarisch-dreckige Lache so gut hingekriegt hatte wie ich", wie sie sich erinnert. Bis heute falle es ihr schwerer zu synchronisieren als selbst zu spielen. „Ich habe durch Gestik und Mimik mehr Möglichkeiten. Beim Synchronisieren muss alles über meine Stimme kommen."

Doch es ist ja längst nicht mehr so, dass Daniela Hoffmann nur als Stimme gebucht würde: Zuletzt spielte sie im Polizeiruf 110, in Victor Klemperers Tagebüchern und etlichen Folgen der Vorabendserie Happy Birthday an der Seite von Hebamme Witta Pohl.

Dabei kann sie ihre Filmpartner auch real küssen. „Wenn wir ein küssendes Paar synchronisieren, küssen wir für die Geräusche nur unseren eigenen Handrücken. Ziemlich unromantisch." (Berliner Zeitung, 5. Januar 2002)

Die Teilnehmer sollen ihre Eindrücke schildern. Was ist gut und was schlecht? Die Ergebnisse werden auf einem großen Bogen Papier gut sichtbar für alle festgehalten: ‚Gut‘ bedeutet ein Pluszeichen. ‚Schlecht‘ ein Minuszeichen. Oder die Teilnehmer erhalten Kärtchen, auf die sie ihre Zeichen setzen, kleben die Kärtchen an die Wand und begründen ihre Entscheidung. Dabei kommen überraschende Antworten heraus. Es ist keineswegs so, dass sich alle Teilnehmer sicher sind, welcher Text besser und welcher schlechter ist. Das heißt, grundsätzlich sind sie sich einig, dass die Umstände des Todesfalles besser recherchiert sind. Aber öfter als erwartet kommt als Einwand, dass ein feuilletonistischer Text beziehungsweise eine Lokalreportage über eine Künstlerin gar nichts anderes will und soll als die Sicht der portraitierten Person wiederzugeben. Deshalb sei es bei solchen Texten völlig in Ordnung, wenn man sich auf eine einzige Quelle verlässt: die Künstlerin selbst. Andere Quellen würden nur die flotte Schreibe behindern.

Viele Anfänger müssen während ihrer Praktikums- oder Volontärszeit Texte über Kunst oder Kultur oder Persönlichkeiten aus dem Lokalen verfassen. Mit anderen Worten: Bei einem Großteil ihrer Arbeit sei es ihrer Meinung nach völlig in Ordnung, wenn sie sich auf eine Quelle verlassen. Wenn eine Person nicht bereits öffentlich in der Kritik steht, solle man sie nicht aus verschiedenen Seiten beleuchten. Ich halte das für falsch, aber die Teilnehmer wollen das oft nicht verstehen und bleiben dabei: Es gebe kein Prinzip der Recherche, sondern Unterschiede je nach Gegenstand der Recherche.

Egal welche Einwände die Teilnehmer auch bringen – es muss klar werden, dass das Porträt der Künstlerin viele mögliche Aspekte ausspart: Wo steht sie in ihrem Beruf in Deutschland? Warum nicht eine Einschätzung eines Filmproduzenten bringen? Ist sie wirklich freiwillig auf dieses Genre gekommen, oder lag es daran, dass sie als DDR-Schauspielerin nicht aus ihrem Land heraus kam? War das Synchronisieren eher Verzweiflung als Wunsch? Ist sie zu ihrem Erfolg gezwungen worden? Was sagen ihre Kollegen, Auftraggeber usw.? Das alles sind einfach zu befragende Informanten, die das Bild bereits runder machen. Nebenbei liest sich die Geschichte auch abwechslungsreicher, nicht langweiliger. Was aber, wenn sich zwei Quellen widersprechen, fragen die Seminarteilnehmer. Macht man sich da nicht den Text kaputt? Erfahrungsgemäß nein. Kontroversen und Widersprüche machen jede Geschichte spannender. Wenn Widersprüche vorhanden sind, sollte man sie nicht umgehen, sondern zum Thema machen (sofern sie wesentlich beziehungsweise wirklich interessant sind).

Der Text aus der *SZ* eignet sich gut, über die Art von Quellen zu sprechen. Pauschal kommt die Antwort, dass sich der Text auf einen Staatsanwalt stützt, was als sehr gut gilt, weil Staatsanwälte gute Informanten, objektiv usw. seien.

An dieser Stelle lohnt es sich Zweifel anzubringen. Im Prinzip ist es richtig, dass ein Staatsanwalt eine gute Quelle ist. Aber man muss dabei bedenken, dass Staatsanwälte eigene Ziele verfolgen und manche bestimmte unliebsame Ermittlungen lieber einstellen als verfolgen. Das Kriterium, auf das man hier eingehen sollte, ist die Nähe zu dem Ereignis, über das berichtet wird. Hat die Quelle tatsächlich exklusive Informationen? Im vorliegenden Fall ist es so, dass der Oberstaatsanwalt mehr weiß als andere. Er ist die zentrale Quelle. Er ist mit dem Fall befasst.

An dieser Stelle ist es sinnvoll, über Quellen erster und zweiter Ordnung zu sprechen. Was ist gemeint?

Quellen aus zweiter Hand

Das sind aktuelle Zeitungsberichte, Archivtexte, TV-Berichte, Radiofeatures und Bücher – also veröffentlichte Arbeiten anderer Journalisten. Des weiteren zählen dazu: Mitgliederzeitschriften, Vorlesungsverzeichnisse einer Universität, amtliche Mitteilungsblätter, auch das Protokoll einer Stadtratssitzung. Allerdings kann man sich über den Status eines solchen Papiers streiten. Ist das nicht bereits eine Quelle, die einen Tick tiefer geht? Ein Dokument? Mag sein. Das Zitieren eines solchen Papiers sollte jedoch nicht geschehen ohne sich bei den darin Genannten über seine Richtigkeit und Bedeutung rückzuversichern.

Der Autor der bereits veröffentlichten Geschichte, des gesendeten TV-Beitrags ist die weitere wichtige Quelle aus zweiter Hand. Er hat zum Thema recherchiert und meist ist er froh, wenn ein anderer Journalist seine Recherche aufgreift – zumindest solange er nicht das Gefühl haben muss, sein Beitrag diene nur als Drehbuch und werde nur abgefilmt ohne ihn als Quelle zu nennen. Vielleicht hat er seinen Informanten Vertraulichkeit zugesagt. Gilt das nur für die Veröffentlichung der Namen (nicht aber für die Recherche), so wird er die Namen vielleicht ohne Rückfrage nennen. Oft ist es jedoch nicht so einfach, wenn man den Autor nicht bereits kennt. Es empfiehlt sich daher, etwas Energie in ein vertrauensvolles Verhältnis zum Autor zu investieren. Nur dann wird der Autor die Zeit aufbringen und seine Informanten bitten, Kontakt aufzunehmen. Der Autor ist auch deshalb ein wichtiger Gesprächspartner, weil er die Beteiligten und ihre Motive kennt und wichtige Hinweise geben kann.

Schließlich sollte man nicht vergessen, den Autor vorsichtig nach dem Resultat der Veröffentlichung zu fragen: Gab es dadurch neue Hinweise, die noch nicht publiziert sind, Folgegeschichten, Leserbriefe, Gegendarstellungen, rechtliche Auseinandersetzungen? Oft ergeben sich bereits durch dieses Gespräch interessante Aspekte, die eine weitere Geschichte rechtfertigen. Man nennt das Erweiterungsrecherche oder Follow-up.

Manche der genannten Papiere, etwa das Protokoll des Stadtrates, gelten bei vielen Journalisten bereits als heiß recherchiertes Material, weil man daraus zitieren und es also in einer Geschichte verwerten kann. Wir merken uns jedoch das folgende Kriterium: Quellen aus zweiter Hand sind wichtig, weil sie zu Quellen aus erster Hand führen.

Quellen aus erster Hand

Quellen aus erster Hand sind stets Personen. Alle Handelnden und direkt Beteiligten eines Vorgangs verfügen über Wissen aus erster Hand. Mit ihnen über ein Ereignis zu sprechen und ihre Einschätzung einer Person oder Interpretation eines

Vorgangs oder Dokuments zu erfahren, ist durch nichts zu ersetzen. Ob sie mit Namen in dem Bericht auftreten wollen, sollte früh einen Gedanken wert sein. Es sollte aber nicht alleiniges Kriterium sein, ob man mit jemandem spricht oder nicht. Ein Stadtratsprotokoll erleichtert, bestimmte Personen mit der Tagesordnung oder mit konkreten Zitaten zu konfrontieren.

Eine Quelle aus erster Hand kann aber auch ein Dokument sein – falls die darin genannten Personen beziehungsweise der oder die Urheber sich nicht äußern wollen, auch nicht in einem Hintergrundinterview. Der Reporter hat also keine Möglichkeit, sich das Dokument von einem der Beteiligten erklären zu lassen. Freilich sollte man sich stets über Experten und Insider Informationen einholen. Zumindest sollte man es versuchen, wenn das Dokument eine zentrale Rolle in der Geschichte spielt.

Damit kommen wir zum Wert des Papiers: Akten unterstützen wörtliche Zitate. Der Vorteil dabei ist, dass die Quelle, die die Akten beschafft, sich nicht verraten muss. Der Beleg, sofern echt, lässt sich nicht so leicht wie eine Aussage wegdiskutieren mit dem Hinweis: „Das habe ich nicht gesagt."

„Mysteriöser Tod" – Quellen aus erster oder zweiter Hand?

Der Unterschied von Quellen aus erster und Quellen aus zweiter Hand lässt sich gut anhand des *SZ*-Berichts erläutern. Oberstaatsanwalt Hödl ist eine Quelle aus erster Hand – die wichtigste in diesem Fall für den Autor, denn er konnte selbst direkt mit ihm sprechen. Hödl wiederum berichtet von einem Obduktionsbericht, der in der Dominikanischen Republik verfasst wurde. Dieser Bericht ist eine Quelle aus zweiter Hand. Allerdings hat der Autor den Bericht wohl nicht selbst gesehen– sonst würde er vermutlich direkt daraus zitieren. Dem Autor kommt zu Hilfe, dass der Staatsanwalt selbst Zweifel an dem Bericht äußert und eine Einschätzung gibt, wie stichhaltig diese Quelle ist („zu summarisch"). Das ist ein Glücksfall für einen Autor, der einem freilich nicht immer begegnet. Der Abschiedsbrief und die Informationen über ein Telefonat mit einem Bekannten sind ebenfalls Quellen aus zweiter Hand. Die Berichte in *Stern TV*, in der *tz* und der *Bild am Sonntag* sind ebenfalls Quellen aus zweiter Hand. Die Wirte sind zwar Quellen aus erster Hand, aber ihnen fehlt die Nähe zum Ereignis. Sie können lediglich über vergangene Zeiten sprechen. Der Autor hat sie mit Recht erst weiter hinten in seinem Bericht erwähnt. Ihre Erkenntnisse sind bescheiden. Zudem sind sie nicht namentlich zitiert. Falls der Kontakt zu dem Oberstaatsanwalt sehr gut ist, hätte der Autor versuchen können, Einblick in das eine oder andere Dokument zu erhalten, etwa in den Abschiedsbrief oder in den Obduktionsbericht. Vielleicht finden sich in den Papieren weitere Spuren.

Für einen aktuellen Bericht im Lokalteil ist die Quellenlage hier gut genutzt. Keine Frage: Der *SZ*-Bericht ist dem Porträt in der *Berliner Zeitung* in dieser Hinsicht weit überlegen. Der Bericht über die Schauspielerin Daniela Hoffmann dagegen beruht nur auf Angaben, die die Künsterlin selbst gemacht hat. Möglich, dass der Autor Informationen aus dem Archiv oder eines Nachschlagewerks verwendet hat. Aus dem Bericht geht das jedoch nicht hervor.

Von Widersprüchen und Quellentransparenz

Ein Journalist kommt der – manchmal auch widerspruchsvollen – Realität näher, wenn er mehrere Quellen befragt. Aber er sollte auch bestrebt sein dem Leser oder Zuhörer mitzuteilen, welche Quellen er nutzt. Es genügt nicht, die Quellen befragt zu haben. Soweit möglich, sollte man sie auch offen legen und nennen. Manche investigativen Journalisten neigen dazu, in ihren Texten ‚gottähnliche' Behauptungen aufzustellen. Der Leser wird alleine gelassen mit dem Anspruch, dem Autor hundertprozentig zu vertrauen. Das kann man von keinem Leser verlangen und dazu wird er auf Dauer auch nicht bereit sein. Nicht einmal ein Kolumnist kann sich das leisten. Daher ist es mit dem Verwenden mehrerer Quellen von allen Seiten nicht getan – man muss ihre Herkunft transparent machen.

Methodik des Recherchierens

Kommen wir zum nächsten Ziel: Der Methodik des Recherchierens. Wie lehrt man die Bedeutung des methodischen Vorgehens? Die Teilnehmer erhalten Aufgaben, die scheinbar ganz leicht zu lösen sind. Bei der Auflösung stellt sich heraus, dass es *die* Lösung jedoch nicht gibt, beziehungsweise dass sie die falsche gefunden haben. Die richtige wäre nur zu finden gewesen, wenn man sich zuerst fragt, was denn als gesicherte Erkenntnis gelten darf.

Man kann das Seminar freilich auch mit dieser Art von Übung beginnen, die Methodik an den Anfang stellen und dann auf das Übel der Eine-Quelle-Geschichten zu sprechen kommen. Die umgekehrte Reihenfolge eignet sich eher, weil die Methodik letztendlich mehr Theorie erfordert. Man muss doch auch ein wenig über Fakten- und Deutungsebene sprechen, was den Einstieg ins Seminar womöglich etwas erschwert. Grundsätzlich aber ist die Reihenfolge der Übungen nicht von entscheidender Bedeutung.

Übung: Zwei Agenturmeldungen

Eine erste Übung besteht aus zwei Agenturmeldungen zum gleichen Thema. Die eine Agentur berichtet, das Spendenaufkommen im vergangenen Jahr sei gestiegen. Die andere behauptet, es sei gefallen. Welche Version stimmt? Die Teilnehmer telefonieren mit einem Experten, der die in der Meldung zitierte Studie erstellt hat, dann entscheiden sie sich für eine der beiden Versionen. Meist liegen sie falsch. Richtig wäre: Keine der beiden Versionen stimmt. Wer methodisch vorgeht, prüft zuerst die Grundlage und fragt sich: Was ist gesichert? Dabei erfährt er, dass das Spendenaufkommen auf Schätzungen und fragwürdigen Umfragen beruht. Darin wurde lediglich gefragt, ob die Befragten noch spenden würden – was freilich die wenigsten verneinen.

Eine andere Übung hat mit der Auflagenzahl einer kleinen deutschsprachigen Exilzeitung namens *Aufbau* zu tun. Es gibt in verschiedenen Texten widersprüchliche Auflagenzahlen. Die Seminarteilnehmer telefonieren, um sich die Auflage nennen zu lassen, aber kaum einer entdeckt, dass völlig unterschiedliche Maßstäbe zugrunde liegen. Einmal ist von Druckauflage, dann von Abos, dann von Lesern die Rede. Die richtige Antwort müsste lauten: Man kennt die Auflage nicht. Aus den Texten ergeben sich berechtigte Zweifel an den Angaben des Verlags. Zudem ist die Zeitung zu klein, als dass ihre Auflage von der IVW (Informationsgemeinschaft zur Feststellung der Verbreitung von Werbeträgern) geprüft würde. Der Lerneffekt: Um die Übung lösen zu können, muss man die Grundlage prüfen.

Wer methodisches Vorgehen einmal gelernt hat, der muss es nicht ständig nach Lehrbuch anwenden. Aber wenn er ein Hindernis spürt und nicht mehr weiter weiß, kann er sich die beiden Ebenen des Recherchierens in Erinnerung rufen – und sich vergegenwärtigen, was gesichert ist, was widersprüchlich und daher noch zu recherchieren ist. Wer dies – und das Pendeln zwischen Informanten – befolgt, der braucht keine Angst vor dem Scheitern zu haben.

Grundsätzliches – sinnvolle Trainingsinhalte

Bei der Auflösung der Übungen gibt es immer wieder Gelegenheit, über Grundsätzliches zu sprechen. Manches wiederhole ich in kleinen Einheiten in einem Vortrag, die jedoch nie länger als 15 bis 20 Minuten werde sollten, besser zehn Minuten. Über folgende Dinge wird gesprochen:

Recherche – die wichtigste, journalistische Tätigkeit: Darin stimmen die meisten Journalisten überein. Allerdings heißt das noch lange nicht, dass die meisten Journalisten ihre Zeit überwiegend mit Recherchieren verbringen. Untersuchungen und Umfragen haben immer wieder das Gegenteil ergeben.

Recherche ist permanentes Auswählen: Was ist wichtig? Was nicht? Diese Fragen beschäftigen uns permanent beim Recherchieren. Ist das, was ich recherchiere, relevant für die Geschichte, für das Thema? Ist die Geschichte relevant für die Öffentlichkeit? Warum?

Quellenrelevanz: Sind meine Quellen relevant für meine Geschichte? Haben Sie etwas zu sagen, was die Öffentlichkeit wirklich interessiert? Sind sie glaubwürdig?

Recherche-Ethik: Sauber rein in die Recherche und sauber raus! Ziel ist das Sammeln von verwertbaren Quellen beziehungsweise der Aufbau eines Informantennetzes. Quellen nur im Ausnahmefall „reinlegen", weil man sie damit verliert.

Quellen überprüfen: Die wichtigste Recherchierarbeit ist das Überprüfen, Überprüfen, Überprüfen, indem man stets die ‚andere Seite' befragt. Zweifel ist der ständige Begleiter. Am Ende jedes Gesprächs sollte die Quelle mindestens eine weitere Person benennen, die man noch befragen kann. Wenn sie mehr als eine potenzielle Quelle nennt, umso besser.

Informantenpflege: Man sollte klare Abmachungen treffen, um Missverständnisse zu vermeiden und das Vertrauen der Quelle zu behalten. Nichts versprechen, was nicht zu halten ist.

Rechtliche Grundlagen: Im Vorfeld sollte geklärt werden, was man darf und was nicht.

Idealerweise besteht das Recherche-Seminar zu 80 Prozent aus praktischen Übungen. Lediglich in zwei oder drei kurzen Vorträgen erläutere ich die Grundsätze und Prinzipien des Recherchierens – den Umgang mit Quellen, die Ethik des Recherchierens, das besondere am investigativen Journalismus. In den gemeinsamen Besprechungen gehe ich mögliche Rechercheschritte theoretisch durch. Die meiste Zeit aber sollen die Teilnehmer recherchieren und über Hindernisse und Probleme sprechen. Auf diese Weise erübrigt sich der Vortrag.

Herausforderung: Teilnehmermotivation

Wichtig ist die Bereitschaft der Teilnehmer bei den Übungen mitzumachen. Das ist keine Selbstverständlichkeit. Denn die Frage der Motivation ist heikel: Soll man den Leuten sagen, sie müssen nun Fehler machen, um daraus zu lernen? Es ist fraglich, ob man ihnen das Konzept des Scheiterns erklären sollte, weil ein Teil seiner Wirkung ja gerade darin besteht, dass sie unvoreingenommen an eine Sache gehen – so unvoreingenommen wie im Alltag eben. Sie sollen lernen, dass der Zweifel der ständige Begleiter beim Recherchieren ist. Wenn man sie darauf aufmerksam macht, dass sie gleich einen Fehler machen werden, dann lähmt man sie – oder macht sie wütend.

Wie viele ‚gemeine' Übungen sind den Teilnehmern eines Recherche-Seminars zuzumuten? Man muss das Scheitern wohl mit Erfolgen ausbalancieren, um die Teilnehmer nicht zu entmutigen. Anfänger haben keine Probleme Fehler zu machen. Aber gerade berufserfahrene Teilnehmer haben große Schwierigkeiten vor Anfängern zuzugeben, dass sie Aufgaben nicht lösen können und Fehler machen. Sie haben auch große Probleme erkennen zu lassen oder zuzugeben, dass sie nicht systematisch recherchieren. Ja, dass sie gar nicht genau wissen, wie das eigentlich geht. Die beste Erklärung lautet: Sie haben es mal gehört, aber inzwischen vergessen. Warum nehmen Journalisten an Recherche-Seminaren teil? Recherche frustriert oft. Sie wünschen ihre Recherchen zu verbessern. Vor allem aber möchten sie sich Arbeit sparen. Sie wollen Tricks hören, wie man schneller zu einem besseren Ergebnis kommt. Und? Eigentlich gibt es keine Tricks. Recherchieren ist Arbeit. Bessere Recherchen bedeuten vor allem mehr Arbeit.

Verständlich, dass die Teilnehmer enttäuscht sind – zumal es durchaus kleine Tricks gibt. Betont man diese zu sehr, besteht die Gefahr, dass die Tricks von der viel wichtigeren Frage der inneren Einstellung ablenken. Recherche ist Handwerk und Haltung; man kann diese beiden Dinge nicht voneinander trennen. Beide sind erlernbar und haben nichts mit Talent zu tun.

Fünf Schritte zur großen Geschichte und die häufigsten Fehler

1. Thema auf den aus der Leserperspektive interessanten, wenn möglich konflikthaltigen Punkt bringen.
2. Dichte Recherche: Akteure und deren Rollen ermitteln, Ablauf mit den Verantwortlichen genau rekonstruieren.
3. Material auswerten: Ross und Reiter kennen und nennen, die Quintessenz finden („Schlagzeile").
4. Dramaturgie entwickeln: Akteure, Handlungsfaden, Episoden.
5. Akteure, Handlungsfaden und recherchierte Fakten zu einem Strang verflechten.

Die Story entwickelt ihren „roten Faden", vor allem ihre Spannungsbögen durch das Verflechten von Sachebene und Handlungsebene – sie (re-)konstruiert das Geschehene als komplexen Zusammenhang (und muss darum die Geschichte auf markante Akteure reduzieren!)

Die fünf häufigsten Fehler und ihre Abhilfen

1. Das Thema aus den Nachrichten übernehmen (nur aktualisieren, nur vertiefen, nur mehr Details) – statt den neuen Aspekt zu suchen und durchzurecherchieren.

2. Die Recherche auf den Sachzusammenhang beschränken (immerhin dies – doch es genügt nicht) – statt das Persönliche der Personen einzubeziehen.
3. Das recherchierte Material in der ganzen Breite abarbeiten (logisch, chronologisch, thematisch) – statt es einzudampfen und daraus einen Ablauf zu entwerfen.
4. Zu viele Personen (meist nur als Zitatgeber) nennen und die Sachen ohne Sachzusammenhang abstrakt beschreiben – statt sich auf einige wichtige Akteure zu konzentrieren und konkret-anschaulich zu schildern.
5. Im Text zu referieren und zu berichten – statt zu erzählen und sich in der Sprache der Reportage anzunähern.

Die Story des Nachrichtenmagazins ist eine Inszenierung des Geschehens anhand des recherchierten und ausgewerteten Stoffs. Das bedeutet aber nicht, dass erfunden werden darf: Alles, was überprüfbar ist (wer, was, wann, wo), muss stimmen oder als Version formuliert sein!

Quelle: Michael Haller, Rechercheseminar „Die große Geschichte"

2.4 Recherche-Lernen leicht gemacht
– Praxiserprobte Übungen für den schnellen Einstieg

von Thomas Leif

Recherche-Seminare brauchen eine gute Atmophäre in der Gruppe – schließlich wird es nicht nur um die eigenen Highlights gehen, sondern um kritische Diskussion von Übungsergebnissen oder mitgebrachten Arbeitsproben. Andererseits brauchen Teilnehmer Erfolgserlebnisse, um ‚bei der Stange‘ zu bleiben. Kleine, schnelle Übungen schaffen hier eine motivierende Ausgangssituation für weiterführende Trainingsinhalte.

Eröffnungssituation für ein Recherche-Seminar
Als Einstieg bieten sich Partner-Interviews (zwei mal zehn Minuten) zur Person und zu den bisherigen Recherche-Erfahrungen an. Dabei sollten sich aus der Teilnehmergruppe jeweils Paare finden, die sich bisher noch nicht kennen. Die beiden Leitfragen an den Partner: Was war bislang dein größter Recherche-Erfolg, was war der größte Recherche-Flop?

Die Ergebnisse der Kurzgespräche werden jeweils von den Interviewern im Plenum vorgestellt (strikte zeitliche Begrenzung, z.B. auf eine Minute Vortrag). Sie bleiben unkommentiert – bieten aber Teilnehmern wie Trainern Gesprächsstoff für den weiteren Seminarverlauf.

Verfeinerung: Die Leitfragen für die Vorstellung können erweitert werden und eine Stoffsammlung zu Chancen und Grenzen der Recherche, Defiziten, Blockaden und Hemmnissen bei der dieser Arbeit bieten.

Die einzelnen Konfliktbausteine können dann ausgewertet, sortiert und strukturiert werden. Sie dienen als Basismaterial für eine Diskussion zum Thema.

Angst-Barometer
In Kleingruppen (drei bis vier Leute) werden die individuellen Blockaden und Hemmnisse bei der Recherche besprochen. (etwa zehn bis 15 Minuten): Welche Nöte und Ängste verbinde ich mit Recherche? Was blockiert mich? Warum zögere ich, wenn es um intensive Recherchen geht? Anschließend schreibt ein Moderator der Gruppe vier zusammenfassende Aussagen und Begriffe auf, die die Diskussion bündeln.

Die gesammelten Aussagen werden von den Trainern strukturiert und an einer Wandtafel zu einer „Problem-Landkarte" zusammengefügt. Diese Lage wird dann besprochen. Motto der Übung: Die Thematisierung der Ängste ist oft der erste Schritt zu ihrer Bewältigung.

Kleine Recherche-Übungen besonders für Anfänger
Besonders zu Beginn von Recherche-Seminaren ist es ratsam, kleine Aufgaben mit und ohne Material zu lösen. Dies fördert die Bereitschaft, sich später auf größere Aufgaben einzulassen, und hilft das vorhandene Niveau realistisch einzuschätzen.
Einige Ideen für Fallbeispiele, die der Trainer mit Vorlagentexten und Stichpunkten für die Interpretation unterfüttern kann:

- Stimmt das Zitat „Ich glaube nur der Statistik, die ich selbst gefälscht habe."?
- Wie viele Reporter wurden 2002 tatsächlich in Ausübung ihres Berufes ermordet? (Material der Agenturen *AFP, AP* und *Pressetext Reporter ohne Grenzen* von Januar 2003, vgl. Quellen auf Seite 92)
- Wie lautet die Telefonnummer von Horst Stern? Textbasis: Portrait von Jürgen Schreiber (im *Tagesspiegel*)
- Können Bienen Minen aufspüren? (Analyse an Hand von Texten aus *Frankfurter Allgemeinen Zeitung, Bild* u. a.)

Recherche-Profile – Portraits von bekannten Rechercheuren
Die Teilnehmer erhalten die Aufgabe mit bekannte(re)n Rechercheuren (vgl. Liste Seite 93) intensiv – anhand von Leitfragen – über ihre Recherche-Arbeit, über Chancen und Grenzen, Handicaps, Sorgen, Nöte, Methoden und Tricks zu sprechen.
Aus einer Liste mit einer breiten Mischung aus Print, Hörfunk und Fernsehen können sich die Teilnehmer eine Person aussuchen; die Kursteilnehmer finden die Kontakt-Telefonnummern selbst heraus und beschaffen sich rasch einige Hintergrundinformationen zu ihren Telefongästen (Pressearchive, Agenturen etc.). Die Telefonate sollen halbstrukturiert verlaufen und etwa eine halbe Stunde dauern. Die Teilnehmer schreiben die wichtigsten Zitate heraus und verfassen anschließend ein Porträt (eine DIN A 4-Seite). Zeitbedarf inklusive Auswertung: rund zweieinhalb bis drei Stunden.

Auswertung: In der Gruppe werden die Ergebnisse der Telefonate ausführlich präsentiert und diskutiert. Der Clou dabei: Der klassische Kanon des guten Rechercheurs – Hartnäckigkeit, Fleiß, Ausdauer, Kontakt-Netz, Seriosität und Quellenpflege – kommt in vielen verschiedenen Spielarten zur Sprache. In dem die Teilnehmer dies selbst hören und selbst kommunizieren, wirkt dies glaubwürdiger und authentischer. Die Sammlung der so im Seminar entstandenen Profile und Porträts ist sicherlich auch über die Veranstaltung hinaus interessant. (vgl. Fallbeispiel auf Seite 95)

Von: Axel Voss <voss.axel@t-online.de>
Antworten an: voss.axel@t-online.de (Axel Voss)
An: JoNet <jonet@listserver.jonet.org>

Der Liste zur Info. Hier die aktuelle PM von RoG
Gruß
AV

Berlin, 6.1.2003

Recht auf freie Information im Jahr 2002 weiter ausgehöhlt
25 Journalisten getötet / Zunahme von gewalttätigen Angriffen / Im Namen
des Anti-Terror-Kampfes Quellenschutz zunehmend beschränkt

Reporter ohne Grenzen veröffentlicht heute die Bilanz zur Situation der
Pressefreiheit im Jahr 2002.

Demnach wurden 25 Journalistinnen und Journalisten im vergangenen Jahr
während der Berichterstattung oder wegen missliebiger Recherchen und
Berichte ermordet. Vier Medienmitarbeiter wurden ebenfalls getötet. Die
Umstände und Motive von weiteren 30 Todesfällen werden zur Zeit noch von
der internationalen Menschenrechtsorganisation zur Verteidigung der
Pressefreiheit untersucht. Im Vergleich zum Vorjahr (31 Tote) kamen in 2002
zwar weniger Reporter zu Tode, die Gewalt gegenüber Journalisten nahm
jedoch gravierend zu.

.astisch stieg die Zahl der Medienvertreter, die 2002 bedroht oder
schikaniert wurden. Im vergangenen Jahr wurden 1420 Übergriffe registriert.
Im Vergleich zu 716 Vorfällen im Jahr 2001 hat sich die Zahl damit nahezu
verdoppelt. Auch die Zahl der Journalistinnen und Journalisten, die
vorübergehend festgenommen, verhört oder entführt wurden liegt um über 40
Prozent höher als im Vorjahr. 692 Journalisten saßen im Jahr 2002
zeitweilig hinter Gittern.

389 Mal wurden Medien zensiert. Das Ausmaß der Zensur bleibt 2002 damit
unverändert hoch. Durchschnittlich traf die Zensur täglich mindestens ein
Medium.

Son, 5. Jan 2003

Betreff: [jonet] xx Reporter starben im Dienst
Datum: Freitag, 3. Januar 2003 17:47 Uhr
Von: Matthias Matting <matting@matting.de>
Antworten an: "Matthias Matting" <matting@matting.de>
An: <jonet@listserver.jonet.org>

AFP (3.1.): "19 Journalisten weltweit wegen ihrer Arbeit getötet - Zahl der
Opfer ging 2002 deutlich zurück"
AP (24.12.): "Vermutlich 67 Reporter starben 2002 weltweit in der Ausübung
ihres Berufs ... in den Zahlen sind 48 bislang bestätigte Morde an
Journalisten enthalten, in 19 Fällen wird noch untersucht, ob die
Todesursache in Verbindung mit dem Beruf stand."

Das sind ja deutliche Differenzen... woran liegts?

Son, 5. Jan 2003

Betreff: [jonet] Re: xx Reporter starben im Dienst
Datum: Freitag, 3. Januar 2003 19:20 Uhr
Von: Peter Zschunke <peter@zschunke.de>
Antworten an: Peter Zschunke <peter@zschunke.de>
An: Matthias Matting <matting@matting.de>
Cc: <jonet@listserver.jonet.org>

MM> Das sind ja deutliche Differenzen... woran liegts?

An den Quellen und deren unterschiedlichen Erhebungsmethoden. Die Zahl
von 67 in 2002 getöteten Journalisten stammt von der Internationalen
Journalistenföderation (IJF) in Brüssel, die Zahl von 19 vom Committee
to Protect Journalists (CPJ) in New York. Dann bekommen wir demnächst
noch Angaben von Reporter ohne Grenzen, vom International Press
Institut und anderen.

Das ist jedes Jahr so und - IMHO - etwas makaber, wie sich die
verschiedenen Journalistenorganisationen in Wettbewerb zueinander
damit in Szene setzen. Es wäre zu begrüßen, wenn sie sich abstimmen
und dann eine gemeinsame Mitteilung veröffentlichen würden.

Recherche-Profile – Wie recherchieren andere Infobroker?
Das Modell der Übung „Recherche-Profile" kann erweitert werden, indem jeder Teilnehmer *einen* Rechercheur aus ganz verschiedenen Sektoren nach einem klaren Leitfaden befragt.
Im Fokus stehen die Themen „Informantenpflege" und „Quellennutzung".
An Infobroker, Researcher in Großbanken, Trendforscher, Fact-Checker bei *Spiegel* und *Focus*, Agenturen wie „Wiedersehen macht Freude", Rechercheure bei Rundfunkanstalten und in Archiven, bei Unternehmensberatungen (von Boston Consulting bis McKinsey) oder bei Detekteien werden folgende Fragen gestellt:

- Welche Quellen nutzen Sie am intensivsten?
- Wie erschließen Sie Quellen?
- Wie pflegen Sie Quellen?
- Welche effektiven Recherche-Tipps können Sie geben?
- Welche Tugenden braucht ein guter Rechercheur?
- Welche Fehler kann man leicht vermeiden?
- Ohne was kommt ein guter Rechercheur nicht aus?
- Ihre unkonventionelle Botschaft für Rechercheure?

Liste der Gesprächspartner für die Recherche-Profile von
Prominenten Rechercheuren (Kurz-Portraits)

1. simone wendler, lausitzer rundschau, cottbus
2. gerd mohnheim, wdr tv, die story
3. wolfgang landgraeber, wdr tv
4. frank janssen, der tagesspiegel, berlin
5. michael verhöeven, münchen
6. stefan aust, der spiegel, hh
7. georg mascolo, der spiegel, hh
8. jürgen schreiber, der tagesspiegel berlin
9. klaus wirtgen, stern , bonn
10. herr lambrecht, münchen (ex – stern)
11. leo.a. müller, cash, zürich
12. ursel sieber, sfb kontraste, berlin
13. sonja mikich, wdr, monitor
14. dr. heinen, die welt, berlin
15. michael stiller, sz, münchen
16. ilka brecht, panorama, hh
17. herr huismann, bremen
18. herr rickelmann, düsseldorf (stern)
19. ulrich deupmann, spiegel, berlin
20. johannes hano, frontal 21, zdf berlin
21. rainer fromm, wiesbaden

Auswertung: Die Teilnehmer präsentieren und diskutieren ihre Ergebnisse im Plenum. Der Trainer fragt nach, kommentiert und liefert zusätzliche Informationen aus seiner Recherche-Praxis.

Rekonstruktion einer Geschichte
Referenten berichten anhand von Manuskripten und Materialien detailliert und intensiv über eine abgeschlossene Recherche. Dabei kommt es besonders darauf an, Fehler, Pannen und Sackgassen mit zu thematisieren. Die Rekonstruktionen müssen genau und präzise sein, um entsprechende Motivation auszulösen (vgl. Redelfs und Schober in diesem Band sowie das Organigramm zur Dörfert-Affäre auf Seite 96).

Recherche zur Recherche – Was waren die Quellen?
Ziel ist, dass die Teilnehmer lernen, wie wichtig verschiedene Quellen für eine ‚runde' Geschichte sind. Sie analysieren dazu die Häufigkeit von „Ein-Quelle-Geschichten" (vgl. Schuler in diesem Band).
Vorgehen: Am Beispiel ausgewählter Artikel wird eine detaillierte Textanalyse vorgenommen, die schließlich dazu führt den *gesamten* Rechercheweg eines Rechercheurs zu verfolgen.

Nicole Geißler
08.01.2003

Telefoninterview zum Recherche-Profil von Hersch Fischler

Hersch Fischler war maßgeblich an der Aufdeckung des Bertelsmann-Skandals beteiligt. Der Düsseldorfer Soziologe und Politologe ist ein unermüdlicher Rechercheur. Er entdeckte unter anderem das Degussa-Gold, forscht zur Zeit über den Reichstagsbrand und machte eben 1998 den Bertelsmann-Skandal publik

Zum Beginn einer Recherche stößt man, so Fischler, zunächst auf unbekannte Dinge, Vermutungen, Ungereimtheiten. Oft sind es Skandale, über die zwar schon geschrieben wurde, bei denen jedoch noch keiner den Mut hatte, sie wirklich aufzuklären. Daraufhin muss geklärt werden: Wie sicher sind diese Vermutungen? Kann daraus eine größere Geschichte werden? Es muss einem klar sein, dass solche Geschichte für die Beteiligten natürlich eher unangenehm sind, die Zusammenarbeit mit den Betroffenen verläuft schwierig.

Als Tugenden nennt Fischler, dass sich ein guter Rechercheur „in einer Story festbeißen muss und nicht mehr loslassen darf". Das Wichtigste dabei ist: „Er muss dies auch wirklich wollen!" Oft scheitern Recherchen an halbherziger Arbeit, daher glaubt er, dass der Beruf Hobbycharakter haben muss, „sonst fehle es einem an der Energie".

Die häufigsten Fehler bzw. Gefahren beim Recherchieren sind für ihn, „dass man unbedingt recht haben will und sich etwas zusammenreimt. Verdachte, Überlegungen führen zu unsicheren und vorschnellen Projektionen".

Quellen sind für den Historiker insbesondere öffentliche Archive, Gespräche mit Leuten aus der Szene, Beamte, die über bestehende Missstände klagen oder auch Anrufe oder Tipps von unzufriedenen Menschen. Im Laufe der Zeit kommen natürlich auch unaufgefordert Hinweise von außen. Wichtigste Informanten sind für ihn Staatsanwälte und Justizangestellte.

Zur Quellenpflege konnte er nicht viel sagen, seltenst ruft er bei alten Kontakten einfach mal so an.

Eine Systematik hat Hersch insofern, dass er, wie oben bereits geschildert, zunächst prüft, ob eine Vermutung sich bestätigt. Und: „Nichts sagen, solange man nichts wirklich weiß!" Er fragt: Ist die Story geschichtlicher oder aktueller Art? Dann sammelt er seine dokumentarischen Beweise, meist in Archiven oder Bibliotheken. Dieser Punkt ist laut Hersch der Wichtigste: „Investigativer Journalismus lebt von Beweismitteln." Und zwar am besten von schriftlichen Beweisen, Dokumenten oder Aufzeichnungen wie Video- oder Tonbändern. Zeugen, die vor der Kamera aussagen, sind natürlich auch wichtig, doch bei denen besteht die Gefahr, dass sie umkippen, was die Beweislage zunichte macht.

Sein Tipp: „Man muss den Redakteuren was in die Hand geben können."

Vor Instrumentalisierung können Rechercheure sich nur schwer schützen, so Hersch. Oft geht einem der Atem aus und man ist froh, wenn jemand die Story aufgreift". Ausserdem haben diese „Instrumente" eben auch Macht. Sein Beispiel: Jemand wollte eine TV-Produktion nur durchführen, wenn die Zeit mitzieht. Die wollte nicht, und so ist das Projekt gestorben".

Darauf, warum in Deutschland so wenig recherchiert wird, meint Hersch: „Das Publikum schert sich einfach mehr darum, wie und wo man den besseren Urlaub machen kann oder den besseren Anwalt findet." Allerdings: „Gute Rechercheure gibt's auch Deutschland" Das Problem ist nur, dass kaum Nachwuchskräfte nachkommen, weil die Arbeit einfach nicht entsprechend entlohnt wird." Es lohnt sich wohl einfach nicht mehr, solch einen Einsatz zu zeigen, der für wahren investigativen Journalismus einfach notwendig sei. Preise und Auszeichnungen werden von Gruner & Jahr und vom Stern vergeben und dabei handelt es sich eben meist um die „üblichen Verdächtigen". Hersch regt an, dass sich auch der burda-Verlag diesbezüglich doch etwas intensiver engagieren könnte.

Kontakt: Hefischler@t-online.de

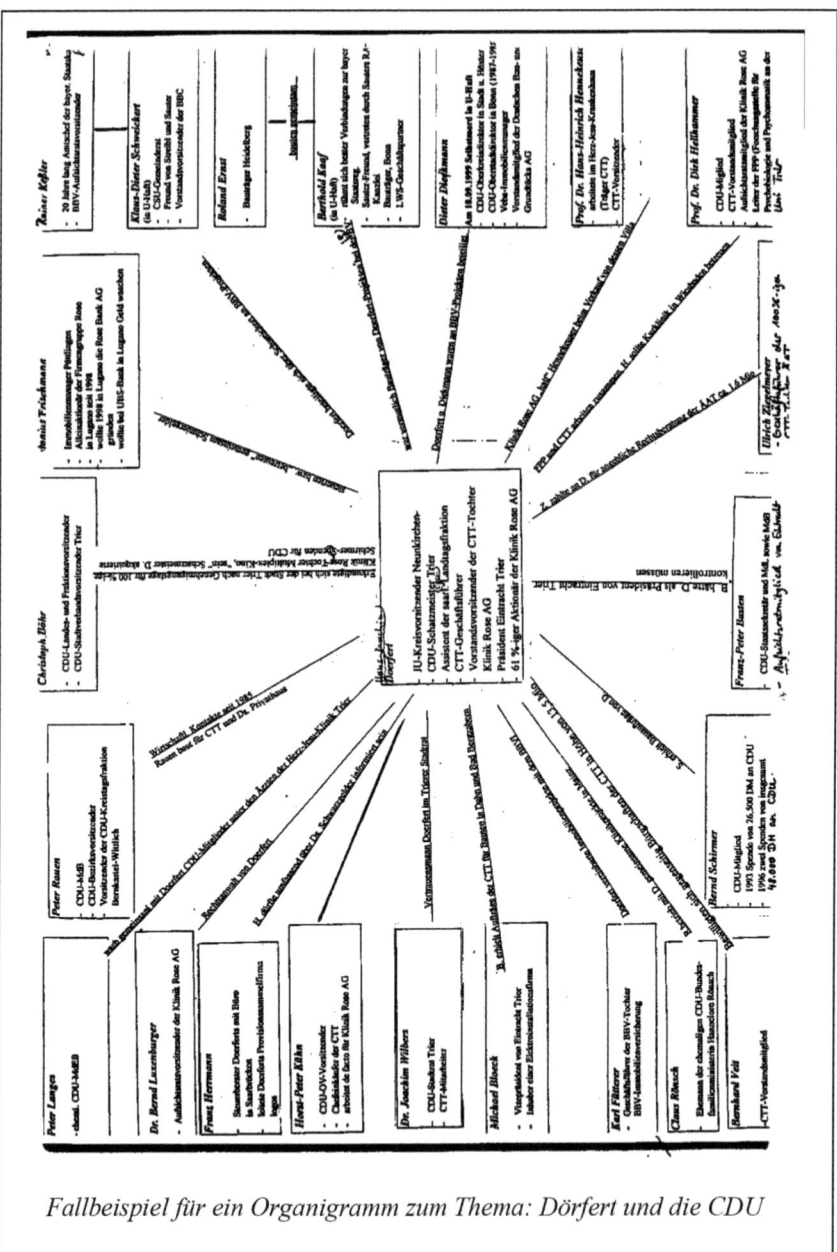

Fallbeispiel für ein Organigramm zum Thema: Dörfert und die CDU

Die große Recherche
Reale Themen, die noch ‚in der Luft liegen' (also nicht letztlich geklärt sind), werden intensiv – nach einem genauen Plan – recherchiert. Die Teilnehmer müssen ein vorgegebenes Raster anwenden und in einem ausführlichen Recherche-Bericht ihren Weg der Analyse rekonstruieren. Sie registrieren ihre Kontaktpartner (E-Mail, Telefon, Fax) und die wichtigsten Erkenntnisse in Stichpunkten.

Zu Beginn erhalten die Teilnehmer einen wichtigen Recherche-Impuls, beispielsweise einen Text, eine Telefonnummer eine Agenturmeldung. Während ihrer Recherchen werden sie intensiv begleitet und beraten. In ‚Redaktionskonferenzen', die morgens, mittags und abends stattfinden, werden die jeweiligen Probleme und Blockaden sowie die nächsten Schritte besprochen. Zeitbedarf: mindestens zwei Arbeitstage.

Auswertung: In einer abschliessenden Konferenz werden Erfolge und Fehler besprochen und weitere Schritte festgelegt. Die abschliessenden Recherche-Protokolle können auch nach dem Kurs übersandt und dann ausführlich kommentiert werden.

Literatur:
Leif, Thomas (Hrsg.): Leidenschaft: Recherche. Skandal-Geschichten und Enthüllungs-Berichte. 2. Auflage. Opladen/Wiesbaden 1999
Leif, Thomas (Hrsg.): Mehr Leidenschaft: Recherche. Opladen/Wiesbaden 2003

2.5 Telefon-Recherche
– Bessere Informationsakquise mit einem unterschätzten Recherche-Werkzeug

von Thomas Leif

Nicht nur bei Anfängern gibt es häufig Angst vor dem Telefonieren. Daher ist es ratsam, die Thematik intensiv zu besprechen. Anhand der zehn Schritte zu besseren Ergebnissen bei der Telefon-Recherche lässt sich eine kontroverse Diskussion eröffnen. Ziel der Diskussion ist die Identifikation der Probleme, die dann in der praktischen Arbeit bewältigt werden.

1. Klare Vorstellung der Person und des Recherche-Projekts
Zumindest in der Anfangszeit hilft es, sich die ersten Sätze für das Gespräch zu notieren, um Konfusion zu vermeiden: wer ruft an, wen möchte man sprechen, um was geht es dabei? Auf Rückfragen – z. B. der Sekretärin – sollte man vorbereitet sein: Warum es wichtig ist, genau diesen oder jenen zu sprechen – nicht nur für den Journalisten, sondern möglicherweise auch für den Informanten.

2. Gründliche Vorbereitung ist das A und O
Die Kernfrage lautet: Was will ich wissen? Was ist mein Informationsziel? Medienprofis wie Pressesprecher, Politiker oder auch viele Wissenschaftler verstehen es, das Gespräch selbst in die Hand zu nehmen und so (nur) auf die Themen zu kommen, die ihnen liegen. Hier muss der Journalist beharrlich insistieren, den roten Faden im Blick behalten.

3. Stimmt der Zeitpunkt des Anrufes? Hat mein Informant Zeit und Lust?
Es ist nicht nur eine Frage der Höflichkeit, sondern ein wichtiger Schlüssel zum Erfolg: davon auszugehen, dass unser potenzieller Informant nicht gerade auf unseren Anruf gewartet hat. Auch um die Gefahr zu reduzieren direkt abgewimmelt zu werden, sollte man dem Gesprächspartner immer Zeit geben: „Passt es Ihnen gerade?" – „Darüber würde ich gerne mit Ihnen sprechen, wenn Sie Zeit haben." – „Wann darf ich Sie in dieser Sache kontaktieren?"

4. Interesse am Thema zeigen und Begeisterung wecken
Der erste Eindruck macht's – wie immer. „Ich schreibe gerade für die Familienseite etwas über Erkältungskrankheiten und frage mich, was der Unterschied zwischen

Schnupfen und Bronchitis ist – können Sie mir das erklären?" Die Leitung dürfte gekappt sein. Der Gesprächspartner muss Interesse haben, sich mit uns zu unterhalten, uns zu informieren.

Eine spannende Einstiegsfrage, die exakt auch das Thema bzw. eine Kompetenz unseres Gesprächspartners trifft, sollte zeigen, dass wir sehr genau wissen, wen wir gerade fragen – und warum. Trotzdem ist nicht mit jedem eine gute Ebene zu finden. Doch der Profi bleibt stets freundlich, ernsthaft, sachorientiert und bestimmt.

5. Sich in die Rolle des anderen hineindenken
- Was ist die Ausgangslage meines Gesprächspartners? Welche Rolle spielt er oder sie?
- Müssen Skepsis abgebaut und Vertrauen aufgebaut werden?
- Muss ich mein Sachwissen erweitern, um akzeptiert zu werden?
- Muss der Informant mehr über meine Interessenlage, meine Arbeit erfahren, damit er die Lage versteht?

(vgl. Baumert in diesem Band)

6. Zuhören lernen und offene Fragen stellen
Der Informant informiert – der Journalist fragt. Mitunter kann etwas small talk nötig sein, um eine Vertrauensebene zu schaffen, um dem Gesprächspartner zu vermitteln, dass man ihn versteht. Das eigentliche Ziel sollte dabei nicht aus dem Blick geraten – wenn es vielleicht auch weiterer Gespräche bedarf, um dorthin zu gelangen.

Wie bei einem guten Verhör sollten offene Fragen gestellt werden, soweit möglich ohne Vorhalt. Nur so lassen sich Fakten prüfen, zwingt man den Gesprächspartner, sich selbst festzulegen und nicht auszuweichen: „Wenn der Kollege das so gesagt hat, wird das stimmen." Nicht zuletzt können so viele Missverständnisse vermieden werden: ein „Ja" oder „Nein" ist schnell gesagt – auch an der verkehrten Stelle, schon weil es keinen Platz für Zwischentöne lässt.

7. Gezielt fragen
Der eigene Fragenkatalog ist die Leitplanke für das Gespräch. Im Verlauf des Telefonats können weitere Fragen dazu kommen – der Stichwortzettel lässt dafür Raum und ermöglicht so eine strukturierte Befragung.

Geht es nicht voran, obwohl dem Gesprächspartner mehr Wissen zu unterstellen ist, sollte die Unzufriedenheit auch artikuliert werden: der Informant muss wissen, dass Qualität gefordert ist. Die Gangart hängt dabei – auch mit Rücksicht auf recherchierende Kollegen – von der Position des Gesprächspartners ab. Pressesprechern, die sich in allgemeinem „Blabla" ergehen, muss man die rote Karte zeigen, sich verwundert zeigen über Unkenntnis, provozierende Interpretationen für Auskunftsverweigerung anbieten.

8. Stets nach Belegen fragen

Das gesprochene Wort an sich bringt die Recherche nicht unbedingt weiter. „Mit dieser Maßnahme sparen wir 15 Millionen Euro." Das sind noch keine Fakten, das ist eine Behauptung. Die Rechnung dazu möchten wir natürlich sehen – und wissen, wer sie gemacht hat. Daher: Papiere faxen oder mailen lassen, Texte und Hinweise, Bücher und Akten fordern. Jede weitere Kommunikations-Handlung verdichtet das Arbeitsverhältnis.

9. Unbedingt nachfragen, ob man später noch einmal zurückrufen darf

Auch wenn es nicht danach aussieht, als ob noch Fragebedarf besteht: Interesse über den Moment hinaus zu zeigen zahlt sich aus. Lief das Gespräch gut und lässt es der Rechercheweg zu, sollte man nach weiteren Kontaktpersonen fragen: Wer kennt sich noch aus in der Materie?

10. Danke sagen

„Vielen Dank, Sie haben mir sehr geholfen" – das tut nicht weh und ist eine Mindestformel für das Gesprächsende. Vielleicht ergeben sich aber individuellere Möglichkeiten: „Dann will ich doch mal schauen, ob ich das mit Ihren Hinweisen jetzt herausbekomme – ich gebe Ihnen in jedem Fall Bescheid." Wenn auch der Journalist sich kommunikativ verhält, festigt sich der Kontakt enorm. Und sei es nur ein Feedback, wenn die Geschichte fertig ist. Ein Beleg oder Hinweis darauf (z. B. Sendetermin) sollte selbstverständlich sein und im Organizer vorgesehen werden.

Sehr gute Informanten müssen exzellent behandelt werden. Für sie schnüren wir ein individuelles „Care-Paket". Gute Informanten sollte man bei nächster Gelegenheit persönlich besuchen. Denn der face-to-face-Kontakt kann Telefonate nicht ersetzen.

Übung Telefon-Recherche

Ziel: Die Teilnehmer sollen mehr Sicherheit im Umgang mit dem Telefon erhalten und ihre Stärken und Schwächen kennen und einschätzen lernen.

Vorgehen: Es bietet sich an, dass die Teilnehmer ihre ersten Gespräche zur Behandlung eines aktuellen Themas (Krieg, Ölpest, Infektionswelle) – mit dem Diktiergerät aufnehmen und selbst analysieren.

Auswertung: Die Teilnehmer schätzen sich der Reihe nach selbst ein, die anderen hören dabei zu:

- Habe ich mein Anliegen gut und prägnant vermittelt (wer bin ich, was will ich)?
- War ich sicher in der Fragestellung?

- Hat mir der Gesprächspartner Fakten genannt oder hat er sich in allgemeinen Ausführungen ergangen?
- Wo hätte ich nachhaken müssen? Was ist unklar geblieben?
- Habe ich das Gespräch geführt oder habe ich mich vom Gesprächspartner führen beziehungsweise vom Rechercheweg abbringen lassen?

Weiteres Vorgehen: Nach einer zweiten Telefon-Übung können die Teilnehmer gebeten werden ihr Telefon-Interview abzuschreiben und (anonym) anderen Teilnehmern zur Kritik zu geben. Tipp: In diese Runde lassen sich auch vom Trainer für vorbildlich gehaltene, hierfür vorbereitete Interviews einführen.

Im weiteren Seminarverlauf werden die Teilnehmer bei den Recherchen dann individuell betreut. Diese Übungen müssen daher zeitlich gestreut erfolgen, um genügend Zeit für jeden Einzelnen zu haben.

Weitere Auswertung: Alle erhalten ein persönliches Feedback zum „Stärke-Schwäche-Profil" beim Telefonieren. Aus der Summe der Anmerkungen können die Teilnehmer einen eigenen kleinen „Leitfaden für Telefon-Recherchen" extrahieren.

2.6 Der Partner im Recherche-Gespräch
– Übungen für einen erfolgreichen Umgang mit Informanten

von Andreas Baumert

Das Gespräch mit dem Informanten ist eine besondere Form des Interviews. Es steht selten am Anfang einer Recherche, weil man kaum vernünftig fragen kann, wenn noch nicht genug Informationen zusammengetragen sind. Dennoch gibt es Ausnahmen – Unglücksfälle, Straftaten, kleine und große Katastrophen –, die keine Zeit für eine anständige Vorbereitung lassen.

Konfrontation oder Kooperation?

Interviews in der Recherche können konfrontativ geführt werden. Hintergrundwissen, das der andere nicht erwartet, plötzliche Themenwechsel oder Fragen, die in die Enge treiben, führen manchmal zum Ziel. Doch der geniale Griff in die Trickkiste, der die kleine oder große ‚Ferkelei' aufdeckt, ist die Ausnahme.

Eher bestimmen Kooperation und gegenseitiger Respekt den Alltag. Oft ist Vertrauen die Voraussetzung dafür, dass der Rechercheur überhaupt etwas erfährt. Der Partner muss wenigstens darauf bauen können, dass ihm kein Nachteil durch seine Aussagen entsteht. Nicht nur im Strafverfahren ist dieser Schutz des Informanten bedeutend. Er ist generell das A und O einer erfolgreichen Beziehung zwischen Rechercheur und Befragtem. Auch die Arbeit für Mitarbeiterzeitschriften und innerbetriebliche Publikationen bilden dabei keine Ausnahme.

Wer seinen Informanten fair und ‚richtig' begegnet, schafft die Grundlage für weitere Gespräche, wenn andere Themen auf der Tagesordnung stehen.

Wissen über den Informanten

Die meisten erfolgreichen Redakteure und andere Profiautoren jeder Art folgen einem einfachen Prinzip als Grundlage der Textgestaltung: Vernünftige Texte kann nur schreiben, wer etwas über den Leser weiß oder wenigstens eine einigermaßen begründete Vorstellung vom Leser hat. Recherchegespräche sind oft – wenn auch nicht immer – eine Art Umkehrung dieses Prinzips: Je mehr man über den Gesprächspartner weiß, desto besser kann man sich auf ihn einstellen und auch brauchbare Informationen erhalten.

Wie aber begegnet man dem anderen ‚richtig', bereitet man sich auf den Gesprächspartner vor, damit das Klima stimmt? Was muss man wissen, um nicht Fragen
falsch zu stellen? Reichen ein paar Informationen über Alter, Beruf und Bildung
oder muss man mehr wissen, um eine für die Informationsbeschaffung fruchtbare
Beziehung zu schaffen?

Eine einfache Antwort auf diese Fragen gibt es nicht. Für jedes Gespräch
werden die Karten neu gemischt. Manches ist Kleinkram und Routine und bedarf
keiner besonderen Vorbereitung auf den Gesprächspartner. Ein anderes funktioniert nur, wenn man viel über sein Gegenüber weiß. Jeder Fehler kann diesen Teil
der Recherche ins Leere laufen lassen. Je nach Thema ist einmal der eine Aspekt
wichtig, dann wieder ein anderer. Zur Auswahl steht eine Liste an Fragebereiche,
aus denen sich Interviewer bedienen:

- Bildung
- Fachkraft, Experte oder Laie
- Fachgebiet
- Praktiker oder Theoretiker
- Position in Betrieb, Institution oder Verwaltung
- Nationalität
- Kultur
- Religion
- Politische Position
- Wertesystem
- Familie, Kinder
- Sozialer Status
- Hobbies
- Zugehörigkeit zu Vereinen, Gruppen, Milieus
- Mitläufer oder Meinungsführer
- psychologische Besonderheiten
- Auffälligkeiten: Drogen, Vorstrafen usw.

Ergänzende Fragen können sein:

- Gibt es schon Erfahrungen mit diesem Gesprächspartner? Können Kollegen
  etwas berichten, wie hat er sich in anderen Interviews verhalten?
- Ist etwas über den Lebenslauf zu erfahren, das Aufschluss über die Persönlichkeit gibt?

Vielleicht stehen Informationen im Internet oder im ‚Munzinger', die weiterhelfen.
Personalabteilungen lesen Lebensläufe mit der Absicht, eine Entwicklung zu erkennen. Mancher zeigt Unsicherheiten, Niederlagen auch Unentschlossenheiten, die

vielleicht ein Indiz des persönlichen Verhaltens sein könnten. Andere scheinen ein Höchstmaß an geradliniger Entwicklung zu belegen, von einem Sieg zum nächsten. Beide Extreme können Anzeichen für schwer verdauliche Gesprächspartner sein. Man kann nicht auf alle Fragen eine Antwort erwarten, sie ist auch nicht immer erforderlich. Über eines aber muss jeder Rechercheur Bescheid wissen, bevor die Aussagen seines Gesprächspartners ihre Wirkung zeigen dürfen:

- Welche Interessen hat mein Gegenüber an diesem Thema?

Wenn diese Frage nicht genügend sicher zu beantworten ist, sind Skepsis und Misstrauen angebracht. Die beste Antwort wäre: „Der Informant hat weder eigene Interessen noch den erkennbaren Wunsch in der Zeitung zu stehen."

Kommunikationsverhalten

Recherchegespräch mit einem Vielredner: Eine Stunde ‚Geschwafel‘, nichts ist herausgekommen. Jede Frage dient nur als Startschuss für die Selbstdarstellung, einen Wortschwall ohne Punkt und Komma. Kann man auf diesen Gesprächspartner verzichten, sucht man einen anderen? Was aber, wenn dieser Mensch eine Hürde ist, die genommen werden muss?

Die Zeit kann man nicht beliebig ausdehnen, andere Termine drängen. In so einem Fall ist dem geholfen, der sich auf die Wortlawine vorbereiten konnte. Jetzt sind alle Fragen in einem eigenen kleinen Fragenkatalog zusammengefasst, der beim Auseinandergehen übergeben wird. „Wie schnell die Zeit vergeht, kann ich Sie in den nächsten Tagen einmal anrufen und mit Ihnen über diese Fragen reden? Ich habe sie hier auf einem Zettel notiert." Wer sich verbal austoben konnte, wird diesen kleinen Gefallen möglicherweise nicht versagen.

Dieser kleine Fragenkatalog für den Interviewpartner ist auch in anderen Fällen hilfreich, wenn das Gespräch unterbrochen wird, der andere den Raum verlassen muss, keine Zeit mehr hat. Selbstverständlich stehen die wichtigsten Daten darauf: Name, Adresse, Telefon, E-mail.

Manches kann der Rechercheur über das Kommunikationsverhalten seines Informanten erfahren, das ihm hilft rechtzeitig vorzubeugen. Bei Befragungen von Technikern, Ingenieuren oder Informatikern hilft es gelegentlich, kleine Sachverhaltsdarstellungen vorzubereiten, die Fehler enthalten. Wenn der andere ein Schweiger ist, seine Zähne nicht auseinander bekommt, taut er vielleicht auf, sobald er einen kleinen Fehler in seinem Sachgebiet entdeckt. „Da haben Sie etwas falsch verstanden …", ist dann der Startschuss für eine engagierte Beteiligung am Gespräch.

Die Hypothese

Gelegentlich nutzt es, im Interview auch Fragen über Personen zu stellen, mit denen man noch sprechen wird. Diese Quelle hilft bei der Einschätzung weiterer Gesprächspartner. Die Auskünfte sind selten zuverlässig, geben aber erste Anhaltspunkte. Der Nachteil ist womöglich, dass solche Fragen auch Informationen darüber preisgeben, welcher Strategie die Recherche folgt.

Darüber hinaus nutzen Archive, auch die der Regionalblätter mit dem üblichen ‚Tratsch', in dem vielleicht auch der Interviewpartner erwähnt ist.

Selbstdarstellungen im Internet, die Erwähnung auf einer Firmen- oder Behördenseite, auf den Seiten von Vereinen und Verbänden können weiterhelfen. Die üblichen Suchmaschinen und vor allem journalistische Rechercheportale verlangen viel Zeit, führen dafür aber oft zum Ziel. Manchmal helfen auch Newsgroups und Foren, an denen sich der Gesprächspartner häufig beteiligt. Dass viele mit Google starten, versteht sich fast von selbst.

Wenn es möglich und sinnvoll ist, das Interview in einem Telefonat zu vereinbaren, kann schon dieses Gespräch zur Vorbereitung auf die Persönlichkeit nutzen. Rückfragen vom anderen Ende der Leitung, Kommentare und Randbemerkungen, die Einstellung zum Interview, Sprechweise und Humor geben erste Hinweise.

Alle Informationen über den zukünftigen Gesprächspartner werden zu einer Hypothese gebündelt. Kann man Material oder Erfahrungen von Kollegen nutzen, kommt diese Hypothese der Wirklichkeit wahrscheinlich sehr nahe. Schlimmstenfalls liegt der Rechercheur völlig daneben, auch diese Erfahrung gehört zum Geschäft. Den Versuch war es allemal wert.

Vier Übungen werden dabei helfen, die Sensibilität für dieses Thema zu schärfen und auf typische Fallen hinzuweisen.

Übung 1: Milieu-Studien

Ziel: Es geht darum zu lernen, wie man in der Fragestellung auf den wirtschaftlichen und sozialen Status des Befragten eingehen kann.

Vorgehen: Lassen Sie die Teilnehmer eines Trainings einen kleinen Fragenkatalog für ein heikles Thema schreiben. Denkbar wären eine Recherche über die Haltung zu einem christlichen Fest, einem interkulturellen Thema, einer gleichgeschlechtlichen Eheschließung, einer brennenden politischen oder wirtschaftlichen Frage.

Gesucht sind Fragen, die eine Beziehung zur Erfahrung, zum Denken und zur Sprache des Gegenübers haben. Kein Anbiedern, aber für den Interviewpartner auch keine tollpatschige Botschaft aus einer unbekannten Welt. Wie spricht man Gesprächspartner aus unterschiedlichen sozio-ökonomischen Umfeldern an? Dazu kann die Lerngruppe eigene Typen und Kategorien entwickeln, sie kann aber auch professionelle Typologien nutzen, wie sie Marktforschungsinstitutionen anwenden (vgl. Sinus-Milieus):

- selbstbewusstes Establishment,
- aufgeklärte Nach-68er,
- junge, unkonventionelle Leistungselite,
- altes deutsches Bildungsbürgertum,
- Sicherheit und Ordnung liebende Kriegsgeneration,
- resignierte Wende-Verlierer,
- statusorientierter moderner Mainstream,
- stark materialistisch geprägte Unterschicht,
- extrem individualistische neue Bohème,
- Spaß-orientierte moderne Unterschicht.

Die – oft amüsante – Gruppendiskussion der Fragenkataloge ist eine ausgezeichnete Einführung. Sie soll zeigen, welche Bedeutung die sozio-ökonomische Platzierung des Informanten für eine erfolgreiche Fragestellung hat.

Übung 2: Hypothesenbildung

Ziel: Über einen ausgewählten Interviewpartner soll eine Hypothese aufgestellt werden. Im Vergleich zwischen Vermutung und Wirklichkeit lassen sich Grenzen und Leistungsfähigkeit der Hypothesenbildung erkennen. Die Rolle systematischer Fehler und die Auswirkungen von Vorurteilen werden verständlich.

Vorgehen:

1. Der Dozent muss einige Personen aussuchen, die als Interviewpartner infrage kämen. In Zeitungen, Archiven, vor allem im Internet und vielleicht auch aus Newsgroups muss etwas über die Zielpersonen zu erfahren sein. Wer die Übung vorbereitet, wird einen Vorteil gegenüber den Teilnehmern des Trainings nutzen – genügend Zeit, um ein einigermaßen zuverlässiges Profil zu erstellen.
2. Ein für den Gesprächspartner möglichst kritisches Interviewthema unterstützt den Lernerfolg.
3. Jeder protokolliert seine Recherche, damit bei der Bewertung der Ergebnisse Fehleinschätzungen ebenso wie Irrwege und ‚Zeitfresser' zu bewerten sind.

Die Teilnehmer erstellen eine Hypothese über die Zielperson, die eine Aussage zu folgenden Eigenschaften bildet:

- sozio-ökonomische Stellung,
- Familie, Kinder,
- Position im Betrieb,
- vier charakterisierende Adjektive,
- Vorlieben in Musik, Literatur und Theater,
- politische Orientierung,
- Sport,
- betriebliche oder andere Sorgen,
- Einstellung zu einem Interview: eher kooperativ oder eher ablehnend,
- Haltung gegenüber dem Thema der Befragung.

Da der Dozent vorab ein etwas ausführlicheres Profil erstellen konnte, ist es nicht nötig, tatsächlich Kontakt mit den angenommenen Interviewpartnern aufzunehmen.

Abschließend diskutiert die Lerngruppe Unterschiede zwischen den eigenen Annahmen und den vermutlich umfangreicheren der Dozenten.

Übung 3: Informanten-Interessen

Ziel: Die Teilnehmer erfahren an ganz offensichtlichen Beispielen, wie sich die Ziele des Informanten auf dessen Gesprächsverhalten auswirken können.

Vorgehen: Im Recherchegespräch hat der Interviewpartner oft eigene Ziele, die das Ergebnis entscheidend beeinflussen können. Anhand zweier drastischer Szenarien diskutieren die Teilnehmer unterschiedliche Ziele der Befragten, die zu falschen oder verfälschten Sachaussagen führen.

Großfeuer in einer Lackfabrik
Womöglich entsteht giftiger Qualm, das Grundwasser könnte verunreinigt werden. Interviewpartner: Geschäftsleitung, Betriebsratsvorsitzender, Pförtner, Pressesprecher, Mitarbeiter, Anwohner, Pressesprecher der Feuerwehr, Einsatzkräfte von Feuerwehr und Polizei vor Ort.

Straftaten recherchieren: Drei Beobachter beschreiben drei unterschiedliche Fluchtautos. Nicht genau hingesehen, falsch gespeichert oder erinnert: Fehler, die das Ergebnis beeinträchtigen. Unabhängig von diesen typischen Fallen haben die Beobachter, Verfolger und Beteiligten einer Straftat Ziele, die das Ergebnis eines Recherchegesprächs womöglich verfälschen.

Interviewt werden: Zeugen, Opfer, Tatverdächtige, Beschuldigte, Angeklagte, Polizei, Staatsanwaltschaft, Pressesprecher der Behörde.

Übung 4: PR-Strategien erkennen

Ziel: Die Teilnehmer können an ausgewählten Pressemappen begründete Vermutungen entwickeln, welchen Strategien der Pressesprecher folgt: Produktwerbung oder Partner der Presse und Werbung um Vertrauen?
Über die Rolle der Public Relations streiten die Experten. Für einige ist PR das Werben um Vertrauen in der Öffentlichkeit. Andere sehen darin ausschließlich den verlängerten Arm von Werbung und Marketing.
Solide und zuverlässige Arbeit oder Schaumschlägerei: Pressemappen zeigen überdeutlich, was die Autoren und ihre Auftraggeber unter PR verstehen. Über den Erfolg eines Interviews mit PR-Leuten kann mitentscheiden, ob man die Öffentlichkeitsarbeit richtig eingeschätzt hat.

Vorgehen:

1. Pressemappen zuschicken lassen oder auf einer Messe eine Auswahl besorgen.
2. Den Fragenkatalog für ein Telefoninterview mit Pressesprechern entwickeln Ziel des Gesprächs soll sein die Öffentlichkeitsarbeit der Firma zwischen Produktwerbung und Vertrauenswerbung einzuschätzen.
3. Überkreuz arbeiten: Eine Gruppe entwickelt ihre Hypothese aus den Unterlagen, die andere durch direkte Befragung am Telefon.
4. Ergebnisse vergleichen, Übereinstimmungen bewerten, für Abweichungen Fehlerquellen suchen.

Literatur:
Baumert, Andreas: Interviews in der Recherche. Redaktionelle Gespräche zur Informationsbeschaffung, Opladen 2003.
Friedrichs, Jürgen und Ulrich Schwinges: Das journalistische Interview, 2. Auflage 2001.
Haller, Michael: Das Interview. Ein Handbuch für Journalisten, 3. Auflage, Konstanz 2001.
Friedrichs, Jürgen/Schwinges, Ulrich: Das journalistische Interview, Opladen/Wiesbaden, 1999

Internetadressen:
www.munzinger.de – Archiv für die publizistische Arbeit, das Hintergrundinformationen zu Personen, Ländern, Sport, Chroniken, Gedenktagen und Filmen liefert
www.sinus-milieus.de – Forschungsergebnisse zum soziokulturellen Wandel der Heidelberger Firma Sinus Sociovison GmbH

Journalistische Rechercheportale:
http://www.journalistenlinks.de
http://www.jourweb.com
http://www.dju-hamburg.de/flinks.htm
http://www.recherchetipps.de/

2.7 Schiffsverschrottung in Indien
– ein bisher legaler Giftmüllexport – Rekonstruktion einer
groß angelegten Greenpeace-Recherche

von Manfred Redelfs

Schiffsverschrottung in Alang, Indien: Eine große Recherche des Greenpeace-Teams (Foto: Greenpeace Recherche-Reise)

Große Recherchen sind immer gut für große Geschichten – und genau darin liegt bei Recherche-Trainings oft das Problem: Die kurzweiligen Anekdoten der erfahrenen Kollegen, „wie schwierig die Sache war" und wie man dann doch noch das Beste daraus gemacht hat, sind zwar unterhaltsam, wenn man es mit guten Erzählern zu tun hat. Aber ihr didaktischer Wert ist zumindest zweifelhaft, solange die Seminarteilnehmer weitgehend in einer passiven Zuhörerrolle bleiben. Gleichzeitig ist es bei den üblichen Seminarlängen von wenigen Tagen schon aus Zeitgründen nicht möglich, umfangreichere Recherchen als *learning by doing* einzubauen.

Trotzdem kann es sehr sinnvoll sein, große Projekte in Form einer Rekonstruktion in ein Recherche-Training aufzunehmen, um grundsätzliche Vorgehensweisen (von außen nach innen recherchieren, zwischen den Lagern pendeln usw.) anhand von anschaulichen Beispielen zu vermitteln. Dabei sind vor allem zwei Aspekte zu beachten:

Wichtig ist bei der Vermittlung, dass die Teilnehmer fortlaufend in die Recherche-Planung einbezogen werden. Das kann z. B. so passieren, dass die Ausgangssituation für die Recherche kurz dargestellt wird (eventuell anhand von Materialien wie Presseerklärung, zum Thema schon veröffentlichte Artikel, Inhalt eines Informanten-Tipps usw.) und man im Seminar davon ausgehend eine Recherche-Hypothese formuliert und Ideen zum weiteren Vorgehen sammelt, bevor der Referent oder die Referentin erzählt, wie es in der Realität gelaufen ist.

Die Rekonstruktion einer aufwändigeren Recherche sollte immer deutlich machen, welche handwerklichen Kniffe dabei generalisierbar sind, unabhängig vom Thema und zum Teil auch unabhängig vom Umfang der Recherche. Der Praxisbericht wäre demoralisierend, wenn er im Seminar die Reaktion hervorriefe „so lange und gründlich kann ich doch in meiner Redaktion sowieso nicht an einem Thema dranbleiben". Der Tenor „wie mir die große Enthüllung gelang" ist deshalb unbedingt zu vermeiden und stattdessen das Augenmerk darauf zu richten, welche Grundregeln des Recherchierens bei der großen Geschichte zum Tragen kommen. Der Vorteil gegenüber schnellen Ergänzungs- oder Überprüfungsrecherchen als Übungsfeld ist, dass ein systematisches Vorgehen bei komplexeren Recherchen unmittelbar als notwendig einleuchtet und nicht mit dem Verweis auf „journalistische Intuition" als bewährte Recherche-Strategie abgetan werden kann. Die Bereitschaft, sich mit methodischen Recherche-Fragen auseinander zu setzen, ist deshalb bei komplexeren Projekten größer und kann für Schulungen gut genutzt werden.

Im Folgenden soll anhand eines Beispiels aus der Recherche-Praxis der Umweltorganisation Greenpeace erläutert werden, wie eine solche Rekonstruktion aussehen kann. Um Missverständnissen vorzubeugen: Es soll hier nicht empfohlen werden, diese konkrete Recherche als Fallbeispiel im Seminar zu nutzen. Entscheidend ist, dass der Referent glaubwürdig aus eigener Erfahrung berichtet, inklusive der Fehler, die gemacht worden sind. In diesem Sinne dient der beschriebene Fall nur als Muster. Ohnehin sind Beispiele, die aus dem Lokalen kommen (etwa Untersuchung eines örtlichen Korruptionsskandals) näher am Berufsalltag der meisten Seminarteilnehmer und daher vorzuziehen, wenn der Referent auf entsprechende Beispiele zurückgreifen kann.

Ausgangspunkt der Recherche

Ein Mitarbeiter der Greenpeace-Kampagne gegen Giftmüllexporte berichtet darüber, dass alte Schiffe zum Abwracken an Länder der Dritten Welt verkauft werden, weil die geringen Umwelt- und Sicherheitsstandards in Indien, Pakistan oder Bangladesch für die Reeder eine äußerst kostengünstige Verschrottung ermöglichen. Statt eine Entsorgungsgebühr bezahlen zu müssen, kann mit dem

Altmetall noch ein Gewinn gemacht werden. Da die Handelsschiffe der siebziger Jahre, die derzeit zur Verschrottung anstehen, häufig große Mengen Asbest und andere Schadstoffe enthalten, sei die Verkaufspraxis als eine Art versteckter Giftmüllexport zu bewerten. Rechtlich bewegen sich die Verkäufer und Zwischenhändler in einer Grauzone: Zwar verbietet die sogenannte Basel-Konvention der UN den Export von Giftmüll aus einem Industrieland in ein nicht zur OECD gehörendes Empfängerland. Doch das Völkerrecht geht vom Prinzip nationalstaatlicher Akteure aus, so dass in internationalen Gewässern verkehrende Schiffe, bei denen zudem der Flaggenstaat meistens ein ganz anderer ist als der Sitz der Eigentümer, bisher von der Basel-Konvention nicht erfasst sind. Um die Aufmerksamkeit der Öffentlichkeit auf das Problem zu lenken und darüber hinaus zu erreichen, dass sich die UN-Gremien mit dieser Praxis befassen, soll recherchiert werden, ob es möglich ist, zeitnah einen Fall zu dokumentieren, bei dem die Verantwortung deutscher Eigner offenbar wird. Da es nur noch wenige Handelsschiffe unter deutscher Flagge gibt und die Verkäufe zum Abwracken zumeist über ausländische Mittelsmänner abgewickelt werden, wird der Nachweis einer unmittelbaren deutschen Beteiligung als schwierig eingeschätzt.

Das Vorgehen bei der Recherche orientierte sich im wesentlichen an den Schritten, die Michael Haller empfiehlt (vgl. Haller, 2000 und Anhang). Als erstes wurde daher eine Recherche-Hypothese formuliert und auf der Basis der Vorinformationen das Recherche-Ziel definiert.

Hypothesenformulierung und Recherche-Ziele

Die Hypothese lautet: Schiffe mit hochgiftigen Inhaltsstoffen werden unter Beteiligung beziehungsweise Verantwortung deutscher Akteure in Nicht-OECD-Länder exportiert und dort unter Bedingungen abgewrackt, die für Arbeiter und Umwelt äußerst gefährlich sind.

Daraus folgen die Recherche-Ziele: Dokumentation mindestens eines aktuellen Falles, der die Hypothese bestätigt und das Problem anschaulich illustriert. Hintergrundwissen für die anschließende öffentliche Diskussion sammeln: Basiszahlen zu den Schiffsverschrottungen in Entwicklungsländern (aktuelle Lage und Entwicklungstrends aufgrund der Flottenalterung). Welche Inhaltsstoffe sind besonders gefährlich? Welche Alternativen zur Verschrottung in der Dritten Welt gibt es (kurz- und langfristig)? Rekonstruktion früherer Fälle mit deutscher Beteiligung.

Recherche-Ziel formulieren

Bei der Darstellung größerer Recherchen ist die Versuchung der Referenten groß, sofort ins Erzählen zu verfallen. Für den Austausch im Seminar ist es allerdings besser, sich zunächst auf die Schilderung der Ausgangslage zu begrenzen und gemeinsam mit den Teilnehmern zu diskutieren, wie man weiter vorgehen könnte und welche Vor- und Nachteile der jeweilige Weg mit sich bringt. Prinzipiell wäre bei einem Themenhinweis zunächst zu prüfen, ob die Vorinformation sachlich richtig ist und ob sie überhaupt relevant ist, also eine intensivere Untersuchung rechtfertigt.

Im konkreten Fall lagen bereits Hinweise auf frühere Exportfälle vor. Es genügte also, sich beim Umweltministerium kurz hinsichtlich der aktuellen Rechtslage rückzuversichern, um zu erkennen, dass das Problem weiterhin besteht. Relevant war das Thema ebenfalls, denn es handelte sich nach den Vorinformationen des Greenpeace-Kollegen um einen weitgehend übersehenen Umweltskandal. Eine präzisere Relevanzprüfung konnte deshalb auf die erste Phase der Faktenrecherche verschoben werden, bei der zu klären war, wie viele Schiffe überhaupt zur Verschrottung verkauft werden und wie die Entsorgungsbedingungen konkret aussehen.

Die Definition eines Recherche-Ziels mag sich formalistisch anhören, ist aber eine wichtige Übung, um bei größeren Projekten den roten Faden nicht zu verlieren. Im konkreten Fall steht und fällt die gesamte Recherche damit, dass ein Exportvorgang mit deutscher Beteiligung während der noch laufenden Verschrottung dokumentiert werden kann. Die Recherche muss also darauf ausgerichtet sein, dass Greenpeace rechtzeitig von dem Geschäft erfährt – eine Rahmenbedingung, die ganz andere Ansprüche stellt, als würde es nur um eine Beschreibung im Nachhinein gehen.

Erstes Brainstorming zur Akteurskonstellation

Um eine erste Übersicht zu gewinnen, wer bei der Schiffsverschrottung mit welcher Interessenlage agiert und wer welche Informationen haben könnte, wurde ein zehnminütiges Brainstorming zur Akteurskonstellation gemacht. Das Ziel dabei war, eine erste Übersicht zu gewinnen, ohne durch Vorinformationen von einer Seite schon geprägt zu sein. Durch die Brainstorming-Methode ist es möglich, kreativ mögliche Gesprächspartner aufspüren, die in Presseartikeln nicht so oft zu Wort kommen (z. B. Schiffsversicherer oder die internationale Seefahrergewerkschaft International Transport Federation). Ein so erstelltes Schema kann dann im Laufe der Recherche immer weiter ergänzt werden, etwa wenn man durch Auswertung bereits veröffentlichter Informationen auf Akteure stößt, an die man selber nicht gedacht hat.

Akteure aus der Themenstellung ableiten

Ein verbreiteter journalistischer Reflex ist, bei einem neuen Thema sofort zum Telefonhörer zu greifen und nahe liegende Gesprächspartner anzurufen (in diesem Fall z. B. den Verband deutscher Reeder). Das Brainstorming zur Akteurskonstellation soll dagegen vermitteln, dass sich auch ohne vertieftes Vorwissen innerhalb weniger Minuten die wichtigsten Akteure durch einfaches Nachdenken aus der Themenstellung ableiten lassen. Dabei können auch generelle Ableitungsmethoden eingeflochten werden: So ist bei jedem Recherche-Gegenstand zu fragen, wer denn die Konkurrenten eines Akteurs sind, die als kritische Informanten infrage kommen. Aus einer solchen Überlegung ergibt sich fast automatisch die Schlussfolgerung, auch europäische Abwrackbetriebe einzubeziehen.

Es bietet sich an, dass der Seminarleiter beziehungsweise die Seminarleiterin die Akteure an der Tafel oder auf Kärtchen notiert. Dieser Einstieg hat den Vorteil, dass die Teilnehmer sich aktiver in das Thema reindenken als beim bloßen Zuhören. Außerdem zeigt die Erfahrung, dass wirklich sehr schnell eine ansehnliche Liste zusammenkommt. Der mögliche Vorbehalt, man müsse sich doch erst mal schlau machen, bevor man etwas über die Akteure sagen könne, wird damit von vornherein entkräftet. Nachdem die Akteure gesammelt worden sind, können sie gemeinsam nach ihren Interessen geordnet werden. Typisches Ordnungsschema ist dabei Täter versus Opfer. Ein anderes generalisierbares Ordnungsschema wäre die Unterteilung in Hauptakteure, Nebenakteure, offizielle Stellen und Kritiker, wie sie sich für die Alang-Recherche anbietet (siehe unten). Die gewonnene Ordnung der Akteure kann mit Erläuterungen versehen werden, warum es sinnvoll ist, eine bestimmte Reihenfolge der Befragung einzuhalten (wiederum nicht als Vorgabe durch den Referenten, sondern als Frage an die Teilnehmer, wie sie denn vorgehen würden und warum).

Hauptakteure	Nebenakteure
Reeder Schiffsmakler Abwrackbetriebe in Indien	Schiffsversicherer Lloyd's Experten für Schiffstechnik Schiffbauer/europäische Werften Schifffahrts-Fachjournalisten

Kritiker	Behörden/offizielle Stellen
NGOs in Indien Gewerkschaft europäische Abwrackbetriebe Ärzte in Alang	Hafenbehörden in Alang/Zoll Umweltprogramm der UN/Basel Convention TÜV/Seeberufsgenossenschaft Umwelt- und Wirtschaftsministerium International Maritime Organization

Akteurskonstellation für Recherche über Schiffsverschrottung

Überblickswissen verschaffen anhand der gedruckten Quellen

Als nächstes ging es darum, sich anhand bereits veröffentlichter Materialien ein Überblickswissen zum Thema zu verschaffen. Dafür wurden drei Wege genutzt: die Pressedatenbank von Gruner + Jahr, die gegen eine Gebühr auch Externen zur Verfügung steht, Internet-Quellen und die Schifffahrts-Fachpresse.

Schon innerhalb weniger Minuten ergaben sich hochinteressante Ansätze für die weitere Recherche: Die Pressedatenbank enthielt z. B. einen Artikel aus dem *Hamburger Abendblatt* von 1993, in dem über die Verschrottung des Schulschiffes „Deutschland" in Alang/Indien berichtet wurde. Unter anderem hieß es in dem Artikel, das ehemalige Kriegsschiff sei „von der Verwertungsgesellschaft des Bundes, der VEBEG in Frankfurt/Main, durch Vermittlung der Hamburger Maklerfirma Allship für mehr als eine Million Mark an eine New Yorker Abbruchgesellschaft verkauft" worden. Diesen Angaben war im weiteren Verlauf der Recherche nachzugehen, denn es stellte sich natürlich die Frage, ob über diese Firmen auch heute noch Exporte abgewickelt wurden.

Etliche Presseberichte bezogen sich auf Alang in Indien als Zentrum der Schiffsverschrottung: Rund 60 Prozent aller zum Abwracken verkauften Handelsschiffe würden dort unter primitiven Bedingungen direkt am Strand auseinander genommen. Rund 35.000 Arbeiter zerlegten 350 bis 370 Schiffe im Jahr – mit

Schweißbrennern, Hämmern und Sägen sowie mit bloßen Händen. Die Datenbank enthielt auch einen Artikel der Zeitschrift *Mare*, die dem Schiffsfriedhof Alang eine große Reportage gewidmet hatte. So konnte das Recherche-Team innerhalb kurzer Zeit einen Eindruck davon gewinnen, wie es in Alang aussah und was diesen Ort so attraktiv für die Verschrotter macht: Wegen des extremen Tidenhubs können die Ozeanriesen direkt am Strand auf Grund gesetzt werden. Bei Niedrigwasser macht sich dann ein Heer von Wanderarbeitern, die im Dienst der mehr als hundert Werften stehen, über die Kolosse her.

Die Internet-Recherche förderte eine Artikel-Serie der US-Zeitung *Baltimore Sun* zutage, die im Jahr 1998 den Pulitzerpreis für ihre Berichterstattung über Schiffsverschrottung erhalten hatte. Etliche Fakten über die katastrophalen Umwelt- und Arbeitsbedingungen in Alang waren dieser Serie zu entnehmen.

Als Goldgrube erwiesen sich schließlich die Fachzeitschriften wie *Fairplay, The International Shipping Weekly* oder *Maritime Hotline*. Diese Blätter, die sicherlich nicht zur journalistischen Pflichtlektüre gehören, die aber in Hamburg in einschlägigen Fachbuchhandlungen oder im Hamburgischen Weltwirtschaftsarchiv ausliegen, enthielten z. B. Kurzmeldungen über Schiffsverkäufe und Orderlisten deutscher Reedereien. Ausgehend von der Hypothese, dass ein Schiffsneubau häufig mit der Verschrottung alter Flottenbestände einhergeht, konnte so eingegrenzt werden, auf welche deutschen Handelsschiffe ein besonderes Augenmerk zu lenken war.

Sinnvolle Reihenfolge von Recherche-Schritten wählen

Anhand der großen Recherche lässt sich gut begründen, warum eine gewisse Reihenfolge in den Recherche-Schritten hilfreich ist: Von den gedruckten Quellen (in der Regel schnellste Form, sich Überblickswissen zu verschaffen) über die Personenquellen (Interviews) bis zur Vorort-Recherche, die einerseits durch eigene Beobachtung die exklusivste Information bietet, andererseits gerade bei Auslandsthemen sehr aufwendig ist.

Vorteile der eingeschlagenen Reihenfolge:

- von der Arbeit der Kollegen profitieren und „das Rad nicht neu erfinden".
- schnelle Identifizierung der Basisinformationen, die auch für die Gespräche mit Experten gebraucht werden.
- Aufspüren der strittigen und der offensichtlich unstrittigen Punkte bei dem Thema (strittige Punkte im weiteren Verlauf intensiver bearbeiten, um mehr Klarheit zu gewinnen beziehungsweise die Interessen dahinter zu erkennen).
- Presseberichte enthalten meistens interessante Ansatzpunkte für die weitere Recherche, wie z. B. dort zitierte Fachleute, Fachpublikationen und -verbände; Informationen über frühere Fälle, die zum Thema gehören (hier z. B. Verkauf des Schulschiffes „Deutschland" der Bundesmarine).

Sinnvoll ist es, dass man bei der Rekonstruktion des konkreten Falles nicht nur mündlich berichtet, sondern einige der genutzten Quellen als Anschauungsmaterial dabei hat (zum Herumgeben im Seminar oder als Folie beziehungsweise Teil einer Power-Point-Präsentation). Der Vorteil des Prinzips, vor dem Griff zum Telefonhörer zunächst die Archivberichte auszuwerten, kann auf diese Weise gut illustriert werden. Die meisten Seminarteilnehmer werden auch überrascht sein, welch wertvolle Informationen sich der vermeintlich obskuren Fachpresse entnehmen lassen. Ihre Lektüre vermittelt zudem ein Gefühl für den Branchenslang und ist damit eine wichtige Vorbereitung für den nächsten Schritt, die Expertengespräche.

Nach der Überblicksrecherche wurde die Ausgangshypothese überprüft. Die deutlichen Hinweise auf frühere Exportfälle aus Deutschland und die eindeutigen Presseartikel über unzureichende Umwelt- und Arbeitschutzstandards in Indien wurden als Bestätigung gewertet. Das Recherche-Ziel blieb daher unverändert.

Personenorientierte Recherche in Form von Interviews

Statt der einzelnen Schritte sollen hier aus Platzgründen die Grundregeln benannt werden, an denen sich das Vorgehen orientiert hat:
„Von außen nach innen recherchieren" (vgl. Haller, 2000) heißt, mit den Gesprächspartnern zu beginnen, die am weitesten vom Kern des Geschehens weg sind und am wenigsten eigene Interessen verfolgen (hier z. B. Schifffahrtsexperten an Fachhochschulen, Fachjournalisten).

„Zwischen den Lagern pendeln", das heißt, beim Vorarbeiten zu den zentralen Akteuren die Gesprächspartner abwechselnd im Lager der Täter und der Opfer/ Kritiker wählen, so dass eine Konfrontation mit den Argumenten der jeweils anderen Seite möglich ist – und man selbst als Rechercheur fortlaufend dazulernt.

Man sollte gut vorbereitet in die Gespräche gehen, insbesondere mit den Hauptakteuren, deren Wertschätzung für den Rechercheur steigt, wenn sie sehen, dass er/sie die Hausaufgaben erledigt hat (z. B. aufgrund der Basisrecherche mit Begrifflichkeiten vertraut sein, was ist etwa im Reedergeschäft ein *operator*, wie unterscheidet der sich vom deutschen Reeder?). Außerdem ist in konfrontativer Situation nur so zu verhindern, dass der Interviewer ausgetrickst und z. B. einfach mit falschen Behauptungen abgespeist wird.

Hintergrundgespräch

Hilfreich für die Interviews war, dass sich ein Fachjournalist, der gleich zu Anfang kontaktiert wurde, aus persönlichem Interesse am Thema zu einem Hintergrundgespräch bereit fand, bei dem er seine Insiderkenntnisse der Branche offenbarte: Er konnte einige Tipps zum Vorgehen geben und auch sagen, welche Personen Greenpeace besser nicht im Vorfeld einer Dokumentationstour in Indien kontaktieren solle, da dies den Recherche-Plan vereiteln könne. Solche Hilfestellung ist zum Teil Glück, zum Teil aber auch dem systematischen Vorgehen zu verdanken. Ohne wohlüberlegte Reihenfolge der Interviews wäre das Angebot gar nicht zum Tragen gekommen.

Vorort-Recherche

Die Vorort-Recherche ermöglicht durch Beobachtung exklusive Information, ist aber häufig sehr aufwändig. Außerdem „sieht man nur, was man weiß", das heißt, diese Ermittlungsform muss sehr gründlich vorbereitet werden.

Abwrackbetrieb, der in Indien deutsche Tanker verschrottet (Foto: Greenpeace Recherche-Reise)

Nachdem alle wichtigen Basis- und Hintergrundinformationen beisammen waren, hat Greenpeace im Herbst 1998 eine verdeckte Dokumentationsreise zu den Abwrackwerften in Alang und Bombay unternommen. Die Gruppe von zwei Chemieexperten, einem Kameramann und einem Fotografen stellte sich in Alang als deutsche Touristen vor, die dem Verein der Freunde großer Handelsschiffe angehören und gerne einige Andenken aus den Schiffen deutscher Reeder bergen wollten. Der Verein war zuvor zur Legitimation gegründet worden, bestand allerdings nur auf dem Papier. Außerdem hatten die Greenpeace-Mitarbeiter eine Liste mit den Namen von ehemals deutschen Schiffen dabei, die zu dem Zeitpunkt in Alang vermutet wurden – zusammengestellt anhand von Informationen aus der Fachpresse und vor allem den Positionsmeldungen des Schiffsversicherers Lloyd's in London. Die Basisrecherche hatte nämlich ergeben, dass Lloyd's die Verschrottung in Alang zeitnah erfasste. Von allen infrage kommenden Schiffen hatten sich die Rechercheure über eine Spezialagentur in Deutschland zudem Fotos besorgt, um die Identifizierung in Alang zu erleichtern. Tatsächlich reagierte der Manager einer der Abwrackbetriebe, als er auf die in Alang vermutete „Columbus New Zealand" der Reederei Hamburg-Süd angesprochen wurde. Aufgrund der guten Branchen-Kenntnisse der vermeintlichen deutschen Schiffsliebhaber glaubte der Werftbetreiber, wirklich den besagten deutschen Verein vor sich zu haben, mit dem sich vielleicht sogar ein kleines Geschäft machen ließ und gestattete das Betreten des ansonsten strikt abgeschirmten Betriebsgeländes.

Mit bloßenHänden zerbröselt ein Arbeiter Reste von hochgefährlichem Blauasbest aus der Columbus New Zealand (Foto: Greenpeace Recherchereise)

Das Greenpeace-Team fand in Alang ziemlich genau das vor, was befürchtet worden war: Ein Arbeiter sortierte mit bloßen Händen und ohne jeglichen Atemschutz Blauasbest aus dem Schiffsrumpf der „Columbus New Zealand". Dieser hochgradig krebserregende Stoff wurde als Isoliermaterial weiterverwendet. An anderer Stelle wurden Kabel verschwelt, um an den Kupferkern zu kommen. Arbeiter liefen ahnungslos in den Dioxindämpfen umher. Beim Trennschweißen verbrannten bleihaltige Farben, so dass giftige Rauchschwaden Arbeiter und Umwelt belasteten. Anhand von Proben, die heimlich an Bord des Schiffes gezogen wurden, konnten die Inhaltsstoffe später von einem deutschen Labor nachgewiesen und von einem Arbeitsmediziner bewertet werden.

Verdeckte Vorort-Recherche und ethische Fragen

Die verdeckte Vorort-Recherche ist ein guter Aufhänger, um im Seminar über ethische Fragen zu diskutieren: Wann kann ein solches Vorgehen gerechtfertigt sein? Welche Vorkehrungen sind zu treffen und welche Grenzen zu beachten? Greenpeace war bekannt, dass Journalisten seit Jahren keinen Zugang mehr zu den Abwrackwerften in Alang hatten. Eine offizielle Anfrage als Umweltorganisation hätte in gleicher Weise zu einer Abfuhr geführt – und überdies die Akteure vorgewarnt. Deshalb wurde eine Rolle gewählt, die das Recherche-Team in völlig legaler Weise einnehmen konnte. Als „Touristen" und Schiffsliebhaber machten sich die Mitarbeiter auch durch das Fotografieren und Filmen nicht verdächtig. Die Anforderung, die der deutsche Presserat an verdeckte Recherchen stellt, nämlich dass Informationen von besonderem öffentlichen Interesse beschafft werden, die auf anderem Wege nicht zugänglich sind, wird durch den konkreten Fall erfüllt.

Wirkung der Recherche

Nach der Rückkehr nach Deutschland hat Greenpeace die Proben von der „Columbus New Zealand" analysieren lassen. Die Untersuchungsergebnisse und Fotos, die die vorsintflutlichen Arbeitsbedingungen illustrieren, wurden in einer 26-seitigen Dokumentation veröffentlicht. Zeitgleich erschienen ein längerer Artikel im *Spiegel* und ein Bericht im ARD-Magazin *Report Mainz* über die Ergebnisse der Greenpeace-Recherche. Die verantwortliche Reederei Hamburg Süd weigerte sich allerdings zunächst, überhaupt mit Greenpeace zu sprechen und erklärte sich erst zu einer Unterredung bereit, nachdem sie von ihrer Mutterfirma, dem Oetker-Konzern, angewiesen wurde. Der Greenpeace-Forderung, auf die Verschrottung zweier weiterer Schiffe in Alang zu verzichten und stattdessen eine Werft mit besseren Standards zu wählen, ist Hamburg-Süd schließlich nachgekommen und hat eine Abwrackwerft in Shanghai beauftragt.

Das langfristige Ziel war es jedoch, anhand des gut dokumentierten Fallbeispiels eine öffentliche Debatte über die variablen Standards bei der Schiffsverschrottung zu initiieren und so dafür zu sorgen, dass die zuständigen internationalen Gremien das Schlupfloch für den Giftmüllexport schließen. Mittlerweile berät die International Maritime Organization (IMO) über das Thema und hat bereits erste Richtlinien vorgelegt. Auch wenn dies aus der Sicht von Greenpeace noch nicht ausreicht, hat die Recherche also zumindest einen hoffnungsvollen Veränderungsprozess in Gang gesetzt und die Sensibilität für das Problem geschärft.

Insgesamt erstreckte sich die Recherche über rund ein Jahr, ohne dass allerdings kontinuierlich an ihr gearbeitet wurde. In der ersten Phase wurde das Thema eine Woche lang von zwei Mitarbeitern intensiver verfolgt, um die Basisrecherche fertig zu stellen. Dann standen monatelang wieder andere Themen im Vordergrund und die Kontaktaufnahme mit einzelnen Gesprächspartnern sowie mit den indischen Greenpeace-Kollegen zog sich hin. Weil bei Greenpeace in der Regel etliche Recherchen parallel laufen, ist dieses Vorgehen bei einem terminunabhängigen Thema durchaus typisch. Journalisten mögen einwenden, dass bei ihnen der Zeitdruck erheblich größer ist. Allerdings ändert dies nichts daran, dass die Recherche-Methoden, die an dem Beispiel erklärt wurden, nach wie vor hilfreich sind – gerade auch dann, wenn es darum geht, durch systematisches Vorgehen die zur Verfügung stehende Zeit effizient zu nutzen.

Zum Abschluss die Veröffentlichungen zeigen

Zum Abschluss einer Seminareinheit wie der obigen bietet es sich an, das journalistische Ergebnis der Recherche zu verteilen. Im konkreten Fall ist das unter anderem der erwähnte Artikel aus dem *Spiegel*, der auf den Greenpeace-Informationen beruht. Auch das Anschauen des Magazin-Beitrags bei *Report Mainz* hat sich als gute Abrundung erwiesen, zumal die Seminarteilnehmer dann einen bildhaften Eindruck von dem Thema bekommen, das bis dahin sehr analytisch-methodisch behandelt wurde.

Transfer auf andere Fallbeispiele

Die oben beschriebene Vorgehensweise ist grundsätzlich auch bei anderen Themen möglich, die mit einem größeren Recherche-Aufwand verbunden sind. So lässt sich z. B. das Brainstorming zur Akteurskonstellation in den meisten Fällen nach diesem Schema realisieren. Zu beachten ist allerdings, dass ein Fallbeispiel gewählt wird, in das sich Laien relativ schnell hineindenken können. Sehr spezialisierte Themen, etwa aus der Medizin oder Biotechnologie, stellen vermutlich höhere Anforderungen, wenn die Seminarteilnehmer aus dem Stand versuchen sollen, die Akteure und ihre Interessen zu erschließen und einen daraus abgeleiteten Befragungsplan zu entwickeln.

Hilfreich ist bei jedem Beispiel die Anreicherung der Seminarübung mit „Fundstücken", die zum einen den Gang der konkreten Recherche illustrieren und die zum anderen Ausgangspunkt für eine Seminardiskussion sein können, welche nächsten Schritte die Teilnehmer unternommen hätten (im konkreten Fall z. B. Zeitungsartikel aus der Gruner + Jahr-Datenbank mit Nennung etlicher Fakten, die neue Recherche-Stränge eröffnen). Folglich bedarf auch die Rekonstruktion größerer Recherchen im Seminar einer gründlichen Vorbereitung.

Literatur:
Praxisbeispiele, bei denen der Verlauf einzelner Recherchen nachgezeichnet und methodisch reflektiert wird, haben zusammen getragen:
Haller, Michael (Hrsg.): Recherche-Werkstatt, Konstanz 2001. Leif, Thomas (Hrsg.): Mehr Leidenschaft Recherche, Opladen 2003

Einführungen:
Brendel, Frank/Brendel, Matthias: Richtig recherchieren. Wie Profis Informationen suchen und besorgen, 4. Auflage, Frankfurt 2000.
Haller, Michael: Recherchieren. Ein Handbuch für Journalisten, 5. Auflage, Konstanz 2000.
Ludwig, Johannes: Investigativer Journalismus: Recherchestrategien, Quellen, Informanten, Konstanz 2002.
Schöfthaler, Ele: Recherche praktisch. Ein Handbuch für Ausbildung und Praxis, München 1997.

Journalistische Handbücher mit eigenen Abschnitten zur Recherche:
Flöper, Berthold L./Lothar Hausmann (Hrsg.): Freie Journalisten. Der Ratgeber für Einsteiger und Profis, Eugendorf bei Salzburg 1998 (s. vor allem den Beitrag von Ekkehard Sieker, S. 75–100).
Mast, Claudia (Hrsg.): ABC des Journalismus. Ein Leitfaden für die Redaktionsarbeit, 8. Auflage, Konstanz 1998 (S. 197–219 zur Recherche).

Wissenschaftliche Debatte:
Grimme, Eduard W.: Zwischen Routine und Recherche. Eine explorative Studie über Lokaljournalisten und ihre Informanten, Opladen 1990.
Redelfs, Manfred: Investigative Reporting in den USA. Strukturen eines Journalismus der Machtkontrolle, Opladen 1996.

2.8 Die Affäre Telekom
– Lehrbeispiel einer zweijährigen Recherche

von Gottlob Schober

Es war die größte Werbeaktion der Deutschen Geschichte. Manfred Krug arbeitete für die Telekom und Ron Sommer versprach, er würde ein ganzes Volk mit der T-Aktie reich machen – er machte das Volk arm.

Die Deutsche Telekom AG, einst schwerfälliger Behördenapparat, wollte durch den Börsengang im November 1996 eines der Vorzeigeunternehmen der Telekommunikationsbranche und zum Star an der Börse werden. Geschätzte 50 Millionen Euro wurden in eine gigantische Werbekampagne gesteckt, mit dem Ziel die T-Aktie bei den Kleinaktionären populär zu machen. Der Begriff der „Volksaktie" wurde geboren. Den Anlegern wurde suggeriert, das Papier sei so sicher wie eine „vererbbare Zusatzrente". Das große Versprechen des Ron Sommer.

Immerhin drei Jahre lang stieg der Kurs der T-Aktie. Einige wenige, die das Papier bis März 2000 verkauften, konnten sogar reich damit werden.

Alle anderen, und das ist die große Mehrheit der Kleinanleger, träumen von den sagenhaften 104 Euro, die die T-Aktie einmal wert war. Sie sitzen heute auf hohen Verlusten, fühlen sich belogen und betrogen. Sogar diejenigen, die zum Börsenstart 1996 für rund 14 Euro eingestiegen sind, gehören heute zu den Verlierern. Insgesamt wurden allein durch den Crash der T-Aktie unvorstellbare 300 Milliarden Euro Anlegergelder vernichtet. Ein finanzielles Desaster für viele kleine Sparer, Rentner, Angestellte und Beamte, die den großen Versprechungen der Telekom-Bosse vertrauten.

Unsere Recherchen dauern inzwischen über zwei Jahre. Wir haben in dieser Zeit vier *Report Mainz*-Filme über die Telekom in der ARD veröffentlicht und sind auf viele Skandale und offene Fragen gestoßen. Angefangen hat alles mit der Immobilienaffäre, dann kamen die Geburtsfehler in der Telekom-Bilanz, der Skandal um die Postpensionen und zuletzt die drastischen Warnungen des ehemaligen Telekom-Finanzvorstandes Joachim Kröske, die den Aktionären vor dem dritten Börsengang verschwiegen wurden. Darauf gründete sich der Verdacht, Telekom und Finanzministerium könnten die Anleger womöglich getäuscht haben.

Telekom-Story

Damit hatten wir nicht gerechnet: Ron Sommer höchstpersönlich wollte vor der *Report*-Kamera Stellung nehmen. Nicht zu belanglosen Fragen, sondern zu brisanten Details der Immobilienaffäre. Seine Interviewzusage ging uns sogar per Fax am 14. März 2001 über seine Pressestelle zu. Zuvor allerdings mussten wir unsere Fragen in der Telekom-Zentrale in Bonn einreichen.

Zunächst lief alles wie geplant. Der Telekom-Chef empfing uns wie verabredet in der Hauptstadtrepräsentanz des Kommunikationsriesen in der Berliner Jägerstraße, begrüßte uns freudig und gestattete einige Filmaufnahmen. Dann gab er der Wochenzeitung *Die Woche* ein langes Exklusivinterview. Wir sollten währenddessen unsere Kamera in der mondänen Haupthalle aufbauen, um den Vorstandsvorsitzenden später ins rechte Licht rücken zu können.

Nach zwei Stunden Wartezeit klingelte mein Handy. Am anderen Ende der Leitung meldete sich ein verunsicherter Telekom-Pressesprecher. Ron Sommer beantworte kritische Fragen zur möglichen Überbewertung des Telekom-Immobilienvermögens nicht, machte er kurz und unmissverständlich klar.

Diese Unprofessionalität hat uns doch überrascht, denn unsere Fragen lagen Sommer ja bereits Tage vorher vor und beschäftigten sich ausschließlich mit der Falschbewertung des Immobilienvermögens und der Erstellung der Telekom-Eröffnungsbilanz im Jahre 1994/95. Solch ein Kommunikationsfehler im großen Kommunikationsunternehmen war für uns ein Hinweis auf das Chaos, das zu dieser Zeit im Konzern herrschen musste. Wie sonst war es zu erklären, dass Ron Sommer uns ein Interview verweigerte, zur selben Zeit aber mit anderen Medien bereitwillig zeitintensiv aus dem Nähkästchen plauderte.

Die Telekom präsentierte wenig später zwar einen anderen Gesprächspartner, den amtierenden Finanzvorstand Karl-Gerhard Eick. Doch der war zur fraglichen Zeit 1994/95 noch gar nicht im Konzern, war deshalb nicht in die Immobilienaffäre verwickelt und wurde uns von der Telekom als Saubermann präsentiert.

Die Staatsanwaltschaft Bonn ermittelt bis heute gegen seinen Vorgänger Joachim Kröske und den Vorstandsvorsitzenden Ron Sommer wegen des Verdachts der Falschbilanzierung und des Kapitalanlagebetruges. Trotzdem bestätigte Eick im Interview unerwartet ein wichtiges Detail, den letzten Baustein des Recherche-Puzzles des ersten Films. Doch der Reihe nach.

Vorrecherche

Im Februar 2001 wertete die Telekom ihr Immobilienvermögen um rund zwei Milliarden Euro ab. Diese Tatsache wurde durch Presseagenturen und Zeitungen verbreitet und weckte auch meine Neugier, zumal sich der Börsenkurs der T-Aktie zu dieser Zeit schon im Sinkflug befand.

In der *Report Mainz*-Redaktion dachten wir zunächst an ein Filmporträt des Krisenmanagers Ron Sommer. Zur Vorbereitung dieser Idee traf ich mich einige Tage später in Bonn mit einem Telekom-Pressesprecher. Wir sprachen auch über die Immobilien. Er versuchte mir die Abwertung in der Bilanz zu erklären, es blieb aber beim Versuch.

Nach dem Gespräch hatte ich viel mehr Fragen als vorher. Denn es war schon seltsam, was sich in der Neujahrsnacht 1995 in der Bilanz der neu gegründeten Telekom AG ereignete. Die wundersame Geldvermehrung um fast 13 Milliarden Mark. In einer Sekunde, Schlag 0 Uhr, stieg das Immobilienvermögen von 22,9 Milliarden auf sage und schreibe 35,7 Milliarden Mark an. Warum? Diese Frage war die Initialzündung für die Recherche.

Es begann wie immer: Archivmaterial lesen, Zeitungsveröffentlichungen, Agenturen, jede Zeile, die man bekommen kann. Es ging darum, sich sachkundig zu machen. Nur gut informiert kann der Rechercheur mit Experten auf derselben Augenhöhe diskutieren, nur dann können die richtigen Fragen gestellt werden, nur dann kommen interessante Interviews zustande.

Der nächste Schritt aber war langwierig und schwierig: Wie bekommt man Insiderinformationen aus einem Konzern, in dem man niemanden kennt? Zunächst diskutierte ich mit mir bekannten Wirtschaftsprüfern, Steuerberatern und Börsenexperten. Die Gespräche brachten einen Hinweis auf eine erste wichtige Person in dieser Geschichte. Aktionärsschützer Ekkehard Wenger von der Universität Würzburg hatte Strafanzeige gegen die Verantwortlichen der Immobilienaffäre gestellt. Wenger hat sich einen Namen gemacht, als ihm der damalige Daimler-Benz-Aufsichtsratschef Hilmar Kopper wegen seiner kritischen Haltung 1993 zunächst das Mikrofon abstellen und ihn, als das noch nicht reichte, von Ordnern aus der Hauptversammlung tragen ließ. Wir wollten Wenger als Gesprächspartner gewinnen.

Die Interessenlagen waren klar. Wenger wollte wegen seiner Strafanzeige weitere Details zur Telekom-Immobilienaffäre erfahren. Wir suchten einen Fachmann, der für uns schwierige Details mit professoralem Sachverstand beurteilen konnte. Unsere Recherche begann mit den drei Dokumenten, auf die Wenger seine Strafanzeige aufbaute. Zugespielt wurden sie uns aber aus einer anderen Quelle.

Die Papiere brachten uns einen ganzen Schritt weiter. Es handelte sich um zwei interne Papiere der DeTe-Immobilien und ein internes Telekom-Schreiben an den Finanzvorstand des Konzerns, Joachim Kröske. All diese Belege enthielten Hinweise auf eine mögliche Überbewertung des Immobilienvermögens.

Zunächst also stellte sich die Frage: Sind diese Papiere echt? Welche Funktionen haben die Absender der Schreiben im Telekom-Konzern? Hinweise darauf versprachen wir uns von diversen Verbraucheranwälten, die damit begannen,

Kleinaktionäre zu werben. Doch die Juristen kannten weder die Papiere noch die
in den Papieren angesprochenen Personen.

Man muss sich das so vorstellen: Wir telefonierten tagelang mit Verbraucheranwälten, die Geschädigte, neue Mandanten und das große Geld witterten. Ein
fundiertes Fachwissen hatten auch sie damals nicht.

Es war lange kein Durchbruch in Sicht. Es gab keine Recherche-Erfolge, die
man in den Redaktionssitzungen hätte vortragen können. Die Materie war zäh und
zudem kompliziert. Wir standen häufig kurz davor die Recherche abzubrechen.

Währenddessen wurden täglich Berichte über die Telekom in Zeitungen,
Radio, Funk und Fernsehen präsentiert. Das waren vorwiegend unkritische Ron
Sommer-Portraits und -Interviews. Die Immobilienaffäre wurde nur sanft gestreift.
Kaum ein Journalist hatte sich damals schon mit den bilanzrechtlichen Folgen
auseinandergesetzt. Wir horchten auf, als sich einer der Anlegeranwälte meldete.
Er erzählte uns von einem Mann, der sehr informiert zu sein schien und der sich
bei ihm gemeldet habe. Er habe ihn zwar nicht ganz verstanden, aber vielleicht
könne dieser Mann uns weiterhelfen.

Basis- und Hauptrecherche

Nach diesen kryptischen Worten nahmen wir Kontakt mit dem Anrufer auf. Er
stellte sofort Bedingungen und wünschte keinen weiteren Kontakt über das Telefon. Wenn überhaupt, dann sei nur ein persönliches Treffen möglich. Für dieses
Hintergrundgespräch aber solle ich mich erst einmal bei ihm bewerben. Er kenne
mich schließlich nicht und es ginge um streng vertrauliche Details. Er forderte
meinen Lebenslauf an und überprüfte ihn in allen Einzelheiten. Als er auch einige
meiner Arbeitsproben im Internet nachgelesen hatte, gab er sein Okay und wir
verabredeten uns in einem Kölner Hotel.

Es stellte sich heraus, dass er der Telekom tatsächlich sehr nahe stand. Der
Informant hatte Zugang zu einem immens wichtigen Dokument. Im März 1998
wurde im Auftrag der Telekom-Tochter DeTe-Immobilien ein Gutachten erstellt,
an dem unter anderem auch Arthur Andersen, eine international agierende und in
Deutschland eine der größten Wirtschaftsprüfungs- und Beratungsgesellschaften,
beteiligt war. Im Ergebnis lieferte das Papier Indizien für eine Überbewertung
des Immobilienvermögens und damit äußerst peinliche Zahlen für den Telekom-
Vorstand. Im Klartext heißt das: Der Wert, den die Telekom bei einem Verkauf der
Immobilien hätte erzielen können, lag weit unter dem Wert, der in den Büchern stand.

Der damalige Finanzvorstand Joachim Kröske soll nach Bekanntwerden des
Gutachtens wütend geworden sein, so unser Informant. Kröskes Zorn habe sich
gegen den damaligen Chef der Telekom Tochter DeTe-Immobilien Frerich Görts
gerichtet, der dieses Gutachten in Auftrag gegeben habe. Das Verhältnis dieser

beiden Manager sei seit längerem zerrüttet. Görts, der für das Immobilienvermögen zuständig war, sollte, so der Insider, große Teile der Telekom-Liegenschaften
verkaufen. Doch das Meiste konnte er nicht an den Mann bringen, weil es über-
bewertet gewesen sei. Deshalb habe Görts das Gutachten in Auftrag gegeben. Der
Informant benannte weitere Schlüsselfiguren in der Immobilienaffäre. Einige davon
trafen wir in den kommenden Tagen zu Hintergrundgesprächen.

In diesem Zusammenhang möchte ich eines dieser Treffen schildern. Es soll
die Angst einiger Insider illustrieren, die abhängig von der Telekom waren. Treff-
punkt war ein Hotel in Nordrhein-Westfalen. Der Informant war übervorsichtig.
Wir unterhielten uns nur im Flüsterton und mit vielen Abkürzungen. So bekam das
Gespräch schnell absurde Züge. Wenn wir über Ron Sommer sprachen, durfte nur
ein leises „Herr S." geflüstert werden, Kröske war „Herr K." und Görts „Herr G.".

Nach zahlreichen Hintergrundgesprächen wurde schnell klar – jeder weiß
etwas, aber niemand weiß alles. Wir haben alle Informationen wie ein Puzzle
zusammengesetzt, die Interessenlagen geprüft und genauestens analysiert. Die
potenziellen Informanten mussten wir im Gegenzug von unserer Seriosität und
Glaubwürdigkeit überzeugen. Auch das Thema Informantenschutz wurde häufig
kontrovers diskutiert. Jeder Gesprächspartner hätte mit erheblichen Repressionen
rechnen müssen, wenn er aufgeflogen wäre.

Genauer darf und will ich diesen Recherche-Weg nicht beschreiben, die
Informanten haben mich darum gebeten. So aber kamen wir an weitere brisante
Dokumente, die den Verdacht der Überbewertung erhärteten. Sie belasten die
Verantwortlichen schwer. Die Staatsanwaltschaft ermittelt bis heute. Wir hatten
jetzt genügend Materialen für eine *Report*-Story gesammelt. Auch die sogenannte
Belegsicherung war erfolgreich. Wir ließen all unsere Dokumente von mindestens
zwei unabhängigen Quellen bestätigen, zum Teil hatten wir sogar drei.

Es ging jetzt vordringlich darum, mit der Schlüsselfigur, Frerich Görts, Kontakt
aufzunehmen. Ein Informant stellte uns den Kontakt her. Görts war ehemaliger
Staatssekretär im Bundespostministerium, Telekom-Vorstandsmitglied und ab
1996 Chef der Immobilientochter DeTe-Immobilien. 1998 wurde er nach Auseinandersetzungen mit Telekom-Finanzvorstand Joachim Kröske fristlos entlassen.
Wir konnten ihn für ein Interview vor der Kamera gewinnen. Seine Aussagen
waren glaubwürdig. Wir konnten fast jede seiner Aussagen mit internen Telekom-
Dokumenten belegen.

Auslöser für den Rauschmiss von Görts waren zwei Briefe, die er im Spät-
sommer 1998 schrieb. Einer war an Ron Sommer adressiert, der andere ging an
den damaligen Aufsichtsratsvorsitzenden Helmut Sihler.

Darin sprach Görts von der „Falschbewertung des Immobilienvermögens der
Deutschen Telekom AG" und stützte seine Argumentation auf einen Bericht der
Telekom-Konzernrevision aus dem Jahr 1995. Dieses Papier liegt uns vor. Es ist

ein DIN A4 Blatt, ohne Briefkopf, Datum und Absender und dessen Echtheit war deshalb sehr schwer zu überprüfen.

Unsere Recherchen ergaben: Das Dokument lag auch der Staatsanwaltschaft vor, wurde für uns von einem Informanten verifiziert und von der Telekom nie dementiert. Görts warnte in seinem Brief: „Trotz dieser substantiierten Warnungen der Konzernrevision ließ der Vorstandsbereich von Herrn Dr. Kröske die Zeit bis zum Börsengang im Herbst 1996 ungenutzt verstreichen, ohne die notwendige und vom Gesetz gebotene Korrektur der Buchwerte nach Maßgabe der tatsächlichen Verkehrswerte [...] zu korrigieren."

Die Görts-Briefe machen deutlich, dass sowohl der Aufsichtsrat als auch Ron Sommer von den Warnungen des Immobilienchefs wussten. Fehler in den Telekom-Bilanzen wurden möglicherweise bewusst unter der Decke gehalten. Deshalb mussten wir die entscheidenden Abschlussbilanzen der Jahre 1994 und 1995 intensiv studieren. Resümierend war es ein großer Vorteil, dass zwei Autoren an der Telekom-Story arbeiteten. So konnten wir über die komplexen Vorgänge der wundersamen Geldvermehrung und deren bilanzielle Auswirkungen tagelang intensiv diskutieren.

Auswertung und Umsetzung

Ekkehard Wenger stand für ein Interview zur Verfügung und lieferte ein wichtiges Statement: „Man wollte dem Aktionär durch ein optisch besseres Bilanzbild mehr Geld aus der Tasche ziehen", so Wenger wörtlich. Finanzvorstand Karl-Gerhard Eick musste im Interview einräumen, dass die Telekom ihr Immobilienvermögen möglicherweise noch weiter abwerten muss. Der damalige DeTe-Immobilien-Chef Görts sah damals einen weiteren Abschreibungsbedarf von vier bis sechs Milliarden Mark aus den ihm bekannten Zahlen. Das sagte er auch vor der Kamera.

Das waren die News, über die *Report Mainz* am 21. März 2001 berichtete. Zuvor haben wir die Presseagenturen mit einer Vorabmeldung beliefert. Wir produzierten Berichte für *Tagesschau* und *Tagesthemen*. Später wurden wir in fast allen Zeitungen zitiert. – Zum Stichwort Kontrollsicherung: Nach der redaktionellen folgte auch eine juristische Abnahme des Berichts durch den SWR-Justiziar.

Follow up eins

Nach dieser *Report Mainz*-Story gab es viele Reaktionen, die das Spektrum der Recherche erweiterten. Es ist wichtig, diese Informationen und Hinweise ernst zu nehmen. Oftmals lässt sich die Geschichte fortsetzen, wie in diesem Fall. So kamen wir mit dem Grandseigneur des Bilanzrechts, Professor Wilhelm Strobel von der Universität Hamburg, in Kontakt. Strobel ist heute 72 Jahre alt und seit einigen Jahren emeritiert. Seine Erfahrungen und Einschätzungen haben unsere Recherchen immer wieder vorangetrieben. So wagten wir uns auch an komplizierte bilanzrechtliche Fragen – die Geburtsfehler in der Telekom-Bilanz. Auch unsere bisherigen Informanten waren von unserer Arbeit überzeugt. Deshalb war eine weitere vertrauensvolle Zusammenarbeit möglich.

Die zweite Story deckte neue Details der Immobilienaffäre auf und griff erstmals die Wirtschaftsprüfer an, gegen die die Bonner Staatsanwälte auch ermitteln. Unser Bericht wurde einen Tag vor der Telekom-Hauptversammlung 2001 ausgestrahlt. Telekom-Chef Ron Sommer und sein Kassenwart Karl-Gerhard Eick mussten vor aufgebrachten Kleinaktionären lange zur Telekom-Immobilienaffäre Stellung nehmen.

Beide waren sichtlich nervös und verlasen vorgefertigte Antwortentwürfe. Die *Report Mainz*-Recherchen blieben bis heute undementiert. Es ging um ungeklärte 3,9 Milliarden Mark in der Telekom-Bilanz und ein vernichtendes Urteil des Bilanzexperten. So erklärte Professor Strobel von der Universität Hamburg im *Report*-Interview: „Wenn die Eröffnungsbilanz um vier Milliarden Mark überzogen ist, dann hätte die Firma niemals mit dieser Bilanz an die Börse gehen dürfen. Ganz einfach."

Follow up zwei

Im Juni 2002 beschäftigte sich *Report Mainz* erstmals mit den Folgen des dramatischen Kurssturzes der T-Aktie. Im Bericht zeigten wir, dass in den nächsten Jahren im Bundeshaushalt ein dreistelliges Milliardenloch klaffen wird. Bezogen auf die nächsten 30 Jahre fehlen Hans Eichel rund 100 Milliarden Euro. Diese Zahlen sind nicht aus der Luft gegriffen, sie stammen vom Bundesrechnungshof.

Ursache der fehlenden Milliarden sind die Pensionen von früheren Beamten der Post, der Postbank und der Telekom. Diese zahlt zum größten Teil der Bund, und zwar aus dem Erlös von Telekom- und Postaktien – so war es jedenfalls geplant. Doch mit dem Preisverfall der T-Aktie ist die Finanzierung der Beamtenpensionen nicht mehr gesichert, bald muss wohl der Steuerzahler hierfür einstehen. Der Geldstrom aus weiteren Aktienverkäufen wäre derzeit nur ein Rinnsal.

Auf die Idee zu dieser Geschichte brachten uns Informanten aus den ersten Telekom-Stories, zu denen nach wie vor ein enges Vertrauensverhältnis besteht. Zahlen und Fakten waren schnell zusammengetragen. Von vielen namhaften Wissenschaftlern bekamen wir aber leider Interviewabsagen. Das lag einerseits daran, dass sich die Experten nicht in die Problematik einarbeiten konnten oder wollten und andererseits an der Größenordnung des Haushaltslochs.

Wir konnten Professor Bernd Raffelhüschen, den Finanzexperten der Universität Freiburg, überzeugen sich mit der Materie intensiv zu beschäftigen. Er nahm sich die Zeit, all unsere Recherchen durchzuarbeiten und zu beurteilen. Schließlich kam er zu fundierten Statements, die Aufsehen erregten. Nach langer Überzeugungsarbeit war schließlich auch ein Sprecher des Bundesrechnungshofes bereit, vor die Kamera zu treten.

Follow up drei

Im *Report Mainz*-Bericht vom Februar 2003 stellten wir die Frage nach einem Emissionsbetrug beim dritten Börsengang der Telekom. Wir fanden heraus, dass Telekom und Finanzministerium milliardenschwere Risiken damals verschwiegen und die Aktionäre womöglich getäuscht hatten. Diese Story machte mehrere Wochen Schlagzeilen in allen relevanten Tageszeitungen, in Funk und Fernsehen.

Doch der Reihe nach: Immer wieder, auch abends oder an Wochenenden, telefonierten oder trafen wir uns mit unseren Informanten. Irgendwann kam das Gespräch auf Papiere, die der ehemalige Telekom-Finanzvorstand Joachim Kröske verfasst hatte. Erst Monate nachdem wir davon hörten, wurden sie uns zugespielt. Besonders brisant war ein „Brandbrief", den Kröske im September 1999 an den Telekom-Gesamtvorstand schrieb.

Seit seinem Ausscheiden hatte Kröske keine Interviews mehr gegeben, jetzt wollten wir ihn mit unseren Recherchen konfrontieren. Nach seiner Landung am Flughafen Hamburg sprachen wir den Telekom-Manager an und zeigten ihm Teile unserer Recherche. Tage später erklärte er sich bereit, mit uns zu reden.

Kröske bestätigte unsere Recherchen – alle uns vorliegenden Dokumente habe er selbst geschrieben. Der Manager erzählte weiter, dass das Unternehmen 1999 am Scheideweg stand. Zwei Optionen standen damals offen. Sollte das Unternehmen Sommers riskanten Expansionskurs vorantreiben oder sollte der Kurs der Aktie auf eine solide Finanzbasis gestellt werden? Der frühere Finanzvorstand warnte insbesondere vor überteuerten Firmenkäufen. Bei der damals anstehenden Übernahme des britischen Mobilfunkbetreibers One2One (heute: T-Mobile UK) hätten fragwürdige Bewertungsmethoden zu einem überhöhten Kaufpreis geführt. Kröske warnte in seinem „Brandbrief" an den Gesamtvorstand vor einem – so wörtlich – „Kapitalmarktspiel", das letztlich zu Börsenkursen der T-Aktie führte, die mit solidem Finanzgebaren nicht darstellbar gewesen seien. Im Interview erklärte Kröske wörtlich: „Die Käufe von Unternehmen allein auf Rechnung und Risiko der Telekom waren für mich ein Schritt weg von der Volksaktie und das Eingehen einer neuen Risikoklasse für die T-Aktie." Über diese Frage kam es zum Bruch zwischen Kröske und seinen Chef Ron Sommer.

Mit diesen Informationen gingen wir auf die Suche nach einem kompetenten Börsenexperten. Professor Wolfgang Gerke von der Universität Erlangen-Nürnberg nahm sich einen ganzen Sonntagnachmittag Zeit, um unsere Unterlagen zu studieren. Im Gespräch kamen wir schnell auf den Kern der Geschichte: Mit der dritten Emissionsrunde der Telekom im Juni 2000 kassierte das Finanzministerium, also Hans Eichel, über die bundeseigene Kreditanstalt für Wiederaufbau (KfW) mehr als 15 Milliarden Euro. Im Klartext: Eichel verkaufte Aktien aus dem Besitz des Bundes vor allem an Kleinanleger gerade noch rechtzeitig. Die T-Aktie kostete damals noch über 60 Euro. Im Interview stufte Gerke die *Report Mainz* vorliegenden Unterlagen, insbesondere den Kröske-„Brandbrief", als hoch brisant ein.

Gerke wörtlich: „Bei den Informationen, die der Bund damals indirekt oder direkt über Dr. Kröske bekommen hat, hätte er die dritte Emission der Deutschen Telekom so nicht durchführen dürfen. Er hätte sie stoppen müssen oder zu anderen Konditionen durchführen müssen. So hat er die Anleger abgezockt. Die Anleger, die hier aufgefordert wurden, Aktien zu zeichnen, sind über die Lage des Unternehmens damals nicht aufgeklärt worden. [...] Wenn die Daten, wie sie Dr. Kröske damals dargestellt hat, stimmig sind, war es in meinen Augen Emissionsbetrug." Gerkes kritische Aussagen sind politischer Sprengstoff. Der Wissenschaftler ist auch Mitglied der Börsensachverständigenkommission, die das Finanzministerium berät.

Mit diesen Recherche-Ergebnissen haben wir die Telekom und das Finanzministerium konfrontiert. Beide verweigerten ein Interview vor der Kamera, antworteten aber schriftlich. Das Finanzministerium bestritt, damals von Kröskes „Brandbrief" gewusst zu haben. „Die interne Kommunikation des Vorstands der Deutschen Telekom AG ist dem Bund nicht bekannt", so das Finanzministerium wörtlich. Die Deutsche Telekom hingegen räumte ein, dass sich der Vorstand mit dem Kröske-Brief beschäftigt habe. Dem Aufsichtsrat sei dann eine geänderte Planung vorgelegt worden. Im Aufsichtsgremium saß damals auch ein Staatssekretär des Finanzministeriums und der Chef der bundeseigenen Kreditanstalt für Wiederaufbau. Mit all unseren Erkenntnissen verfassten wir eine Pressemitteilung und gingen damit am Vormittag des geplanten Sendetages an die Agenturen.

Am gleichen Tag meldete AFP um 18:06 Uhr: „Bundesregierung weist Vorwürfe zu Telekom-Börsengang zurück". „Wir hatten keine Kenntnis dieses Briefes oder irgendwelcher Detailregelungen", sagte der Sprecher des Bundesfinanzministeriums gegenüber AFP. Über das Schreiben sei nur im Vorstand, nicht aber im Aufsichtsrat beraten worden.

Kurz nach Veröffentlichung der AFP-Meldung entschlossen wir uns, den Beitrag auf die nächste Sendung zu verschieben. Diese Entscheidung war vollkommen richtig, als Autor und Rechercheur habe ich sie mitgetragen. Was wusste der Aufsichtsrat damals wirklich? Wir mussten in diesem Punkt nochmals nachlegen und ich wusste schon damals, wir würden Beweise dafür finden, dass der Aufsichtsrat von den Warnungen Kröskes wusste. Schon am nächsten Morgen ging

die Recherche weiter. Sie war schwieriger als erwartet, aber schon wenige Tage
später erfolgreich. Eine Aufsichtsratsvorlage brachte den Beweis. Ein Informant
spielte uns den Beschlussantrag für die Telekom-Aufsichtsratssitzung im Spät-
sommer 1999 in Budapest zu.

In dem vertraulichen Dokument ging es um den Kauf der britischen Mobil-
funkfirma One2One. Ron Sommer hatte im sogenannten „Modell A" einen Kaufpreis von rund zehn Milliarden Euro veranschlagt, Joachim Kröske dagegen hielt
im „Modell B" nur fünf Milliarden für angemessen. Beide Varianten stehen in
diesem Papier. Aber es war Ron Sommer, der sich im Aufsichtsrat durchsetzte.
One2One wurde für überteuerte zehn Milliarden Euro gekauft. Vom Kaufpreis
musste die Telekom inzwischen schon mehrere Milliarden Euro abwerten. Kröske
behielt mit seinen Warnungen also größtenteils recht.

Die Telekom wiegelte wieder einmal schriftlich ab. Der Vorstand habe vor
dem Aufsichtsrat stets „eine einheitliche Auffassung" vertreten, hieß es auf unsere
Anfrage lapidar. Dieser Behauptung aber widersprach Kröske vehement. „Dem
Aufsichtsrat war bekannt, dass es unterschiedliche Auffassungen über One2One
gibt. Und der Aufsichtsrat ist dem Vorstandsvorsitzenden gefolgt und nicht dem
Finanzvorstand", so Kröske wörtlich.

Im Aufsichtsrat der Telekom saßen, wie schon erwähnt, auch Vertreter des
Bundes. Was mussten sie dem Finanzministerium berichten? Das wollten wir erneut
wissen. Weder Minister Eichel, noch ein Staatssekretär, nicht einmal ein Sprecher
standen für ein Interview zur Verfügung. Das Ministerium verwies lediglich auf
eine angebliche Pflicht zur Verschwiegenheit aller Aufsichtsratsmitglieder.

Eine Rechtsauffassung, die renommierte Wirtschaftsrechtler nicht teilen. Wir
fragten bei Professor Markus Lutter vom Zentrum für europäisches Wirtschafts-
recht in Bonn nach. Seiner Auffassung folgend wussten die beiden Vertreter über
das Problem genauestens Bescheid. „Und sie sind verpflichtet und nach dem
Aktiengesetz sogar ausdrücklich ermächtigt, ihren Vorgesetzten, und das ist der
Minister, über so wesentliche Differenzen im Vorstand der Telekom genauestens
zu informieren."

Reaktionen

Die Geschichte hatte ein gewaltiges Medienecho. Hilfreich war eine Vorab-Veröf-
fentlichung von Professor Wolfgang Gerke in der *Frankfurter Allgemeine Zeitung*.
In der Rubrik „Standpunkte" erläuterte er am Sendetag nochmals eindringlich
seine Einschätzung und begründete den Verdacht des Emissionsbetruges. Auch
Bild berichtete unter Verweis auf *Report Mainz*.

Schon am Sendetag sank der Kurs der T-Aktie um über fünf Prozent, wenig
später sogar unter die zehn Euro-Marke. Am nächsten Tag legte die Bundesregie-

rung einen Zehn-Punkte-Katalog vor, um den Schutz der Anleger nach den vielen Börsenskandalen der letzten Jahre zu verbessern. Auf derselben Pressekonferenz musste Bundesfinanzminister Hans Eichel aber auch zur Telekom-Affäre Stellung beziehen. Laut der *Berliner Zeitung* wies er die Vorwürfe zurück, Käufer von Aktien *absichtlich* über die wahre Lage des Unternehmens getäuscht zu haben, um möglichst viel Geld herauszuschlagen. Die Telekom beteuerte, in den Börsenprospekt sei alles eingeflossen, was damals Wissensstand gewesen sei.

Ob die neuen Vorwürfe gegen die Telekom und den Bund strafrechtliche Konsequenzen haben, ist noch offen. Bei der Bonner Staatsanwaltschaft gingen in den folgenden Tagen jedenfalls zahlreiche Strafanzeigen gegen die Deutsche Telekom und die Bundesrepublik Deutschland ein. Anlegeranwälte haben seit dem *Report Mainz*-Bericht Hochkonjunktur. Sie bekommen täglich neue Mandanten und prüfen eine Prospekthaftungsklage. Wir werden weiter recherchieren.

Trainingsvorschlag
Lassen Sie die Trainingsteilnehmer in einer Textanalyse die Geschichte durcharbeiten. Stellen Sie Fragen und Aufgaben, die den Transfer ermöglichen:

- Was waren die entscheidenden Stationen, Quellen und Informanten der Telekom-Recherche?
- Wo hätte man anders agieren können? In welcher Art und Weise?
- Welche Erkenntnisse lassen sich auf die eigene Recherche-Praxis übertragen?
- Welche Informationen müssen im Rechercheprotokoll aufgeführt sein? (vgl. Rinsdorf/Wellmann in diesem Band)

2.9 Das Recherche-Protokoll – mehr als eine lästige Pflicht
– Arbeitsinstrument für Informationsbeschaffer und Bestandteil fundierter Rechercheausbildung

von Lars Rinsdorf und Falk Wellmann

Wer in Recherche-Seminaren auf Recherche-Protokolle zu sprechen kommt, erntet in der Regel skeptische Blicke. „Wozu braucht man das in der Praxis? In meiner Redaktion hab ich so was noch nie gesehen!" Das sind typische Reaktionen von Volontären und Studierenden. Denn sie werden in einem Umfeld beruflich sozialisiert, in dem systematisches Arbeiten nach wie vor oft als der natürliche Feind der Kreativität gilt. Man ist gern ein hartnäckiger *muckraker* oder ein genialer Schreiber – aber eben kein schnöder Pedant, der seine Informationen sorgsam sammelt und ordnet.

Vielleicht ist der Name schuld daran, dass das Recherche-Protokoll in der Diskussion um die Recherche eher ein Mauerblümchendasein fristet. Protokoll erinnert an verrauchte Hinterzimmer und trockene, nichtssagende Vereinsbeschlüsse, die später niemanden mehr interessieren. Selbst in der Fachliteratur wird das Recherche-Protokoll wenig berücksichtigt. Wohl geht man selbstverständlich davon aus, dass die Ergebnisse einer Recherche in einen journalistischen Beitrag münden. Diese Veröffentlichung – so könnte man meinen – macht das Protokoll überflüssig.

Wer so denkt, unterschätzt es. Als Instrument zur Dokumentation und Strukturierung der eigenen Arbeit spielt es eine Schlüsselrolle in der Recherche. Es zeigt Widersprüche und Lücken in den eigenen Informationen auf und hält Zwischen-und Schlussergebnisse fest, die sich aus der Gesamtheit der recherchierten Informationen ergeben. Allein deshalb ist es wichtig angehenden Rechercheuren zu vermitteln, worauf es bei einem Protokoll ankommt.

Es ist aber noch aus einem anderen Grund zentraler Bestandteil eines methodisch-systematisch angelegten Recherchetrainings. Am seinem Beispiel lässt sich besonders gut deutlich machen, was eine journalistische Recherche ausmacht: Das systematische, zielgerichtete Sammeln und Einordnen von Informationen zu einem Thema von öffentlichem Interesse. Im journalistischen Alltag mag manchmal die Zeit, die Motivation oder auch die dringende Notwendigkeit fehlen, die eigene Arbeit zu dokumentieren. In der Ausbildung aber sollte man lernen, wie man systematisch Daten zusammenträgt, um das Prinzip zu verinnerlichen. Nur wer weiß, wie sinnvoll ein systematisches Protokoll sein kann, kommt auf die Idee seine Möglichkeiten zu nutzen. In der Praxis kann jeder dann entscheiden, in welchem Umfang er das Protokoll für seine Zwecke abspeckt.

In den folgenden Abschnitten stellen wir vor, worauf es bei Recherche-Protokollen ankommt, und skizzieren, mit welchen Methoden man das Protokollieren journalistischer Recherchen trainiert.

Funktionen eines Recherche-Protokolls

Ein Recherche-Protokoll erfüllt drei wichtige Funktionen:

- Es strukturiert die Recherche.
- Es dokumentiert Recherche-Wege und -Ergebnisse.
- Es bereitet Recherche-Ergebnisse so auf, dass man sie in journalistischen Produkten verwerten kann.

Strukturierung der Recherche
Ein gut geführtes Protokoll hilft Journalisten, ihre Recherche-Ziele im Auge zu behalten. Wer kontinuierlich seine Ergebnisse festhält, weiß immer, welche Aufgaben er schon gelöst hat und welche nicht. Wurden wichtige Dokumente bereits ausgewertet? Fehlen noch Quellen zu einem zentralen Bestandteil der Recherche-Hypothese? Diese Lücken sind schneller mit zusammengeführten Informationen zu entdecken, als wenn man diese auf viele verschiedene Notizblöcke verteilt lässt.

In Recherche-Teams sorgt das Protokoll dafür, dass alle Beteiligten jederzeit den Überblick darüber behalten, welche Informationen bereits vorliegen und welche Quellen wie bearbeitet worden sind. Das hilft, unnötige – und in manchen Fällen sogar kontraproduktive – Mehrarbeit zu vermeiden.

Der Rechercheur fasst die Ergebnisse von Interviews, Quellenstudien und Ausflügen ins Internet sofort danach für das Protokoll zusammen. Der positive Nebeneffekt: Man denkt nahezu zwangsläufig darüber nach, was die zentralen Erträge einzelner Recherche-Schritte sind, wenn man die Ergebnisse auf das Wesentliche reduzieren muss. Und der Rechercheur erkennt unter Umständen frühzeitig, dass er eine Quelle nicht vollständig ausgeschöpft hat oder die Aussagen im Widerspruch zu einer anderen Quelle stehen.

Die größte Strukturierungsleistung besteht in der Vernetzung der Einzelergebnisse. Das Protokoll sichert nicht nur die Ergebnisse aufwändiger Recherche-Schritte, sondern auch die geistige Arbeit, die man investiert, um die vielen Mosaiksteine, die man in einer Recherche zu Tage fördert, zu einem stimmigen Ganzen zusammenzufügen. Das Protokoll ist nicht der Schlusspunkt der Recherche, sondern wächst mit ihr! So ist es zu jedem Zeitpunkt möglich, die Zwischenergebnisse in ihrer Gesamtheit zu betrachten und neue Ideen zu gewinnen. Insofern stößt ein Protokoll auch kreative Denkprozesse an.

Dokumentation von Recherche-Wegen und -Ergebnissen
Das Protokoll ist auch ein wichtiger Bestandteil der Qualitätssicherung. Denn nur wenn sorgfältig dokumentiert wird, welche Informationen auf welchen Wegen erhoben wurden, können Dokumentare, Journalisten und (im schlimmsten Fall) Juristen die Recherche nachvollziehen und überprüfen. Das macht die Recherche so transparent, dass Dritte die Richtigkeit und Relevanz der Ergebnisse einschätzen können, ohne selbst noch einmal tief in die Nachforschungen einsteigen zu müssen.

Das Protokoll sichert aber auch Wissen für den Rechercheur selbst. Wenn er das Thema erneut aufgreift, kann er sich entlang des Protokolls wieder in das Thema einarbeiten, und zwar inhaltlich und organisatorisch. Er kann ertragreiche Quellen mit Priorität behandeln und erspart sich die Mühe noch einmal in Sackgassen zu geraten.

Aufbereitung von Ergebnissen für die journalistische Verwertung
Journalistische Beiträge einerseits und Rechercheprotokolle andererseits erfüllen zwei vollständig unterschiedliche Aufgaben. In einem Beitrag geht es darum, die relevanten Recherche-Ergebnisse publikumsorientiert und mediengerecht aufzubereiten. Man beschränkt sich bewusst auf die zentralen Fakten, die wichtigsten Gesprächspartner und die überzeugendsten Belege. Man verzichtet absichtlich auf unspektakuläre Befunde oder Detailinformationen, die zwar die Recherche-Hypothese stützen, aber die Zuschauer oder Leser nicht wirklich interessieren. Das Protokoll bereitet dagegen die Recherche in ihrer gesamten Breite auf, und damit alle Informationen, die im Zusammenhang mit der Informationsbeschaffung von Bedeutung sind.

Dennoch müssen auch diese Dokumentationen zielgruppenorientiert verfasst werden und sich an den Wünschen derjenigen orientieren, die daraus später einen Bericht, eine Meldung oder einen Film machen wollen. Das kann, muss aber nicht derjenige sein, der die Geschichte recherchiert hat. Gute Rechercheprotokolle heben einerseits Informationen hervor, die unter journalistischen Gesichtspunkten besonders interessant sind, und bieten andererseits Serviceleistungen für Autoren, die verständliche und attraktive Beiträge aus dem Material erstellen: Dazu gehören z. B. Hinweise auf besonders aussagekräftige Zitate von Gesprächspartnern oder auf Einzelfälle, an denen sich das betreffende Phänomen besonders anschaulich erklären lässt.

Anforderungen an Rechercheprotokolle

Aus den Funktionen der Recherche lassen sich einige zentrale Anforderungen ableiten, die ein Recherche-Protokoll erfüllen muss. Wie diese erfüllt werden, hängt sehr vom konkreten Thema und vom persönlichen Arbeitsstil ab. Dies ist aber keine Einladung zur Beliebigkeit. Denn ob das eigene System funktioniert, lässt sich an folgenden Kriterien messen:

Reduktion von Information
Rechercheprotokolle konzentrieren sich auf das Wesentliche. Sie filtern aus der Vielzahl von Einzelbefunden diejenigen Daten, Fakten und Einschätzungen heraus, die für die Recherche-Frage von Bedeutung sind. Deshalb reicht es nicht aus, Dossiers und Transskripte einfach aneinanderzufügen. Gefragt sind prägnante Zusammenfassungen der zentralen Befunde.

Um es klar zu sagen: Rechercheprotokolle komprimieren nicht Informationen, sondern reduzieren sie. Es geht z. B. nicht nur darum, die ausschweifenden Antworten eines redseligen Informanten in Stichworten zuzuspitzen, sondern darum, alle Antworten, die mit dem Thema nichts zu tun haben, erst gar nicht zusammenzufassen.

Reduktion findet dabei auf unterschiedlichen Ebenen statt: Schon zu jedem Gesprächsprotokoll gehört eine knappe Zusammenfassung. Im ausführlichen Protokoll werden identische Informationen aus unterschiedlichen Quellen zusammengeführt und Redundanzen beseitigt. Die Kurzzusammenfassung konzentriert sich wiederum auf die wichtigsten Befunde.

Diese systematische Reduktion dient zwei Zielen: der Arbeitseffizienz und der gedanklichen Durchdringung des Recherche-Themas. Unter dem Zeitdruck, unter dem Journalisten in der Regel arbeiten, freuen sich alle Beteiligten über jede Zeile Text, die sie nicht lesen müssen. Gedanklich lässt sich ein Thema viel besser erfassen, wenn man sich auf zentrale Muster konzentrieren kann und nicht vom ‚Rauschen‘ irrelevanter Informationen irritiert wird. Das kann in manchen Fällen sogar heißen, ganz auf Text zu verzichten und komplexe Zusammenhänge zu visualisieren.

Nachvollziehbare Gliederung entlang der Recherche-Fragen
Das Recherche-Protokoll muss leicht verständlich sein. Dazu gehören geläufige Wörter, einfache Sätze und kurze Formulierungen. Am wichtigsten ist aber eine nachvollziehbare Gliederung, die den Lesern die Recherche-Ergebnisse in einer Reihenfolge anbietet, in der man sie sinnvoll verarbeiten kann.

Das Protokoll sollte entlang der Recherche-Fragen, nicht entlang der Quellen gegliedert werden. Nur so lässt sich auf einen Blick erkennen, wie weit man an welchen Stellen mit der Recherche gekommen ist, wo verschiedene Quellen ähnliche Informationen liefern und wo sich Quellen widersprechen. An diesem Punkt machen Anfänger erfahrungsgemäß besonders häufig Fehler. Die Folge: Wer sich stark an den Quellen orientiert, übersieht häufig Lücken und Widersprüche, aber auch überraschende Einsichten, die sich erst aus der gemeinsamen Betrachtung der Quellen ergeben. Dagegen ist ein entlang der Quellen gegliedertes Protokoll oft ein Indiz dafür, dass ein wichtiger Recherche-Schritt noch nicht ausreichend geleistet worden ist: nämlich die Einordnung von Informationen.

Eine gute Gliederung gibt dem Leser stets einen Überblick über die Recherche – unabhängig davon, ob er das Protokoll nur überfliegt oder ob er es intensiv durcharbeitet. Deshalb bietet es sich an, mit optischen Gliederungsmitteln wie Zwischenüberschriften, Unterstreichungen, Fettungen oder Verweisen zu arbeiten, die wichtige Informationen hervorheben.

Durch die Gliederung lassen sich die unterschiedlichen Ebenen sinnvoll miteinander vernetzen:

- Kurzzusammenfassung,
- ausführliches Protokoll,
- Zusammenfassungen einzelner Quellen
- und die Originaldokumente wie z. B. Gesprächsnotizen.

Die Ebenen unterliegen einem streng hierarchischen System. Die untergeordnete Ebene liefert die Belege für die Aussagen auf der jeweils höheren Ebene, die durch Verweise miteinander verknüpft werden. So entstehen Verweisketten, an denen entlang man an jedem Punkt der Recherche so tief wie nötig in das Material einsteigen kann. Wer seine Recherchen elektronisch protokolliert, kann dabei auf alle Möglichkeiten der Vernetzung zurückgreifen, die moderne Software bietet.

Quellentransparenz
Quellentransparenz ist ein wesentliches Qualitätsmerkmal jeder Recherche. Das Protokoll muss daher sehr sorgfältig dokumentieren, welche Informationen aus welchen Quellen stammen. Nur so lässt sich überprüfen, wie stabil das Fundament ist, auf dem die zentralen Ergebnisse ruhen. Für das Protokoll gelten zwei einfache Regeln: Keine Aussage ohne Beleg und alle Belege zu einer Aussage.

Dies bedeutet selbstverständlich nicht, dass man die Quellen immer ausführlich zitieren muss. Vielmehr kommt es darauf an, klar und eindeutig auf die Quellen zu verweisen, auf die man seine Aussagen stützt.

Quellentransparenz bedeutet außerdem, dass man jederzeit in der Lage sein muss, die Aussagen des Protokolls mit den Originalquellen zu vergleichen. Dies setzt voraus, dass im Protokoll vermerkt ist, wie man an Originaldokumente herankommt, sofern sie nicht ohnehin dem Protokoll beiliegen, und wie man die Gesprächspartner erreichen kann, die für die Recherche eine Rolle spielen.

Quellenbewertung
Jede recherchierte Information ist nur so wertvoll wie ihre Quelle. Auch im Protokoll muss daher vermerkt werden, wie man eine Quelle einschätzt – entlang gängiger Kriterien wie etwa Zuverlässigkeit, Glaubwürdigkeit, Fachkompetenz, Status oder Interessengebundenheit. Das Protokoll zwingt den Rechercheur dazu, diesen wichtigen Schritt der Qualitätssicherung umzusetzen. Wichtig bleibt die Informationen und die Quellenbewertung miteinander zu vernetzen, damit an jeder Stelle des Protokolls alle relevanten Daten vorliegen, um die Recherche-Ergebnisse einschätzen zu können. Wie man dies in der Praxis umsetzt, ist eine Frage des persönlichen Stils. Eine Möglichkeit ist, den Quellen im Text je nach Qualität der Quelle andere Farben zuzuordnen (z. B. von grün = sehr sicher bis rot = zweifelhaft).

Dokumentation von Schwächen
Es liegt im ureigenen Interesse von Rechercheuren, auch ihre Schwächen im Auge zu behalten. Dank des Protokolls wissen sie, an welchen Stellen sie weiterrecherchieren müssen und welche Risiken sie in Kauf nehmen, wenn sie Zwischenergebnisse veröffentlichen, ohne die Schwachstellen endgültig geklärt zu haben. Zu den wichtigsten Mängeln, die sich zudem sehr einfach dokumentieren lassen, gehören Fakten, zu denen es keinen Doublecheck gibt, ebenso wie widersprüchliche Informationen und Aspekte des Themas, zu denen lediglich Aussagen unglaubwürdiger oder parteilicher Quellen vorliegen.

Datenschutz und Sicherheit
Recherche-Protokolle enthalten oft kostbare und sensible Daten, die sorgfältig geschützt werden müssen. Back-ups sollten auch bei wenig brisanten Recherchen selbstverständlich sein. Ebenso müssen Quellen, die nicht zitiert werden wollen, klar gekennzeichnet sein. Bei investigativen Recherchen kommt es zusätzlich darauf an zu verhindern, dass Akteure und Institutionen, über die man recherchiert, aber auch Polizei und Staatsanwaltschaft auf die Ergebnisse zugreifen können. Wichtige Fragen sind hier: Wo bewahre ich Recherche-Material auf? Auf welchen Rechnern speichere ich Informationen? Wie lassen sich Informationen verschlüsseln? Dabei sollte man allerdings immer im Auge behalten, dass Datensicherheit oft auf Kosten der Arbeitseffizienz geht.

Vernetzung mit dem Redaktionsarchiv
Zu allen bislang diskutierten Anforderungen an ein Rechercheprotokoll kommt noch die wichtige Vernetzung mit dem Archiv, um so das Wissen aus der Recherche für die Redaktion oder das eigene Handarchiv zu erhalten.

Auf der inhaltlichen Ebene sind das vor allem Ideen für Folgerecherchen. Auf der strukturellen Ebene lohnt es sich, Gesprächspartner und andere wertvolle Quellen zu dokumentieren, die einem bei weiteren Recherchen nützlich sein können. Wichtig für die Informantendatei sind Kontaktinformationen, Aussagen zur Fachkompetenz der Quelle und zum Aufwand, der nötig ist, um diese Quelle auszuschöpfen. Ideal – aber nicht immer umsetzbar – ist hier eine gemeinsame Quellendatei, die von der gesamten Redaktion genutzt wird.

Ob es sich lohnt, neben dem Protokoll auch einzelne Inhalte der Recherche zu archivieren, hängt vor allem von der Halbwertszeit der recherchierten Themen ab. Nur wenn das Thema noch über einen längeren Zeitraum die Agenda bestimmen wird (etwa bei Großprojekten wie dem Ausbau eines Flughafens), kann es sich auszahlen die Informationen aus dem Protokoll in irgendeiner Form ins Redaktionsarchiv einzuarbeiten.

Wer sich dafür entscheidet Recherche-Ergebnisse zu dokumentieren, muss ein effizientes System von Schlagworten entwickeln, damit die Dokumentation tatsächlich nebenbei erledigt werden kann. Ebenso wichtig ist ein System, auf das man einfach zugreifen kann. Sonst nutzen die Informationen im redaktionellen Alltag kaum jemandem. Parallelstrukturen zwischen eigenem Handarchiv und dem Redaktionsarchiv sollten dabei vermieden werden.

Zudem muss man ein Recherche-Archiv pflegen. Wer dafür keine Ressourcen bereitstellen kann oder will, sollte von einem vernetzen Archiv von vornherein Abstand nehmen und die Einzelrecherchen archivieren, um sie zur Not – etwa in einer presserechtlichen Auseinandersetzung – dokumentieren zu können.

Protokollieren lernen – Trainingsvorschläge

In der Recherche-Ausbildung lässt sich das Protokoll zunächst als Trainingsinstrument einsetzen: Wer seine Arbeit von der Recherche-Frage über die Quellendokumentation bis zur Vernetzung der Fakten immer wieder aufschreibt, macht sich die Systematik der Schritte bewusst, die Recherche-Profis schon in Fleisch und Blut übergegangen ist. Anfängern bietet das Protokoll Anreize, über Methoden und Ertrag der eigenen Recherche nachzudenken, Stärken und Schwächen zu entdecken und daraus zu lernen.

Das Recherche-Protokoll ist eine hoch spezialisierte Textform. Wer die Ergebnisse seiner Recherche zusammenfassen will, braucht dazu einige Basiskompetenzen, die allerdings um recherchespezifische Fähigkeiten ergänzt werden müssen. Zu den Basiskompetenzen gehören Grundlagenkenntnisse des wissenschaftlichen Arbeitens, denn bei der hypothesengeleiteten, systematischen Verarbeitung von Informationen gibt es große Parallelen zwischen der wissenschaftlichen Arbeit und der journalistischen Recherche. Wer gute Recherche-Protokolle schreiben will, sollte zudem verständlich texten und kreativ visualisieren können.

Auf diesen Voraussetzungen bauen die folgenden Trainingsschritte auf, die alle ein Ziel haben: Sie sollen die Teilnehmer dafür sensibilisieren, wie wichtig und hilfreich es ist, Recherche-Ergebnisse systematisch festzuhalten.

Das Protokoll als Arbeitsinstrument
Im Recherchetraining sollten Trainer betonen, dass das Protokoll kein Abschlussbericht ist, sondern ein Arbeitsinstrument, das mit der Recherche wächst. Im Seminar sollte das Rechercheprotokoll stets präsent sein. Beispielsweise ist ein aktuelles Rechercheprotokoll die verpflichtende Grundlage für Feed-back und Beratung vom Trainer oder Spezialisten. Oder der aktuelle Zwischenstand der Recherchen wird an jedem Seminartag allen Teilnehmern vorgestellt. Der Vorteil dieser Methode: Jeder kann vom anderen lernen, wie sich recherchierte Informationen darstellen und optisch aufbereiten lassen.

Journalistisches Produkt auf der Basis eines fremden Recherche-Protokolls
Für die Schlüsselanforderungen an ein Recherche-Protokoll kann man die Seminarteilnehmer dadurch sensibilisieren, dass man sie ein journalistisches Produkt auf der Basis eines fremden Protokolls anfertigen lässt. Die Vorteile dieser Übung: Lücken im Protokoll können nicht durchs eigene Gedächtnis ausgeglichen werden. Aufgrund der Distanz ist man weniger betriebsblind und anfällig dafür Schwächen zu überspielen. Nicht zuletzt kann derjenige, der das Protokoll verfasst hat, ein sehr präzises Feed-back bekommen, an welchen Stellen man mit dem Protokoll zufrieden war und an welchen nicht.

Bedeutung von Details
„Wozu soll ich mir das alles aufschreiben? Die wichtigsten Fakten habe ich doch sowieso im Kopf!" Dieser Einwand gegen Rechercheprotokolle lässt sich durch folgende Übung entkräften: Man legt einen so langen Zeitraum zwischen Recherche und journalistische Aufbereitung, dass den Teilnehmern die Informationsbeschaffung im Detail nicht mehr präsent ist. Dies lässt sich zwar nur in langfristig angelegten Seminaren verwirklichen. Der Lerneffekt ist aber beachtlich, wenn man nach einigen Wochen aus einem Wust handschriftlicher Notizen, Kopien und Internetausdrucke zentrale Informationen herausfiltern muss.

Recherche-Team
Protokolle sind besonders sinnvoll, wenn man im Team recherchiert. Der Lerneffekt beim Verfassen solcher Dokumenationen ist deshalb auch im Training besonders hoch, wenn Teams ihre Informationen zu einem komplexeren Thema zusammentragen. Denn jeder Teilnehmer in einer solchen Gruppe steht zwangsläufig vor dem

Problem, dass er seine Ergebnisse so aufbereiten muss, dass andere seine Arbeit nachvollziehen können.

Recherche-Stafette
Noch einen Schritt weiter geht die Recherche-Stafette. Bei dieser Übung beginnen alle Teilnehmer mit einer Recherche. Gleichzeitig werden Zeitpunkte festgelegt, an denen man die Informationssuche an andere Teilnehmer übergibt. Jeder Teilnehmer muss also im Laufe des Trainings hintereinander an mehreren Themen recherchieren – und jedes wird von mehreren Personen bearbeitet. Wenn hier die Übergaben nicht klappen, gibt es Probleme – wie bei dem Spiel „stille Post". Umso größer ist der Druck, die Resultate übersichtlich für die Nachfolger aufzubereiten. Die Trainer haben bei der Stafette zwei Aufgaben: Sie müssen dafür sorgen, dass Informanten nicht übermäßig unter den Übergabeproblemen leiden, und sie müssen sicherstellen, dass alle Übergabeprobleme offen und fair diskutiert werden.

Wird das Protokoll auf diese Weise in Recherche-Seminare integriert, so ist es nicht nur eine wertvolle Strukturierungshilfe. Jedem (angehenden) Rechercheur wird klar, dass ein Protokoll keine lästige, bürokratische Pflicht ist, sondern ein wesentliches Element jeder Recherche.

Grundsätze für das Protokoll-Training

Schritt für Schritt trainieren: Wichtige Elemente des Recherche-Protokolls sollten separat geübt werden, ehe man sich ans gesamte begibt. Zu diesen Schritten gehören z. B. die Zusammenfassung einzelner Gespräche oder die Möglichkeiten der Vernetzung zwischen den unterschiedlichen Ebenen eines Protokolls. *Am konkreten Beispiel trainieren:* Das ideale Protokoll lässt sich nicht abstrakt beschreiben. Und auch die besonderen Stärken eines Protokolls werden erst erfahrbar, wenn man an einem konkreten Thema recherchiert. Dieses sollte hinreichend komplex sein, damit es in der Trainingssituation einleuchtend erscheint, ein Protokoll zu schreiben. *Freiraum für individuelle Lösungen:* Wichtig ist, dass Recherche-Protokolle die Anforderungen erfüllen, die oben erwähnt sind. Aber es gibt keine Musterlösungen, mit denen jeder Rechercheur gleich gut arbeiten kann. Deshalb ist es wichtig, dass die Teilnehmer im Training ihren eigenen Stil entwickeln können. Denn umso eher werden sie diesen Stil auch in der Praxis umsetzen. Die Aufgabe der Trainer ist es darauf zu achten, ob die individuellen Lösungen effektiv und stimmig sind.

2.10 Recherche in elektronischen Quellen
– Wider die ‚Googlisierung' bei der Informationsbeschaffung*

von Matthias Spielkamp

Die Recherche in online zugänglichen oder elektronischen Quellen gehört zu den Fähigkeiten, die Journalistinnen und Journalisten beherrschen sollten, ganz gleich, ob sie ein Spezialgebiet betreuen oder als Generalisten arbeiten. Eine Internet-Suchmaschine aufzurufen ist etwa so schwierig, wie eine Telefonnummer zu wählen. Nur kommt es erstens darauf an die richtige Nummer einzugeben, zweitens die richtigen Fragen zu stellen. Darüber hinaus wird einerseits oft kritisiert, dass sich Journalisten auf die Suche im Internet konzentrieren und andere Recherche-Wege außer Acht lassen. Andererseits ist der Frust bei denjenigen groß, die mit der elektronischen Recherche nicht gleich zum Ziel kommen.

Die Kritik an der Internet-Recherche ist zu einem Teil berechtigt, denn oft entsteht der Eindruck, dass diejenigen, die im Internet recherchieren, sich lediglich auf die sehr eingeschränkte Benutzung eines Suchwerkzeugs konzentrieren (sei es nun Google oder ein anderes). Daher glauben sie zwar nicht, dass es zu einem Thema *keine Informationen* gibt, wenn sie dazu im Internet nichts finden, aber sie haben oft den Eindruck, dass es *im Internet* nichts zu finden gibt, wenn sie es nicht auf diese sehr simple Weise entdecken. Und das ist in der Tat meist falsch.

Es ist sehr wohl möglich, systematisch – und schnell – im Internet zu recherchieren und dabei Informationen zu entdecken, die anders nur sehr schwierig zu finden sind. Nur ist es wie bei jeder anderen Recherche-Technik eine Frage der Erfahrung, wie schnell man zu Ergebnissen kommt. Diese Erfahrung kann nicht in einem zweitägigen Seminar vermittelt werden. Man kann aber schon zahlreiche Anstöße in diese Richtung geben; die Erfahrung müssen die Teilnehmer in der täglichen Arbeit machen – und vor allem machen *wollen*.

Elektronische Recherche – sinnvoll oder nicht?

Der Trainer findet sich in der paradoxen Situation wieder, die vielfältigen Möglichkeiten der elektronischen Recherche darzustellen, und damit Lust darauf machen zu wollen, diese Möglichkeiten auszuschöpfen; gleichzeitig soll er aber den Blick

---

* Die Link-Verweise stammen aus der ersten Auflage des Bandes.

dafür schärfen sie systematisch und angemessen einzusetzen – was auch bedeuten kann sie gerade nicht zu verwenden.
Ein Trainings-Beispiel: Es gilt, alle Krematorien in Berlin ausfindig zu machen. Im Netz findet man eine Liste auf einer privaten Seite, die zwar einen seriösen Eindruck macht, die man aber als Journalist nicht als Referenzinformation betrachten sollte. Eine entsprechende Liste einer Berliner Behörde im Internet zu finden ist nicht unmöglich, würde aber zumindest für unerfahrene Internet-Rechercheure sehr lange dauern. Man könnte die zuständige Senatsverwaltung anrufen und danach fragen – wenn man weiß, welche es denn sein soll, denn es ist nicht eindeutig, wer zuständig ist. Der Anruf bei einem Krematorium würde hier sicher schnell Klarheit schaffen. Dazu genügt ein Blick ins Telefonbuch – sollte man meinen. Dort findet man jedoch kein Krematorium. Im Online-Telefonbuch findet man immerhin eines, in den „gelben Seiten" online gar keines. In den „gelben Seiten" aus Papier genügt ein Blick ins Register um sekundenschnell eine Liste von drei Berliner Krematorien zu bekommen. Man kann also folgern, dass im Prinzip eine Kombination aus Online- und Telefon-Recherche hier am schnellsten zum Ziel geführt hätte.

Für versierte Journalisten, die auch souverän in elektronischen Datenquellen recherchieren, ist die Kombination verschiedener Recherche-Werkzeuge selbstverständlich. Als Trainer sollte man aber immer ein Gefühl dafür behalten, dass sich gerade Anfänger von der Faszination der Recherche im Internet so beeinflussen lassen, dass erst einmal andere, bekannte Instrumente, wie die hauseigene Zeitungsdatenbank, das Telefonbuch oder das Gespräch mit Kollegen, in den Hintergrund rücken. Beispiele helfen dabei, die Teilnehmer immer wieder darauf aufmerksam zu machen, dass die Recherche in elektronischen Datenbanken traditionelle Recherchewege nicht ersetzen, sondern ergänzen soll.

Elektronische Recherche vermitteln – Hürden und Lösungen

Aus einer Umfrage unter Online-Recherche-Trainern sowie aus eigenen Erfahrungen heraus lassen sich fünf wichtige Vermittlungsprobleme und deren Lösungsansätze formulieren:

Hürde: Unterschiedliche technische Vorkenntnisse in der Gruppe
Gerade bei einem derart technischen Thema, wie der Recherche im Internet, kommt es häufiger vor, dass die Seminarteilnehmer sehr unterschiedliche Kenntnisse mitbringen. Das kann dazu führen, dass sich die Fortgeschrittenen langweilen, so lange man auf die Unerfahrenen Rücksicht nimmt, oder dass die Anfänger den Anschluss verlieren, wenn man sich nur an den Bedürfnissen der Fortgeschrittenen orientiert.

Gruppe im Vorfeld auswählen: Zugegeben ein Prozedere, dass bei vielen Seminarveranstaltern unbeliebt ist, weil es einen erheblichen Aufwand bedeutet. Denn meist müsste zumindest mithilfe eines Fragebogens eine Selbsteinschätzung abgefragt werden; außerdem werden potenzielle Teilnehmer abgeschreckt, die ihr Niveau in den Ausschreibungen nicht wiederfinden. Darüber hinaus sind Selbsteinschätzungen häufig nicht sehr aussagekräftig. Seminarleiter Friedrich Reichert hat aus diesem Grund einen Online-Test entwickelt, mit dem Interessenten ihre Kenntnisse überprüfen können, bevor sie sich entscheiden, welchen Kurs sie besuchen möchten (http://www.top-info.com/).

Zu Beginn des Seminars den Kenntnisstand abfragen: Das kann zwar auch in einer Vorstellungsrunde passieren, doch ist das meist keine angemessene Form, um vertiefende Fragen zu stellen. Methodisch lässt sich das Problem mithilfe einer Kartenabfrage in den Griff bekommen. In einer Art Quiz werden Suchkategorien (Katalog, Datenbank usw.) jeweils relevante, auf Metaplan-Karten notierte Merkmale zugewiesen (z.B. „ideal für Recherche-Einstieg", „bringt die meisten Ergebnisse"). Das von den Teilnehmern in Gruppen erarbeitete Ergebnis bleibt während des Seminars an der Pinwand sichtbar und wird je nach Bedarf korrigiert, was auch der Wissensüberprüfung dient.

Teilnehmer einteilen in Teams: Wenn sich herausstellt, dass man es mit einer heterogenen Gruppe zu tun hat, kann es sinnvoll sein sie – je nach Kenntnissen – in Kleingruppen einzuteilen; in diesen sollten erfahrene mit unerfahrenen Teilnehmern kombiniert sein. Doch auch das ist nicht ohne Tücken. Friedrich Reichert weist darauf hin, dass es sowohl sinnvoll sein kann ‚Starke' und ‚Schwache' zu trennen als auch sie zu mischen. Denn eitle Teilnehmer neigen zur Dominanz, weniger eitle sind hilfreich in der Rolle des Tutors. Hier sind Geschick und Erfahrung des Trainers gefordert.

Hürde: Individuelle Fragestellungen stehen im Vordergrund
Nicht selten kommt es vor, dass Teilnehmer nur daran interessiert sind Hilfen zu ihren speziellen Recherche-Fragen zu bekommen, etwa: „Welche Datenbank listet die meisten Pflanzenschutzmittel auf?" Es kann aber weder Ziel eines allgemein orientierten Seminars sein fertige Antworten bereit zu halten noch die Recherchen der Teilnehmer auszuführen.

Fragen als Recherche-Aufgabe an die Teilnehmer zurückgeben: Dabei ist es erstens wichtig schnell zu entscheiden, ob die Anfrage dazu geeignet ist, zweitens die Beispielhaftigkeit deutlich zu machen. Es geht nicht darum die Frage zu beantworten, sondern darum, dass sich die Teilnehmer überlegen, wie sie systematisch an die Recherche herangehen. Schließlich gilt es zu vermitteln, dass für die Recherche nach Wirtschaftsdaten grundsätzlich die gleichen Kriterien gelten wie für die Suche nach Sportinformationen.

Spezielle Anfragen vorbereiten: Diese Möglichkeit bietet sich dann an, wenn das Seminar nur für eine bestimmte Gruppe ausgeschrieben ist – etwa Wirtschaftsjournalisten. Meist scheitert das aber daran, dass die Auftraggeber nicht bereit sind, für die notwendige (und aufwändige) Vorbereitung zu zahlen.

Hürde: Teilnehmer bevorzugen bestimmte Suchwerkzeuge
Für viele bedeutet Internet-Recherche z. B. bei Google einige Suchbegriffe einzugeben und zu hoffen, dass auf der ersten Ergebnisseite verwertbare Treffer auftauchen. Obwohl Google derzeit die beste Volltext-Suchmaschine ist, durchsucht sie nur einen Bruchteil der über das Netz erreichbaren Informationen (Schätzungen variieren zwischen zehn und 20 Prozent).

Funktionsweise der unterschiedlichen Suchwerkzeuge vermitteln: Was unterscheidet einen Katalog von einer Volltext-Suchmaschine? Warum ist es ein Irrtum anzunehmen, Suchmaschinen durchsuchen das Web? Was ist das *deep* beziehungsweise *invisible web*? Neben diesen theoretischen Erläuterungen sollte man eine Reihe Recherche-Aufgaben bereithalten, die sich mit einem einzelnen Suchwerkzeug nicht lösen lassen. Recherchen in kostenlosen Datenbanken, die nicht von Suchmaschinen indexiert werden, sind hier geeignet, etwa Patent-, Umwelt- oder Filmdatenbanken.

Hürde: Zweifel an der Glaubwürdigkeit der Funde
Theoretisch dürfte dieses Problem eigentlich nur in sehr wenigen Fällen auftauchen. Denn vorgefundene Information zu überprüfen ist ja eben die Aufgabe der Recherche. In der Praxis gibt es allerdings viele Fälle, in denen eine inhaltliche Überprüfung unmöglich – und auch nicht angebracht – ist. So ist es z. B. nicht die Aufgabe von Journalisten Daten, die das Statistische Bundesamt (www.destatis.de) ins Netz stellt, auf ihre Richtigkeit zu überprüfen. Auch das kann vorkommen, ist aber ein Sonderfall. Die Glaubwürdigkeit dieser Information zu überprüfen bedeutet also in diesem Fall festzustellen, dass sie auch tatsächlich vom Bundesamt ins Netz gestellt wurden und nicht von Informations-Guerilleros, die Verwirrung stiften wollen.

Kriterienliste für Glaubwürdigkeit: Mit ihrer Hilfe sollte sich die Glaubwürdigkeit auf der Ebene sichtbarer Seiteneigenschaften beurteilen lassen (vergleichbar http://www.library.cornell.edu/okuref/webcrit.html).

Hintergrundinformationen: Der Trainer sollte Recherche-Wege zeigen, auf denen sich Hintergrundinformationen zu Web-Angeboten herausfinden lassen, die nicht sofort sichtbar sind (WHOIS-Datenbanken usw.).

Analyse von Web-Adressen: Die Struktur von Web-Adressen und der Aussagewert einzelner Adress-Bestandteile können vermittelt und in Testaufgaben überprüft werden.

Hürde: Anwendung erfolgloser Suchstrategien
Hier sind wir erwartungsgemäß beim größten Problem angelangt: Teilnehmer haben zwar eine Erwartung, was sie finden möchten, aber keine präzise Vorstellung davon, wie sie eine Suche beginnen und fortführen sollten.

Suchprozesse gemeinsam mit den Teilnehmern reflektieren: Erst, wenn man darauf hinweist, dass bereits die Wahl des Suchwerkzeugs der erste Schritt einer Suchstrategie ist, werden die meisten darauf aufmerksam. Oft lautet die Antwort auf die Frage, wie die Suche begonnen wurde: „Ich habe Suchbegriffe a, b und c eingegeben." Ja – aber wo? In einer Volltext-Suchmaschine, in einem Katalog, einer bestimmten Datenbank? Meist bei Google. Aber war das eine gute Idee oder wäre man anders schneller zum Ziel gekommen? Hier ist der Beamer das perfekte Hilfsmittel. Ein Teilnehmer beschreibt seine Suche, alle anderen können zeitgleich die Ergebnisse verfolgen, beurteilen, Alternativen vorschlagen und Ergebnisse vergleichen.

Suchprozesse bildlich darstellen: Was suche ich, wo suche ich, wie suche ich? Über Begriffsdefinitionen, Suchstrategie und Syntax kommt man zu einem Recherche-Baum, der den Teilnehmern zu einer Beispielrecherche zur Verfügung gestellt werden kann.

Gemeinsame Thesenbildung: Wenn man die Teilnehmer nicht sofort loslegen lässt, sondern gemeinsam mit ihnen eine Suchthese formuliert, werden viele Aspekte offenbar, die sonst verborgen geblieben wären, z. B. dass mit Schlüsselbegriffen gearbeitet werden muss, dass man Synonyme der ursprünglichen Suchbegriffe ausprobieren sollte, dass es wichtig ist, erste Fundstellen als Zwischenergebnisse zu lesen, die für die weitere Suche ausgewertet werden müssen.

Checkliste für Seminarinhalte

Was in einem Seminar zur elektronischen Recherche vermittelt werden sollte, hängt in erster Linie davon ab, wie viel Zeit zur Verfügung steht, in zweiter Linie, welche Vorkenntnisse die Teilnehmer mitbringen. Im Folgenden wird nur aufgezählt, was in einem idealen Seminar vorkommen würde; worauf verzichtet werden kann und muss, hängt von den zeitlichen, technischen und örtlichen Bedingungen des jeweiligen Seminars ab.

Recherchestrategie und -systematik
Wie formuliere ich Suchanfragen sinnvoll?
Changieren zwischen Eingrenzen und Ausweiten der Suchanfragen;
geeignete Suchbegriffe erkennen, Synonyme verwenden;
Zwischenergebnissen auswerten um mit besseren Suchbegriffen weiter zu arbeiten
Thesenbildung.

Unterschiedliche Funktion der Suchwerkzeuge
Volltextsuche (oder „Suche im roboter-generierten Index" – Google, Alltheweb usw.); Funktion und Benutzung von Meta-Suchmaschinen;
Suche in Katalogen (Open Directory Project, Yahoo, Google-Verzeichnis);
Suche im *deep/invisible web*, also in speziellen Datenbanken (Bibliotheken, Patentdatenbanken, Online-Archive der Printmedien), vor allem: Wie finde ich diese Datenbanken?

Erläuterung und Benutzung von Funktionen der Browser und Suchmaschinen
Wie erstellt, verwaltet und sichert man Lesezeichen?
Wie funktioniert der Zwischenspeicher?
Was ist der Verlauf?
Wie speichert und druckt man Dokumente?
zusätzliche Werkzeuge (z. B. „Toolbars"); Tipps und Kniffe (Benutzung der Kontextmenüs, „Strg + F", „Apfel + N" usw.);
Suchmaschinen individuell anpassen (Zahl der angezeigten Ergebnisse usw.).

Was sind Boolesche Operatoren, wo ist es sinnvoll sie zu verwenden?
bei bekannten Volltext-Suchmaschinen;
bei speziellen Datenbanken.

Welche Möglichkeiten bietet die erweiterte Suche bei wichtigen Suchmaschinen?
Feldsuche;
Verknüpfungen;
Einschränkungen.

Langfristige Recherchestrategien
Was ist das Usenet, wie gehe ich damit um?
Wie verwende ich Newsletter sinnvoll?
Was sind Mailing-Listen, wie können sie zur Recherche eingesetzt werden?

Wie beurteilt man die Glaubwürdigkeit von im Internet gefundenen Informationen?
Wer steckt hinter einem Web-Angebot?
Wie hilft mir diese Information bei der weiteren Recherche?
Schnellkontrolle (Impressum, Links, Inhalte);
Gegenrecherche der Inhalte;
Aufbau und Interpretation von URLs;
technische Hintergründe (DNS-Spoofing und Ähnliches).

Wie verwaltet man sinnvoll Recherche-Ergebnisse auf dem eigenen Rechner?
Programme;

Struktur;
Absicherung gegen unbefugten Zugriff (Verschlüsselung).

Sicherheit bei der Recherche
Verschlüsselung von E-Mails;
anonymes Surfen.

Hilfsmittel in Seminaren

Seminarunterlagen: Die Teilnehmerunterlagen bieten einen Überblick über die wichtigsten Inhalte des Seminars (Was unterscheidet einen Katalog von einer Volltext-Suchmaschine, wie ist das Usenet aufgebaut usw.). Ideal wäre es, wenn diese Unterlagen vor Beginn des Seminars an die Teilnehmer verschickt und von ihnen gelesen würden. Das bleibt leider oft ein frommer Wunsch, denn erfahrungsgemäß macht sich kaum ein Teilnehmer die Mühe. Trotzdem können Unterlagen helfen Diskussionen und Erklärungen nicht ausufern zu lassen („Schauen Sie zu Hause noch mal in den Hefter, da steht's drin") und dadurch wertvolle Unterrichtszeit sparen helfen. Auch Beispiele, auf die man im Seminar Bezug nimmt, sollten enthalten sein.

Anleitungen: Eine gute Idee ist es verständliche Anleitungen zu erstellen.
Sinnvoll ist z. B. eine Beschreibung, wie man eine (vom Trainer mitgelieferte)
Lesezeichen-Liste in den eigenen Browser importiert. Mit Screenshots wird der
Vorgang illustriert. Leider wäre der Aufwand zu groß solche Anleitungen für viele
Anwendungen zusammenzustellen (etwa, welche Möglichkeiten die erweiterte
Suche bei Suchmaschinen bietet). Allerdings lassen sich einige gute Anweisungen
im Internet selbst finden, deren Adressen dann wiederum in der Lesezeichen-Liste
enthalten sein können.

Lesezeichen-Liste: In einer solchen Lesezeichen-Liste sind die Adressen
zu wichtigen Suchmaschinen, Katalogen, Anleitungen und einiges mehr enthalten – allerdings nur von übergreifenden Suchwerkzeugen. In der Liste sind keine
Lesezeichen abgespeichert für gute Gesetzesdatenbanken oder Filmverzeichnisse.
Denn den Teilnehmern soll ja gerade vermittelt werden, wie sie diese Verzeichnisse
und Datenbanken finden, wenn sie die Adresse nicht vorgesetzt bekommen. Weiterhin dient die Lesezeichen-Liste dem Zweck, die Verwaltung von Lesezeichen
zu erläutern, da sie bereits Ordner mit Unterordnern enthält.

Hilfsmittel speziell für Trainer

Trainer für elektronische Recherche müssen über ihre pädagogischen Fähigkeiten
hinaus sehr gute Technikkenntnisse besitzen. Und zwar nicht um in unverständ-
licher Technosprache die Teilnehmer zu beeindrucken, sondern um genau das zu
vermeiden. Es gilt hinter die PR-Blasen der Anbieter zu schauen und zu analysieren, welche Recherche-Werkzeuge für die Teilnehmer hilfreich sind. Um auf
dem Laufenden zu bleiben, was technische Entwicklungen betrifft, lohnt es sich
einige Newsletter zu abonnieren.

@Web: Der Newsletter zu Klaus Patzwaldts Recherche-Angebot (http://
www.atweb.de/). Wahrscheinlich die beste deutschsprachige Site mit Infos zu
Suchmaschinen.

Search Engine Watch: Das große amerikanische Vorbild (http://www. search-
enginewatch.com/). Betreiber Danny Sullivan hat den besten ‚Riecher‘, wenn
es um neue Entwicklungen geht. Zahlreiche Gastautoren sorgen für ein breites
Spektrum an Informationen. Der ausführliche Newsletter ist kostenpflichtig, die
abgespeckte Variante nicht.

Pandia Search Central: Per und Susanne Koch aus Oslo bieten auf ihrer Site
(http://pandia.com/) zwei Newsletter an; einer erscheint zweimonatlich (The Pandia
Post), der andere häufiger (The Pandia Search World Newsletter).

Intern.de: der seit 1996 bestehende Fachinformationsdienst informiert rund ums Internet – mit aktuellen Nachrichten ebenso wie mit Hintergründen. Zwei Newsletter (täglich und wöchentlich). http://www.intern.de/

Klaus Schallhorn Online: „Die Suchmaschinen-Site" bietet aktuelle Informationen zur Suchmaschinenoptimierung, ferner Tools, ein umfangreiches Glossar und ein Tutorial. Es gibt einen großen kostenfreien Bereich uns spezielle Angebote für Kunden. Empfehlenswert ist sein engagierter und humorvoller Newsletter. http://www.kso.co.uk/

Web-Tipps: Im umfassenden Angebot des renommierten Poynter Institute in Florida finden sich bei den Kolumnen (http://www.poynter.org/column) auch die Web-Tipps von Jonathan Dube und Sree Sreenivasan, die sich besonders gut darauf verstehen die Glaubwürdigkeit von Informationen im Web zu beurteilen.

Die Angebote von Heise (http://www.heise.de), Golem.de (http://www.golem.de), The Register (http://www.theregister.co.uk) und cnet.com (http://www.cnet.com) sind die besten mir bekannten Sites zum Thema Informationstechnologie allgemein. Auch hier können Newsletter bestellt werden, die für Rechercheure immer dann besonders interessant werden, wenn es um Suchmaschinen-Entwicklungen und Sicherheitsaspekte geht.

Der Autor bedankt sich für hilfreiche Tipps und Hinweis bei Anja Gild (GILD. MPM@t-online.de), Marcus Lindemann (lindemann@autorenwerk.de), Friedrich Reichert (mail@friedrich-reichert.de) und Andreas Reinhard (andreas.reinhardt@ beecom.de).

2.11 Einstiegsseiten für die Internet-Recherche
– Eine Schnelleinführung für Trainer*

von Albrecht Ude

In der Tat: Google mindert die Qualität vieler Recherchen. Die Suchmaschine ist so bekannt, dass mancher nirgends sonst recherchiert. Nicht ohne Grund hat Google diese Stellung: Nach wie vor legt die Firma mehr Gewicht auf Forschung und Entwicklung als auf Börsengang und Gewinnmaximierung. Die saubere Umsetzung der Algorithmen des *Information Retrieval* begründen die Qualität der Suchergebnisse.

So ist Google eine erste Rechercheadresse: Allerdings sollte man die Abfragesprache perfekt beherrschen. Die entsprechenden Seiten (mit vielen Unterseiten) sind:

- *Die Suchoptionen von Google:* http://www.google.com/options/index.html
- *Die Syntax (Abfragesprache) von Google:* http://www.google.com/help/features.html
- *Googles Spezialfunktionen (deutsche Syntax):* http://www.google.de/intl/de/features.html

Eine gute Recherche darf bei Google beginnen, aufhören darf sie dort nicht. Zumal auch diese Suchmaschine nur einen kleinen Teil des Internet erfasst – Variatio delectat! Im Folgenden eine kleine Sammlung von Einstiegsempfehlungen für Recherchetrainer und ihre Seminarteilnehmer.

Rechercheeinführungen

Handbuch Internet Recherche von Rainer Wehrle: Allgemeinverständliche Einführung in die netzgestützte Recherche. http://www.werle.com/intagent/

Recherchefibel.de: Gut strukturierte Website, unterstützt von @web und der Suchfibel: http://www.recherchefibel.de/

Suchmaschinenverzeichnisse

Die Suchfibel von Stefan Kazauninkat: Etwa 2.700 Einträge von Suchmaschinen, außerdem ein gut verständliches Tutorial zu deren Nutzung: http://www.suchfibel.de/

---

* Die Link-Verweise stammen aus der ersten Auflage des Bandes.

Search Engine Colossus: Nach 195 Ländern und Themen geordnetes Suchmaschinenverzeichnis: http://www.searchenginecolossus.com/

Suchmaschinensammlung von Martin Stehle: Seit 7.März 2002 nicht mehr gepflegt, aber wegen des Umfanges immer noch empfehlenswert. Über 1.300 Suchmaschinen aus sechs Kontinenten und 58 Ländern sowie zu vielen Themen: http://home.snafu. de/pewtah/suchmaschinen/index.shtml

Globale Verzeichnisse

Allgemeine Verzeichnisse: wie Dino (http://www.dino-online.de/), Looksmart (http://www.looksmart.com/), Lycos europe (http://www.lycos.de/), Yahoo (http:// de.yahoo.com/ und http://www.yahoo.com/) oder Web.de (http://web.de/) haben eigene, fest angestellte Redaktionen, die den Datenbestand pflegen. Wegen des *Abweichens* von dieser Taktik sind besonders erwähnenswert:

The WWW Virtual Libraries (VL): Diese Intiative stammt aus der Anfangszeit des WWW. Einzelne Editoren kümmern sich um spezielle Themen – meist aus dem universitären Bereich. Die Qualität ist unterschiedlichen Niveaus, oft aber unerreicht gut. Derzeit gibt es 283 VLs, zu finden unter http://www.vlib.org/ (zahlreiche Mirror-Sites). Eine alphabetische Übersicht bietet http://www.vlib.org/ AlphaVL.html.

Unverzichtbar für Rechercheure sind folgende WWW VLs:

Evaluation of information sources: http://www2.vuw.ac.nz/staff/alastair_smith/ evaln/evaln.htm

Electronic References & Scholarly Citations of Internet Sources: http://www. spaceless.com/WWWVL/

Information Quality: http://www.ciolek.com/WWWVL-InfoQuality.html

Journalism: http://209.8.151.142/vlj.html

Open Directory Project (ODP): Dem dezentralen *Open-Source*-Gedanken folgend ist das weltweit umfangreichste Verzeichnis entstanden. Freischaffende, unbezahlte Editoren pflegen diese erste Adresse – die man auch via „Google News" erreichen kann: http://dmoz.org/. Spezieller Hinweis für Trainer: dmoz hat Kategorien für „Journalism", „Research" und „Recherche".

Bulletin Board of Libraries (BUBL): Britische Bibliothekare pflegen diesen Katalog nach dem Motto „wenige, dafür aber brauchbare Links". Etwa 15.000

Websites sind hier kenntnisreich verzeichnet. Dazu gibt es einen sehr empfehlenswerten Newsletter: http://bubl.ac.uk/link/

Suchbegriff-Datenbanken

Diese Datenbanken geben für jeden Terminus die Kombinationen aus, in denen dieser bei Suchabfragen bereits auftauchte – nützlich zum Verfeinern der eigenen Suche:

keyDB: Klaus Schallhorn bietet eine deutschsprachige und eine englischsprachige Datenbank an. Kostenfrei werden bis zu 200 Kombinationen aphabetisch angezeigt, zahlende Kunden erfahren die Suchhäufigkeit von bis zu 500 Kombinationen: http://www.kso.co.uk/cgi-bin/kwps.cgi?lan=de

Search Term Suggestion Tool: Der Suchmaschinenbetreiber Overture gibt Kombinationen des Vormonats mit Häufigkeitsangaben aus: http://inventory.overture.com/d/searchinventory/suggestion/

Linksammlungen und Archive

Bibliografischer Werkzeugkasten: Die systematische Linksammlung von Hans-Dieter Hartges und Claudia Kröhnert vom Hochschulbibliothekszentrum des Landes Nordrhein-Westfalen (HBZ) verweist auf Internationale Bibliotheken, Nachschlagwerke, Biografien, Bibliografienusw.. Ein umfassender Einstieg für die elektronische Recherche in der „Gutenberg Galaxy": http://www.hbz-nrw.de/produkte_dienstl/toolbox/index.html

WayBack Machine: Veraltete Webseiten, die nicht mehr online sind, kann man im Internet Archive recherchieren. Dezeit 10 Milliarden Seiten stehen bereit (Bilder und Zusatzdateien fehlen manchmal): http://archive.org/

Gooogle Cache: Temporär unerreichbare oder gelöschte Seiten findet man auch per Klick auf die „cached version" in der Ergebnismenge von Google.com

Usenet Newsgroups: Teilweise bis 1995 zurückreichend können Postings in Newsgroups durch die „Google News" (ehemals „DejaNews") ermittelt werden. http://groups.google.com/

Mailinglisten: geschlossene Foren außerhalb des Usenet) und per E-mail verbreitete Newsletter sind nur schwer recherchierbar; immerhin listet das ODP (siehe oben) 13 Verzeichnisse auf: http://dmoz.org/Computers/Internet/Mailing_Lists/Directories/*Hyperjournal:* Listet Verzeichnisse von E-mail Newslettern auf: http://www.ukoln.ac.uk/isg/hyperjournal/director.htm

John Labovitz's E-Zine-List: Die bereits 1993 begonnene, sehr umfangreiche Liste von Newslettern wird nicht mehr gepflegt, genießt aber immer noch Kultstatus: http://www.meer.net/~johnl/e-zine-list/

Falschmeldungen auf den Zahn fühlen

Ein Beispiel für die Notwendigkeit gründlicher Recherche ist die Panik vor der neu entdeckten Krankheit *Severe Acute Respiratory Syndrome* (SARS) in Hongkong. Die Aufregung entstand auch durch eine per Ketten-E-mail verbreitete Falschmeldung. Die chinesische Regierung habe Hongkong zum „infizierten Ort" erklärt und beabsichtige ihn zu isolieren. Als Referenz wurde eine Webseite genannt, die dem Layout der Hongkonger Zeitung *Mingbao* (http://www.mingpaonews.com/) täuschend ähnelte. Es kam zu Panikkäufen, der Hang-Seng Aktienindex brach ein. Das Ganze war der „Scherz" eines 14-Jährigen, der Reuters zufolge verhaftet wurde (http://www.reuters.com/newsArticle.jhtml?type=scienceNews&storyID=2488221).

Die Hongkonger Stadtverwaltung sah sich zum Dementi genötigt: Sechs Millionen
SMS (!) wurden deswegen an die Bürger der Stadt verschickt (http://www.news.
com.au/common/story_page/0,4057,6232520%255E1702,00.html).
Was hätte Recherche hier bewirken können? Zum einen gibt es Webpages, die
über Unfug per E-mail aufklären, zum zweiten läßt sich eine gefälschte Website
spätestens anhand ihrer Domaindaten entlarven. Und das ist so möglich:

Kettenbriefe per E-mail überprüfen

Hoax-Info Service: Frank Ziemann bietet umfassende, laufend aktualisierte Infos
über Kettenbriefe (Hoaxes), ‚gefakte‘ Virenwarnungen usw.. Ebenso Links zu
weiteren internationalen Sites zu diesem Thema: http://hoax-info.de/

Domaindaten abfragen

Wenn das Impressum einer Site fehlt, unvollständig oder zweifelhaft ist, hilft nur
die Domaindaten mittels des „Whois"-Dienstes abzufragen. Bei den so genannten
Registars bekommt man für jede existierende Domain die Daten der Verantwortlichen:

DENIC-Datenbank (Whois-Suche): Abfrage von deutschen Domaindaten: http://
www.denic.de/servlet/Whois *Global Whois Gateway:* Globale Domaindaten: http://
www.zoneedit.com/whois.html

Nationale Whois-Datenbanken: http://dmoz.org/Computers/Internet/Domain_
Names/Official_Registrars/Country_Domains/

Und die Moral von der Geschicht: Das Internet quillt vor Daten nur so über. Ob
Daten aber auch Informationen sind, muss in jedem Einzelfall geprüft werden.
Jeder erfahrene Rechercheur fasst Quellen aus dem Netz mit spitzen Fingern an.
Nach jeder inhaltlichen Recherche muss eine Prüfung der Publikationsumstände
und der Seriosität des Informationsanbieters folgen.

Literatur:
Babiak, Ulrich: Effektive Suche im Internet, 4. Auflage, Köln 2001 http://www.oreilly.de/catalog/
    isuche4ger/index.html
Blittkowsky, Ralf: Online-Recherche für Journalisten, inklusive Diskette mit 1400 Online-Adres-
    sen, 2. Auflage, Konstanz 2002
Hartmann, Werner/Michael Näf/Peter Schäuble: Informationsbeschaffung im Internet. Grund-
    legende Konzepte verstehen und umsetzen, Zürich 2000
Lamprecht, Stephan: Professionelle Recherche im Internet, 3. Auflage, München 2000

2.12 Ich sehe was, was du nicht siehst
– Kleine Übungen zur Beobachtungsrecherche

von Timo Rieg

Gute Recherche muss nicht unbedingt Skandale zu Tage fördern. Sie macht oft ‚nur' das Gegenwärtige sichtbar. Gerade bei Trainingsangeboten ist es wichtig, unter Recherche nicht nur den großen – und dann gleich für unerreichbar gehaltenen – Enthüllungsjournalismus zu verstehen. Auch im Hinblick auf die meist begrenzten Möglichkeiten einer Seminarsituation ist es daher eine Möglichkeit, im Alltäglichen zu recherchieren: durch Beobachtung.

Ziel entsprechender Übungen ist es den Unterschied zwischen *Schauen* und *Beobachten* zu erleben. Die Teilnehmer sollen sensibilisiert werden nicht nur mit offenen Augen, sondern auch mit wachem Verstand durch die ungeheuren Themenfelder zu wandeln.

Beobachtungsrecherchen können von den Seminarteilnehmern zeitlich flexibel gestaltet werden und eignen sich daher auch bei berufsbegleitenden Fortbildungen, im Studium oder als Vor- oder Nachbereitung zu Abendveranstaltungen.

Um die Ergebnisse vergleichbar zu machen, sollte aber ein Beobachtungsrahmen abgesteckt sein. Beispielhaft seien zwei Übungen vorgestellt.

Übung 1: Beobachten lernen

Ziel: Die Teilnehmer sollen lernen, Menschen unauffällig und genau zu beobachten.

Vorgehen: In einer ersten Phase sollte das Beobachtungsthema vorgegeben sein.

Beispiel: „Gehen Sie durch die Fußgängerzone und beobachten Sie drei Stunden lang Bettler und Schnorrer." Beobachtungsergebnisse können dabei handschriftlich notiert oder in ein Diktiergerät gesprochen werden – in jedem Fall sollte die Beobachtung und ihre Protokollierung so unauffällig geschehen, dass der Rechercheur nicht selbst zum Rechercheobjekt wird.

Im Plenum stellen die Teilnehmer – zunächst unkommentiert – ihre Ergebnisse vor. Das geht meist schnell, denn die Ergebnisse sind dünn – und sehen etwa so aus: „Mann, um die 50, sitzt vor C & A. Hat einen Hut vor sich stehen. Zwei Leute werfen Geld rein."

Durch Rückfragen zeigen die Trainer auf, was an der Recherche lückenhaft war – und verdeutlichen damit das grundsätzliche Problem: Wenn der Beobachter sich nicht selbst ständig Fragen stellt, Arbeitshypothesen entwickelt und diese prüft, kann er auch nichts sehen.

Auswertung: Zu den Punkten, die die Trainer ansprechen werden, gehören Fragen wie:

- Sind die Aufzeichnungen so vollständig, dass man sie auch in Tagen oder Wochen noch verstehen kann?
- Wurden sie nach dem Outdoor-Einsatz nachbearbeitet?
- Lässt sich die zeitliche Abfolge erkennen?
- Was kann aus den Notizen gefolgert werden?
- Sind Fakten und Vermutungen deutlich getrennt?
- Gibt es ergänzendes Material zum Protokoll? Inhaltliche Fragen zu der kleinen Beispiel-Beobachtung wären:
- Wer wurde beobachtet? Wie sieht der Mann aus, wie war er bekleidet, hatte er Gepäck bei sich, andere Gegenstände?
- Was hat der beobachtete Bettler die Zeit über gemacht? Hat er wirklich nur unbeweglich gesessen?
- Wie viel Geld lag im Hut? Hat er ihn zwischendurch geleert?
- Wie haben Passanten auf den Mann reagiert? Haben sie ihn angesehen oder haben sie weggeschaut, miteinander über ihn gesprochen, Bemerkungen gemacht?
- Gab es keinerlei Interaktionen mit Passanten außer den beiden Geldgebern?
- Was gibt es über die beiden Geldgeber zu sagen?
- Sind Menschen vorbei gekommen, von denen eine Interaktion hätte erwartet werden können (Ordnungsamt, Polizei, Jugend-Gang)?

Auch bei weiteren Beobachtungsgängen werden viele Teilnehmer nur mit bescheidenen Ergebnissen zurückkommen – nicht, weil nichts passiert, sondern weil sie es nicht wahrnehmen. Von der reinen Beobachtung sollte dann zu einer ergänzend fragenden Recherche übergegangen werden. Denn auch dies ist für viele Teilnehmer überraschend: Vieles muss nicht nach der Beobachtung kompliziert bei Behörden oder Fachleuten geklärt werden, sondern kann – fürs erste – direkt vor Ort gefragt werden.

Übung 2: Ausdauertraining

Ziel: Mit mehr Zeit und auch als Training für erfahrene Rechercheure sollte die Beobachtungsrecherche nicht nur eine Momentaufnahme bilden, sondern ein Thema verfolgen.

Vorgehen: In Großstädten bieten sich etwa Politessen hervorragend für Fragestellungen einer Beobachtung an: Wie arbeiten sie, wie reagieren unbeteiligte
Passanten, wie Falschparker?
  Hierzu sollen die Teilnehmer zunächst nach gängigen Konflikten im Internet
suchen und daraufhin Hypothesen aufstellen. Dabei kann eine bildliche Skizze
helfen die Fragen zu Interessen und Standpunkten aufzuzeigen: Welche Beteiligten
haben wir, wer verfolgt welche Interessen (z. B. als Stadtverwaltung)?
  Für die Beobachtungsrecherche sollte ein Tag eingeplant werden. Dass Ergebnisse von der Unwägbarkeit abhängen, überhaupt Politessen zu finden, steht
dem Training nicht im Wege. Es ist eine wichtige Erfahrung, dass sich dem
Rechercheur nicht jeder nach Zeitplan zur Verfügung stellt. Und es ist Kreativität
gefragt, möglichst zügig die Straßen zu finden, in denen die Ordnungshüterinnen
gerade unterwegs sind.

Auswertung: Am Ende sollte es nicht nur darum gehen, durch gegenseitiges Ergänzen und Nachfragen zu zeigen, was man alles sehen und erfragen konnte, sondern
auch Perspektiven für vertiefende Recherchen zu besprechen: Bieten die bisherigen
kleinen Schlaglichter auf die Arbeit des Ordnungsamtes Hinweise auf spannende
Themen? Werden z. B. bestimmte Autotypen von der kostenpflichtigen Erziehung
ihrer Halter ausgenommen? Gibt es einen Unterschied bei ortsansässigen und aus-
wärtigen Falschparkern? Könnte es einen Deal mit dem Abschleppunternehmen
geben? Oder auch ganz simpel: Wie sinnvoll ist die Arbeit der Politessen?
  Die Erarbeitung von Recherche-Plänen, in denen die möglichen nächsten
Schritte zur Vertiefung des Themas ausgearbeitet werden, können das Seminar-
modul abschließen.

2.13 Recherche lernen im Werkstattgespräch
– Seminarteilnehmer im Interview mit prominenten Rechercheuren

von Ingmar Cario, Venio Piero Quinque und Michael Rediske

Ohne Zweifel: Die großen Enthüllungsleistungen namhafter Profi-Rechercheure betrachten die meisten Journalisten mit Respekt und Hochachtung. Zurück bleibt die Hoffnung, selbst einmal Geschichten wie die Leuna-Affäre aufzudecken. Stärker ist meist das Gefühl, niemals zu den Top-Ten-Rechercheuren aufsteigen zu können. Aber: Recherche ist erlern- und erfahrbar und gerade deshalb ist es so wichtig, sich an den Leistungen, Vorgehensweisen, an den Erfolgen und Misserfolgen der Vorbilder zu orientieren.

Die *Train-the-Trainer*-Veranstaltung „Recherche-Seminare gestalten und verbessern" des Vereins Netzwerk Recherche in der Evangelischen Medienakademie in Berlin, deren Beiträge diesem Buch zugrunde liegen, führte beispielhaft vor, wie und in welcher Form persönliche Kontakte zu prominenten Journalisten entstehen können. Die Teilnehmer interviewten im Rahmen sogenannter „Werkstattgespräche" Recherche-Profis wie Hans Leyendecker (*Süddeutsche Zeitung*) oder Carl Richter (*Frontal 21*) und erfuhren viel Wissenswertes über die Recherche-Arbeit aber auch über Zweifel und Probleme während der Enthüllungsprozesse.

Die Werkstattgespräche, die in jedem größer angelegten Recherche-Seminar untergebracht werden können, müssen von den Trainern sehr sorgfältig vorbereitet werden. Zum einen gilt es, gesprächsbereite Personen zu finden, die sich via Telefon-Gespräch von den Teilnehmern interviewen lassen. Zum anderen sollte ein wohlüberlegter Fragenkatalog vorliegen, damit Lerneffekte und Ergebnisse überprüf- und vergleichbar bleiben.

Hauptziel des Werkstattgespräches ist es die natürliche Scheu im Umgang mit Respektspersonen abzubauen und zu begreifen, dass alle letztendlich „mit Wasser kochen". Gleichzeitig erfahren die Interviewer Wichtiges über bereits erprobte und mehr oder minder erfolgreiche Recherche-Verfahren – Inhalte, die schliesslich zu einer vertieften Reflexion der eigenen Stärken und Schwächen im Recherche-Prozess führen sollten.

Die Berliner Werkstattgespräche wurden insgesamt als Praxiserfahrung sehr positiv aufgenommen und bewertet. Einzige Kritik: Einige befragte, anwesende prominente Rechercheure, die bereits Erfahrung mit telefonisch geführten Werkstattgesprächen hatten, machten doch deutlich, dass schließlich der x-te Anruf mit den gleichen Fragen und dementsprechend gleichen Antworten irgendwann an das Nervenkostüm ginge und die Interviews auch Zeitverlust für die zu erledigende Alltagsarbeit bedeuten. Insofern ein letzter Hinweis für die Trainer: Wählen Sie geduldige Gesprächspartner aus und bereiten Sie diese intensiv auf ihre Vorbildrolle vor.

Frontal 21-Chef Claus Richter – „Geschichte vor Bild"

Zur Person
Claus Richter, Jg. 1948, ist Redaktionsleiter des TV-Magazins *Frontal 21*. Seine beruflichen Stationen: 1969–1974: Studium der Politik, Volkswirtschaft und Germanistik in Bonn, Heidelberg und Mannheim. 1976 Promotion zum Dr. phil. magna cum laude mit einer Arbeit über die *Revolution von 1848 und den deutschen Liberalismus*
1973–1976: Freier Mitarbeiter beim WDR 1976–1981: Redakteur bei *Monitor*
1981–1991: ARD-Korrespondent in Warschau, New York und Ost-Berlin
1991–1998: Leiter der ZDF-Studios in Singapur und Moskau
1998–2000: ZDF-Chefreporter in Mainz
seit 2001: Redaktionsleiter von *Frontal 21*
Seine Auszeichnungen: Eduard Rhein-Preis für Berichterstattung aus Polen (1984), Jakob Kaiser-Preis für DDR-Berichterstattung (1988), Bayerischer Fernsehpreis für ARD-Studio Ost-Berlin (1990), Fernsehpreis ICHR (International Committee for Humanitarian Reporting) für Kriegsberichterstattung (1995).

Im Sommer 2000 ist Claus Richter mit den Los Sinchis unterwegs gewesen: Fallschirmjäger, die in Peru Drogenlabore zerstörten. Zwei Hubschrauber hatten für den Einsatz bereit gestanden. Richter stieg in den einen, der andere stürzte während des Einsatzes ab. Ein Beispiel von vielen aus Richters Reporterleben. Er war während des Kalten Krieges ARD-Korrespondent in Warschau und in der DDR. Er berichtete aus New York, Moskau und Südostasien. 1998 wurde Richter dann Chefreporter des ZDF, bis er im Frühjahr 2001 als Redaktionsleiter *Frontal 21* ins Leben rief. Das ZDF-Magazin bestimmt seitdem Richters journalistischen Alltag. Das erklärt vielleicht, warum Richter im Werkstattgespräch mit Kollegen vor allem über sein Magazin und weniger über seine persönlichen Erfahrungen redet.

Beim Magazin *Monitor* sei er groß geworden, sagt Richter, in der „Vor-Bednarz-Zeit" habe er als Redakteur unter Claus Hinrich Casdorff das Recherche-Handwerk erlernt. Danach habe er 20 Jahre als Auslandskorrespondent in Amerika, Russland, Asien und Polen verbracht. Nun will Richter mit seinem Team *Frontal 21* zu einem „einheitlichen, zeitkritischen, investigativen Magazin" im ZDF machen.

Nur 15 Autoren füllen dazu einmal in der Woche eine Sendung mit fünf Beiträgen. Darunter leide nicht selten die Qualität. Gerade bei Stücken, die aus Aktualitätsdruck entstünden, würde schon mal versucht, „noch irgendetwas raus- zuquetschen". Wenn in einer Sendung zwei oder drei gute Beiträge gespielt würden, könne die Redaktion zufrieden sein. Vor allem für längere Recherchen habe die Redaktion zu wenig Geld. Deshalb stünden alle unter dem Druck aus möglichst vielen begonnen Recherchen Beiträge zu machen. Darunter leide die Qualität.

Neben der Finanzierung habe Richter als Redaktionsleiter mit der Fülle an Sendungen zu kämpfen. Nach bis zu zwölf Sendungen hintereinander seien seine Autoren ausgelaugt. Dann frage er schon mal beim Chefredakteur an, ob dieser nicht eine Sendung ausfallen lassen könne.

Bestimmt werde die Gestaltung von *Frontal 21* nicht zuletzt von der Quo- te. „Sie können alles machen – unter der Bedingung, dass die Quote stimmt". Vor jeder Sendung setze sich Richter mit den beiden Chefs vom Dienst an den Schreibtisch und plane die Sendung nach den möglichen Umschaltepunkten, das heißt, welcher Beitrag kann Zuschauer zu welchem Zeitpunkt einfangen, welcher verhindern, dass sie umschalten.

Viele Politiker drücken sich nach Richters Erfahrung vor Interviews mit kri- tischen Magazinen. Sie stellten sich lieber in Talkshows dar. Diese „Christianse- nierung" der Politik würde auch im eigenen Haus diskutiert – nicht zuletzt weil die *Johannes B. Kerner-Show* im ZDF eine der Plattformen für Öffentlichkeit liebende Politiker sei. Seit die Redaktion in einem Beitrag die Verweigerungshal- tung eines Politikers „brutal öffentlich gemacht" habe, sei „der Ton der Politiker milder geworden".

Statt auf parteipolitische Themen konzentrieren sich nach Richters Erfahrung die Fernseh-Politmagazine immer mehr auf gesellschaftliche und wissenschaftliche Entwicklungen.

Die Methoden der professionellen Recherche hätten sich nicht geändert: Richter rät dazu sich Informationen im anderen Lager, beim politischen Gegner, zu besorgen, Rivalitäten auszunutzen und dabei immer die Frage zu stellen: „Wem nützt was?". Dabei ist der Kauf von Informationen für Richter weitgehend tabu. Mehr als 500 Euro für Informationshonorare könne die *Frontal 21*-Redaktion ohnehin nicht bezahlen.

Für die filmische Umsetzung der Themen gilt bei Claus Richter die Re- gel: „Geschichte vor Bild", und das auch, wenn Bilder „Schwarzbrot, manchmal schlimmer als Knäckebrot" seien. Eine „interne Bibel" für Bildsprache gebe vor, wie z. B. Interviews zu drehen sind oder dass in den Beiträgen keine Musik verwendet werden solle.

Mit seiner rund 30-jährigen Berufserfahrung ist Richter für seine Autoren ein erfahrener Ratgeber. Nur nach seinem größten Recherche-Erfolg sollten ihn diese nicht fragen. Denn zumindest im Werkstattgespräch fällt Richter kein Beispiel dazu ein. Auf seinen größten Recherche-Flop angesprochen, sagt er nach einigem Überlegen: „Ein positives Porträt über Benazir Bhutto". Die ehemalige pakistanische Premierministerin habe ihm einst einfach den Kopf verdreht.

Interview: Ingmar Cario

Hans Leyendecker – „Kontaktpflege betreiben". Ein Recherche-Leben

---

Zur Person
Hans Leyendecker, Jg. 1949, arbeitet seit 1997 für die *Süddeutsche Zeitung* und war davor 18 Jahre lang beim *Spiegel*. Er hat zahlreiche Affären recherchiert (unter anderem Flick-Parteispenden, Barschel, BND-Plutoniumschmuggel, illegale CDU-Spenden). Seine journalistische Laufbahn begann er bei der *Westfälischen Rundschau* in Dortmund. Leyendeckers Arbeitsmotto: „Ich will es versuchen."

Herr Leyendecker, wie kommen Sie eigentlich zu Ihren Geschichten?
Ich habe ein Informantennetz, das sich allerdings immer wieder etwas verändert. Dieses Informantennetz richtet sich nach Interessen und Bedürfnissen. Beispielsweise Steuerfragen, Kälbermast oder Geheimdienste. Ganz unterschiedliche Bereiche. Da habe ich Leute, mit denen ich regelmäßig kommuniziere. So versuche ich, in einem Informationsfluss zu bleiben.

Und wo sprudeln dessen Quellen?
Es gibt verschiedene Informations-Pipelines, die durchs Land fließen. Ein Beispiel: In den Bundesländern gibt es Ministerien, die kommunizieren über verschiedene Dinge. Und ich hänge mich nicht immer in Spektakuläres rein, sondern in normale Vorgänge. Drei, vier Wochen, bevor ein Thema ein Thema wird, werden darüber schon Referentenentwürfe durch die Pipeline geschickt.

Was heißt das konkret, wenn Sie sagen, Sie hängen sich in die Pipeline? Doch wohl nicht, dass Sie bei der Pressestelle anrufen?
Ich verschaffe mir irgendwo in diesem System Einblick, an der unauffälligsten Stelle. Die Informanten der Länderinstitutionen, die was ausarbeiten, das sind meistens die schwierigsten. Die haben Angst, dass die Indiskretion auf sie zurückgeführt wird. Nein, ich gucke da, wo eine Information einfach nur so durchfließt, wo es keinen Verdacht gibt.

Wie lernen Sie Ihre Informanten denn überhaupt kennen?
Ich bin früher immer zu Empfängen gegangen, habe Leute auf Reisen begleitet, habe eine ganz normale Kontaktpflege betrieben. Das heißt, ich habe mir Leute gewogen gemacht, so dass diese Leute mit mir über irgendetwas kommunizieren wollten. Das sind ganz unterschiedliche Sachgebiete, aber wesentlich ist dabei immer, dass ich von diesen Dingen was verstehen muss, wenn ich wiederkommen will. Es gibt ja Leute, die haben Spezialgebiete. Und diese Spezialgebiete sind oft deren Lebensinhalt. Das sind die besten Gesprächspartner, weil die darauf achten, was es an Veränderungen gibt. Aber noch mal: Um mit denen kommunizieren zu können, muss ich etwas von der Sache verstehen.

Ihr Informant macht sich doch möglicherweise strafbar, wenn er mit Ihnen kooperiert: Warum gibt der Ihnen was?
Informanten sind sehr unterschiedlich strukturiert. Es gibt Informanten, die Zockertypen sind, es gibt Informanten, die sehr ängstlich sind. Was den Informantenschutz angeht: Wenn ich eine Unterlage bekomme und das Gefühl habe, dass sie nicht ausreichend viele Leute gesehen haben, dann bitte ich den Informanten, die Unterlage durchs Haus zu schicken. Wenn 40 Leute sie haben, ist die Gefahr für ihn geringer, aufzufliegen. Wenn irgendwas rauskommt, ist ja nicht die Frage, ist das falsch, was in der Zeitung steht. Sondern, wer hat nicht dicht gehalten? Und um dieses Risiko für die Informanten zu minimieren, mache ich es so. Was sicherlich auch vertrauensbildend ist und mir ermöglicht wiederkommen zu dürfen.

Was ist, wenn der Informant eigene Interessen verfolgt, jemanden anschwärzen will?
Das ist ein Problem: Wie kann ich halbwegs saubere Hände behalten? Ich mache mich natürlich ein Stück weit zum Interessenvertreter, wenn ich die Geschichte mache. Aus dieser Rolle komme ich gar nicht raus. Unabhängig und rein zu bleiben, das Material zu nehmen, aber nicht die Sicht des Informanten zu transportieren, das ist sehr schwierig. In der Regel läuft eine Art Geschäft mit dem Informanten ab. Er verfolgt ein Interesse, dass ich aus seiner Sicht mit befördere. Aber wenn er klug ist, dann darf ich ihn in dieser Geschichte auch attackieren. Denn derjenige, der als Bösewicht an irgendeiner Stelle auftaucht, der kann die Information ja nicht rausgelassen haben.

Sie klagen ja immer wieder, in Deutschland gebe es keinen investigativen Journalismus. Wie meinen Sie das?
Ich werde ja immer mit investigativem Journalismus verbunden. Dabei ist das, was ich mache, sehr begrenzt rechercheintensiv. Eigentlich hatte ich auch nie die Arbeitsmöglichkeiten, um das zu machen, was anderswo mit diesem Begriff verbunden wird. Investigativer Journalismus bedeutet in den USA nicht nur, dass man nichtöffentliche Quellen öffentlich zugänglich macht. Sondern es wird auch

eine strukturelle, langwierige Recherche darunter verstanden. Und das habe ich, bis auf die eine oder andere Ausnahme, nie geleistet. Wir deutschen Journalisten fördern eigentlich nur ganz selten etwas zu Tage, was ohne uns nicht zu Tage gefördert worden wäre.

Sie sind gelegentlich als Referent in Ausbildungsstätten und beginnen Ihren Vortrag meistens mit Ihren größten Flops. Da bietet sich Ihr Fauxpas bei der CDU-Spendenaffäre doch an. Was war da schiefgegangen?
Da ging es um eine Aussage vor der Staatsanwaltschaft, leider ein wunderbares Beispiel: Ich wusste, was ein Beteiligter aussagen wollte. Und nun passierte etwas Unerwartetes: Am Tag der Befragung kommt dieser Beteiligte nicht zu Wort. Ich erfuhr dies nicht und ging davon aus, dass der ausgesagt hat. Ich bringe also eine Geschichte, in der schon drin steht, was er eigentlich sagen will, und am anderen Tag auch sagen wird. Aber eben noch nicht gesagt hat! Das ist eigentlich sehr komisch, aber journalistisch problematisch. Das war ein Fehler. Aber so etwas passiert manchmal im Wettlauf mit den Konkurrenz-Medien.

Interview: Venio Piero Quinque

Fernsehjournalist Christoph Maria Fröhder – „Bei Informanten Vertrauen schaffen"

Zur Person
Christoph Maria Fröhder, Jg. 1942, ist freier Fernsehjournalist und lebt in Frankfurt. Seine Reportagen und investigativen Recherchen sendet vor allem die ARD. Seit 1969 berichtete er aus Krisen- und Kriegsgebieten, von Biafra über Vietnam bis zum Nahen Osten und dem Kosovo. Mit dem Film *Der Fall Transnuklear* deckte er die Korruption in der deutschen Atomindustrie auf. Die im Interview erwähnte Enttarnung des Geheimagenten Werner Mauss durch seine Recherche schildert Fröhder ausführlich in *Leidenschaft Recherche* (vgl. Leif,). Fröhder ist unter anderem Träger des Hanns Joachim Friedrichs-Preises.

Christoph Maria Fröhder war Anfang der 70er Jahre als Auslandsreporter bekannt, bevor er sich als investigativer Fernsehjournalist auch mit Inlandsthemen einen Namen machte. Im Ausland sei ihm die Recherche oft leichter gefallen: „Als Deutscher genießt man meist Vorschusslorbeeren. Die Leute sprechen offen mit einem über Dinge, die sie vielleicht in ihrem eigenen Land nicht veröffentlichen würden."

Andererseits warnt Fröhder: „Man lernt das Handwerk dabei nicht wirklich – die Hürde fehlt, dafür muss man doch in Deutschland arbeiten." Er selber lernte von „hochkarätigen älteren Kollegen": Claus Hinrich Casdorff (*Monitor*) und Peter Merseburger (*Panorama*). Die hätten ihm nicht zuletzt das penible Nachrecherchieren beigebracht und gezeigt, „wie etwas hundertprozentig abgesichert werden kann".

Anschließend habe sich Fröhder an eigene Themen gewagt. Sein Lernprinzip dabei: auch und vor allem von Nicht-Journalisten lernen. Sehr früh habe er Experten und Anwälte gefragt, „ob das, was ich zusammen getragen habe, sich mit ihrem Sachverstand deckt und einer juristischen Prüfung standhält". Wenn ein junger Journalist dieses Verfahren selbstkritisch anwende und dazu den offenen Dialog mit Kollegen suche, werde er das Geschäft allmählich selbst beherrschen.

Die heutige Recherche-Ausbildung an Journalistenschulen und in den vielen einschlägigen Uni-Studiengängen hält Christoph Maria Fröhder für „meistens relativ gut". Das Problem sei eher die Praxis. In den Redaktionen werde den jungen Leuten häufig signalisiert, dass an Recherche wenig Interesse besteht. Der Reporter erzählt, wie er vor nicht allzu langer Zeit ein Presserechtsseminar für Recherche-Journalisten organisierte, Ko-Dozenten waren juristische Koryphäen. Als er bei einem öffentlich-rechtlichen Sender, aus dem auch Seminarteilnehmer kommen sollten, um eine geringfügige finanzielle Beteiligung bat, antwortete ihm ein stellvertretender Redaktionsleiter: „Wozu? Wir machen doch praktisch keine Filme mehr, die mit dem Presserecht kollidieren könnten."

Nur noch Unterhaltung und der schnell gemachte Beitrag zählten – je flapsiger formuliert, desto besser: „Die jungen Leute sehen, dass sie auch ohne Recherche im Journalismus schnellen Erfolg haben". Für diejenigen, die wirklich Recherchieren lernen wollen, hat Fröhder einige Ratschläge parat: Zunächst sollten sie ein Recherche-Konzept entwickeln und das mit Kollegen besprechen. Dann nach dem Konzept arbeiten und alles, was sich dabei als nicht praxisgerecht herausstellt, präzise notieren, verändern – und das wiederum als Lernvorgang auswerten.

Auf die Frage, ob er beim Recherchieren tatsächlich bestimmte Kniffe und Tricks anwende – junge Journalisten fragen immer wieder danach –, reagiert Fröhder zurückhaltend: „Wenn es überhaupt einen Kniff gibt, dann den, dem potentiellen Informanten klarzumachen, dass ich eine vertrauenswürdige Person bin." Dies bedürfe langer Vorarbeit. Man müsse schon einen guten Ruf haben und ihn mit Referenzen belegen können. „Irgendwann haben sich Informanten aus der Vielzahl der Journalisten für mich entschieden. Dann war das Tor in der Regel offen."

Fröhder erläutert das an einem Beispiel: Er recherchierte in einem Aufsehen erregenden Mordfall, von dem seinerzeit nur wenige Details bekannt waren. Wichtigste potenzielle Informantin war die Ehefrau des mutmaßlichen Mörders, die auch zeitweilig in Haft saß. Fröhder erzählt: „Ich habe erstmal ihren früheren Mann aufgesucht und mit ihm ausführlich gesprochen. Der kannte meinen Namen. Ich

habe ihm Telefonnummern von Leuten gegeben, mit denen ich schon zusammen gearbeitet hatte. Dann habe ich ihre Eltern besucht, so zu sagen eine Aufwärmrunde hinter mich gebracht. Irgendwann kam dann die Frau aus dem Gefängnis. Sie war keine vier Stunden zu Hause, da rief ihr Ex-Ehemann bei mir an und sagte: Ich sitze mit Frau X und ihren Eltern hier zusammen. Vor dem Haus stehen etwa zehn Fernsehteams. Wir sind zu dem Schluss gekommen, dass wir diese Leute am besten loswerden, wenn wir Ihnen ein Interview geben und Sie im Anschluss daran draußen verkünden, dass Sie das Interview exklusiv bekommen haben." So sei er, erzählt Fröhder, zu einem Drei-Stunden-Interview gekommen, das dann am Abend in einer ARD-Sondersendung ausgestrahlt wurde.

Gerade Politiker und andere Medienprofis befürchteten oft, dass ihnen ungelenke oder unvorsichtige Aussagen später um die Ohren geschlagen werden. Deshalb gebe Fröhder seinen Gesprächspartnern immer die Möglichkeit, ihre Antworten „vier, fünf oder auch sechs Mal" zu geben – „bis sie davon überzeugt sind, dass die Antworten richtig sind, und ich überzeugt bin, dass das Wesentliche drin ist." Am Ende erkläre er den Interviewten in der Regel sogar, welche Antworten er senden wolle. „Und wenn ich die nicht alle unterbekommen habe, dann rufe ich sie an und sage ihnen das." Die seien dann oft ganz erstaunt, dass sich jemand so penibel an die Vereinbarung halte. Dies, so Fröhder, schaffe eben Vertrauen und erleichtere die weitere Zusammenarbeit.

Wichtige Informanten nehme der Reporter in eine mit besonderem Passwort geschützte Liste auf. Die werde intensiv gepflegt, und wer dies wünsche, werde regelmäßig angerufen. Nach dem jüngsten Urteil des Bundesverfassungsgerichts zur Weitergabe der Telefon-Verbindungsdaten von Journalisten plane Fröhder, alle seine Informanten abzutelefonieren um sich zu vergewissern, „dass sie auch in Zukunft mit mir kooperieren". Skepsis wegen unsicherer Telefonkanäle wolle er dabei offensiv begegnen: „Ich werde ihnen erklären, wie ich es vermeiden kann, dass meine Verbindungsdaten sie in irgendeiner Form belasten."

An einen „wirklichen Flop" kann sich Christoph Maria Fröhder in seiner Karriere nicht erinnern. Als einen der wichtigsten investigativen Erfolge, „die man mir nachsagt", nennt der Fernseh-Journalist die Enttarnung von Werner Mauss, dem Undercoveragenten von BKA und BND. „Das war die Arbeit von einem Dreivierteljahr und sie hat dazu geführt, dass beide Behörden dann weitgehend auf die Dienste von Mauss verzichtet haben."

Interview: Michael Rediske

Die Tipps der Profis als Ergebnis der Werkstattgespräche

- Entwickeln Sie ein Recherche-Konzept und besprechen Sie dieses mit Kollegen. Notieren Sie, was untauglich für die Praxis ist. Passen Sie das Konzept laufend Ihren Erfahrungen an.
- Verschaffen Sie sich an den unauffälligsten Stellen den Einblick in Informanten-Systeme. Wenn es überhaupt einen Kniff gibt, dann den, dem potenziellen Informanten klarzumachen, dass Sie eine vertrauenswürdige Person sind.
- Besorgen Sie sich Informationen immer auch im anderen Lager und beim politischen Gegner.
- Nutzen Sie Rivalitäten aus und stellen Sie sich dabei die Frage „Wem nützt die weitergegebene Information und wem schadet sie?"
- Lassen Sie laufende Recherchen auch von Nicht-Journalisten „gegenchecken". Wichtig ist besonders die Berurteilung durch Fachleute, Rechtskundige und spätere Hörer oder Leser des Beitrages.
- Nehmen Sie wichtige Informanten in eine passwortgeschützte Liste auf. Wer es wünscht, den rufen Sie regelmäßig an.

Literatur:
Leif, Thomas (Hrsg.): Leidenschaft: Recherche. Skandal-Geschichten und Enthüllungs-Berichte. 2. Auflage. Opladen/Wiesbaden 1999
Friedrichs, Jürgen/Schwinges, Ulrich: Das journalistische Interview, Opladen/Wiesbaden, 1999

2.14 Übung: Das Recherche-Leben der Anderen
– Von Recherche-Berufen lernen

von Thomas Leif

1. Sammlung von Recherche-Berufen in der Seminargruppe:
   Welche Berufe betreiben professionelle Informationsbeschaffung und Recherche?

2. Dokumentation und Gewichtung der Berufe in der Gruppe.

3. Einführung der Hintergrundtexte zu Recherche-Berufen. Fallbeispiele:

   - Deutsche Bank Research (oder andere Research-Abteilungen der Banken)
   - Investment Banker
   - Detektive
   - Ahnenforscher
   - Unternehmens-Historiker
   - Factchecker in Redaktionen (Spiegel u. a. vgl. Neuerscheinung VS-Verlag)
   - Recherche-Dienstleister (vgl. Job-Angebote in der Zeit)

4. Entwicklung eines Frage-Katalogs:

   - Wie recherchieren die spezifischen Berufe?
   - Welche handwerklichen Techniken wenden sie an?
   - Welche Tugenden braucht ein guter Rechercheur?
   - Welche „Berufs-Weisheiten" können Sie weitergeben?
   - Mit welchen Tricks arbeiten sie?
   - Welche Fehler sollte man vermeiden? (does und donts)
   - Welche Vorbilder empfehlen sie?
   - Wo liegen die grössten Defiziten bei Rechercheuren?
   - Wie kann sich ein Rechercheur weiter entwickeln?
   - Wo bestehen die wesentlichen Unterschiede zum journalistischen Arbeiten?
   - Die drei Kern-Kompetenzen, die ein erfolgreicher Rechercheur haben muss?
   - Soft skills vs. Wissen.
   - Welche Hilfsinstrumente empfehlen Sie? uvm.

5. Varianten der Beantwortung je nach Niveau der Teilnehmer:

- Übergabe eines Textes und einer direkten Telefonnummer. (Vorbereitung des Teamers)
- Beruf und Kontakt muss selbst ermittelt werden.

6. Aufgabenstellung: direkte Telefonate mit Repräsentanten der Berufe

- Die Teilnehmer schreiben ein Protokoll ihres Telefonats (2–3 Seiten), mit allen Fakten und vielen Zitaten gesättigt.
- Die Teilnehmer schreiben ein Portrait des jeweiligen Rechercheurs/Berufs (Zeitfenster – mindestens eine Stunde)

Zentral: Alle Teilnehmer erhalten je eine Kopie von allen Texten für die Seminarmappe.

7. Jeder Teilnehmer stellt die Ergebnisse seiner Gespräche in der Gruppe kurz vor. „Was war das Besondere?" – „Was hat mich beeindruckt" – „Was war mir neu?" Der Trainer steuert dieses Auswertungsgesprächs und notiert Kern-Ergebnisse in Stichworten auf einem gut sichtbaren Bogen und *sortiert* die zentralen Aussagen nach Fallgruppen.

8. *Bilanz:* Alle Teilnehmer schreiben abschliessend die zentralen Eigenschaften der professionellen Rechercheure auf zwei A-4-Blätter.

Die gleiche Methode wird seit Jahren mit Telefon-Interviews mit erfahrenen Rechercheuren aus allen Mediengattungen praktiziert. Hier gilt das gleiche Modell. Die Teilnehmer können hier durchaus ihre Gäste persönlich auswählen, soweit sie die Vorgaben erfüllen. (Relevanz, Recherche-Orientierung, Erfahrung etc.)

2.15 Wissensmanagement in Medienunternehmen
– Werkzeugkasten für teamübergreifende Recherche-Arbeit

von Christian Hallerberg

In den Medienbetrieben ist Wissensmanagement bisher kaum ein Thema. Und doch gehört zu deren Kernkompetenz die Beschaffung, die Bearbeitung und der Vertrieb von Wissen. Medienbetriebe unterscheiden sich darin kaum von den Manufakturen des 17. Jahrhunderts. Nahezu alles Wissen steckt nur in den Köpfen von Menschen. Zwar gibt es Computer, Archive und Ähnliches; aber der tägliche Umgang mit dem vorhandenen Wissen ist eher darauf angelegt, den Zugang und die allgemeine Nutzung desselben zu verhindern als zu fördern. Einige ältere Kollegen lieben es, die Jungen gegen die Wand laufen zu lassen, im besten Fall, damit sie „ihre eigenen Erfahrungen" machen. Das mühsam und aufwändig erworbene Wissen wird entsprechend eifersüchtig gehütet und nur in strategisch günstigen Momenten angedeutet.

Aber wo, wenn nicht im Bereich der Medien, müsste angesichts einer wachsenden Informationsflut die Identifikation, Speicherung, Weitergabe und (gemeinsame) Nutzung relevanten Wissens konsequent gemanagt werden? Nicht nur einige wenige sollen ihr Wissen kontinuierlich steigern. Alle Wissensträger sollten ihr Know-how systematisch der gesamten Organisation zur Verfügung stellen.

Wissen steckt vor allem in den Köpfen der Menschen

Dieses Ziel zu erreichen, ist vor allem die Aufgabe der Entscheider in den Medienunternehmen. Die Führungsetage muss durch positive Beispiele vorangehen. Fehlende Information und Kommunikation wirken auf den Mitarbeiter demotivierend, weil er sich berechtigt nicht ernst genommen fühlt und Eigenverantwortlichkeiten vermisst. Denn die journalistischen Produkte, ob Zeitschriften, Zeitungen, Bücher, Internet-Auftritte, Fernsehserien oder Filme – sie alle kommen aus den Köpfen von Menschen und nicht aus Maschinen, sie leben von der Kreativität, dem Engagement und der Begeisterung aller Mitarbeiter. Wenn das Kommunikationsklima einer Redaktion nicht stimmt, sind die ausgereiftesten Managementkonzepte zum Scheitern verurteilt. Gefordert ist aber auch die Journalistenausbildung, denn es ist ihre Aufgabe, die Sensibilität für den Umgang mit Wissen zu schärfen.

Ein weiteres Problem ist, dass der Erwerb und der Austausch von Wissen unter Journalisten bisher nur unzureichend goutiert wird. Das liegt zum großen Teil daran, dass in Deutschland die Form des Journalismus überwiegt, in dem Tiefe, Gründlichkeit und Exklusivität gar nicht gefordert werden. Viele junge Journalisten sehen sich sehr stark als Medienproduzenten. Bei ihnen ist der Anspruch, Qualitätsjournalismus zu betreiben, nicht sehr hoch. Das Bedürfnis, Instrumente des Wissensmanagements anzuwenden, ist vor allem dann kaum vorhanden, wenn Führungskräfte Journalismus als flüchtiges Geschäft betrachten, bei dem die Halbwertszeit der als relevant wahrgenommenen Informationen als gering einzustufen ist.

Wissensmanagement muss psychologische Barrieren überwinden

Ist aber einmal die Entscheidung gefallen, verstärkt das vorhandene Wissen zu managen, müssen die psychologischen Barrieren im Kollegium überwunden werden. Viele Journalisten stehen betriebswirtschaftlich geprägten Managementtheorien abwehrend oder zumindest skeptisch gegenüber. Allein das große Wort „Wissensmanagement" kann blockierend wirken. Deshalb sollte der Vorteil genutzt werden, dass Wissensmanagement nicht nur als komplettes Konzept, sondern auch in kleinen Teilschritten realisiert werden kann. Benennen Sie die Wissensmanagement-Werkzeuge beim Namen. So baut man eben zunächst eine Adressdatenbank auf oder achtet verstärkt auf ein funktionierendes Konferenzwesen. Die Hemmschwelle wird niedriger, wenn man auf vertraute Konzepte und kleinere Teilllösungen setzt.

Wie sich Journalisten der verbesserten Nutzung ihrer Wissensbestände nähern muss dem Einzelfall überlassen bleiben. Die Schwerpunkte müssen aber in der Verbesserung der Rechercheleistung der Journalisten und im Austausch der Ergebnisse untereinander liegen. Zwingend notwendig ist auch die Zieldefinition, in der festgelegt wird, was mit welchen Mitteln erreicht werden soll. Jede Redaktion muss dann ihren eigenen Weg zur effizienteren Nutzung des in den Köpfen der Mitarbeiter vorhandenen Wissens einschlagen und die Konzepte stetig und ergebnisoffen weiterentwickeln.

> *Fünf Schritte zum Wissensmanagement*
>
> • Ziele definieren, z. B.: Bis Ende des Jahres soll eine Adressdatenbank laufen.
> • Vom Nutzen des Wissensmanagements beziehungsweise seiner Werkzeuge überzeugen.
> • Werkzeug einführen und prüfen: Ist das Ziel erreicht worden?
> • Welche Schwächen gibt es?
> • Nachjustieren oder neues Ziel stecken.

Wer Wissensmanagement implementieren will, denkt meist zuerst an technische Lösungen wie Datenbanksysteme. Der große Vorteil der modernen Technologien ist, dass bei ihnen die Infrastrukturen der Wissensverteilung quer durch die Hierarchie verlaufen können. Anstelle einer automatisierten Verteilung erlauben sie auch das bedarfsgerechte, fallweise Zugreifen auf das im Unternehmen vorhandene Wissen. Wie die technische Lösung auch gestaltet ist, sie sollte über benutzerfreundliche Oberflächen nutzbar sein, die eine leichte Recherche und intuitive Bedienung ermöglichen. Je attraktiver sie ist, desto besser wird der Informationsaustausch funktionieren.

Aber Vorsicht: Technik sollte nicht allein zum schönen und teuren Spielzeug werden. Technik wird nur dann von den Mitarbeitern als Unterstützung ihrer Tätigkeit empfunden, wenn sie sinnvoll in die Arbeitsabläufe einbezogen werden kann.

Werkzeuge für journalistisches Wissensmanagement

Doch der Werkzeugkasten erstreckt sich nicht nur auf Bits und Bytes. Gerade im Journalismus spielt die direkte Kommunikation, der persönliche (Erfahrungs-) Austausch und die Kooperation zwischen Kollegen eine große Rolle.

Adressdatenbanken verwalten Kontakte
Zur täglichen Arbeit des Journalisten gehört der Kontakt zu Ansprechpartnern der Kommunen, politischen Gremien, Verbänden und Experten. Damit diese Quellen nicht nach wenigen Kontakten wieder versiegen, notiert der professionell arbeitende Journalist neben den Namen der Kontaktpersonen auch deren Telefon- und Faxnummern sowie E-mail- und Postadressen. Einige Stichworte über die Person, Position, Vorlieben und Fähigkeiten gehören – so man sie kennt – ebenso archiviert. Jedem Kontakt wird ein Datenblatt mit Hinweisen auf frühere Auskünfte, auf Stellungnahmen und Publikationen angehängt. So weit, so klar. Das ist alles noch journalistisches Handwerk wie es seit Jahrzehnten gelehrt, im Alltag aber oft vergessen wird.

Damit jedoch in einem Medienhaus nicht jeder nur seine eigenen Kontakte pflegt und lediglich auf diese zugreift, sollten die einzelnen Adressdateien zu einer Adressdatenbank zusammengeführt werden. Es ist allerdings ratsam, je nach Größe des Hauses, einzelne Datenbanken auf einen Nutzerkreis zu beschränken. Schließlich braucht der Sportjournalist andere Ansprechpartner als der Feuilletonist.

Egal, ob und wie man den Nutzerkreis definiert, eines steht fest: Ist die Zahl der Nutzer größer als eins, tritt ein Mehrwert ein. Da jeder den anderen seine Kontakte bereitstellt, vervielfältigt sich die Basis der Ansprechpartner. Das ist besonders für Mitarbeiter nützlich, die relativ neu in der Organisation sind: Ohne die Adressdatenbank müssten sie sich ihren Adressspeicher erst über Jahre aufbauen. Nutzbringend ist die Vernetzung der Adressdateien aber auch für altgediente Journalisten, da selbst sie auf eine breitere Basis zugreifen können und mit Menschen in Kontakt treten können, auf die sie ansonsten möglicherweise nicht gestoßen wären.

So vielversprechend auch die Möglichkeiten einer Adressdatenbank klingen, im Journalismus hat sie ihre Grenzen. Nicht jeder Kollege sollte ohne weiteres auf jede Telefonnummer Zugriff haben. Gewährt man z. B. allen Mitarbeitern Zugang zur Mobiltelefonnummer von DFB-Teamchef Rudi Völler, geht der Kollege XY, der den Kontakt mühsam hergestellt und die Handynummer von Völler erhalten hat, das Risiko ein, den Kontakt zu ‚verbrennen‘. Im Falle der Speicherung solch sensibler Daten ist möglicherweise ein Referenzsystem ausreichend. Der Suchende findet dann bei der Suchabfrage „Rudi Völler" neben den allgemeinen DFB-Kontakten den Hinweis, dass Kollege XY die Handynummer hat.

Agenda dient als Gedächtnisstütze
Termine, zu denen Themen aktuell werden können, lassen sich über eine Agenda planen und in Erinnerung rufen. Wenn jemand z. B. liest oder erfährt, dass eine bestimmte Angelegenheit zu einem bestimmten Zeitpunkt stattfindet, schützt ihn ein Vermerk in der Agenda davor, den Termin zu verpassen. Sie bietet dem Journalisten die Möglichkeit, ein Thema aufzugreifen, noch bevor offizielle Stellen überhaupt an das Informieren der Öffentlichkeit denken. Auf solche Weise können sich für den Journalisten Themen teilweise von selbst generieren. Zudem setzt das Medium die Themen selbst und ist früher dran als die Konkurrenz – nämlich zum Zeitpunkt des Geschehens mit einem Hintergrundstück –, und muss nicht den Geschehnissen hinterherhinken.

Genauso könnte die Agenda natürlich auch an interne Termine erinnern, etwa die nächste große Ressortkonferenz. Sie kann aber auch eine Übersicht über die An- und Abwesenheit der Kollegen geben, etwa wer wann zu welchem Termin fährt oder wer von wann bis wann Urlaub hat.

„Gelbe Seiten" verkürzen den internen Recherchewege
In den „gelben Seiten" ist vermerkt, welcher Kollege in welchem Themenbereich Spezialist und somit interner Ansprechpartner ist. In diesem Wissens-Branchenbuch werden alle vorhandenen Wissensressourcen der Mitarbeiter verzeichnet, und es können – unabhängig von funktionalen und hierarchischen Strukturen – kompetente Ansprechpartner zu jedem Problembereich ermittelt werden. Grundlage für das Verzeichnis könnten Homepages der Mitarbeiter sein, auf denen die persönlichen Fähigkeiten des Einzelnen und evtl. vorhandenes Expertenwissen beschrieben wird. Es würde aber auch genügen, wenn die Mitarbeiter in einfacherer Form preisgeben würden, etwa mit Hilfe einer Liste, in welchen Feldern sie kompetent sind. Das würde sich auch für ein Netzwerk von freien Journalisten anbieten.

Themenlisten vermeiden Doppelrecherchen
Hauptaufgabe der Themendatenbank ist die Vermeidung von Doppelrecherchen. In der Themendatenbank findet der Nutzer eine Übersicht über Themen, an denen in der Organisation gerade gearbeitet wird oder wurde. Recherchieren etwa mehrere Lokalredakteure unabhängig voneinander für einen Artikel über die Preissteigerungen in ihren Redaktionsbezirken, könnte man diese Recherchen abstimmen,

damit nicht alle bei den Statistischen Landesämtern anrufen oder den selben Inflations-Experten aus der Adressdatenbank ansprechen.

Darüber hinaus kann die Themenliste den Blattmachern bzw. Sendungs-redakteuren einen hilfreichen Überblick verschaffen und ihnen die Möglichkeit geben, Themen von verschiedenen Seiten zu beleuchten. So könnten etwa die Lokalredakteure dem regionalen Wirtschaftsressort zuarbeiten und die landesweite Berichterstattung über die Inflationsrate mit Stimmen aus der Region anreichern. Die Themenliste ist gleichzeitig ein Instrument, um der systemimmanenten Kurz-fristigkeit im journalistischen Denken entgegenzuwirken. Sie kann sich auch dann noch als brauchbarer Fundus erweisen, wenn aktuelle Ereignisse alle Planungen über den Haufen werfen. Zudem kann sie Umsetzungsvorschläge und Ideen zwischen Kollegen vermitteln, wie es heute schon über so genannte „Drehscheiben" passiert.

Konferenzen sind ein Themenpool

Bevor man Themenlisten anlegen kann, muss man Themen finden. Dabei spie-len traditionell Konferenzen eine tragende Rolle, die zu den humanorientierten Ansätzen zählen. Für deren Erfolg sind unter anderem ein verbindlicher Termin, ein Zeitplan und eine klare Gesprächsführung unerlässlich. Das sorgt dafür, dass Tagesordnungspunkte gezielt und im Zeitrahmen abgearbeitet werden.

In Redaktionskonferenzen werden die aktuellen Themen besprochen und die Aufgaben an die Redakteure verteilt. Vorteil: Die anwesende Redaktionsmann-schaft ist über die neusten Entwicklungen im Bilde. Nachteil: Meistens reicht die Zeit nur für kurze Besprechungen. Langfristig zu planende Themen fallen oft dem Zeitdiktat zum Opfer. Zudem werden abwesende Kolleginnen und Kollegen oft nur unzureichend über die besprochenen Inhalte informiert.

Entwicklung über mentoring, Aus- und Fortbildung

Zwar wird im Journalismus viel von „Edelfedertum" und der „Begabungsthese" gesprochen, nach der es Fähigkeiten gibt, die man nicht lernen kann. Dennoch fällt der Aus- und Fortbildung im Journalismus eine äußerst wichtige Rolle im Zuge der Wissensvermittlung zu. Das betrifft nicht nur die Weitergabe expliziten Wissens, sondern gerade auch die Vermittlung des unausgesprochen Erfahrungs-wissens (implizites Wissen). Hier ist Abschauen gewünscht.

Beim *mentoring* wird dem Mitarbeiter für seinen Arbeitsbereich ein Betreu-er, ein sogenannter Mentor, zur Unterstützung und Beratung zur Seite gestellt. Oftmals ist dies ein erfahrener, älterer Kollege, der bereits im Ruhestand ist und nun noch als freier Berater für das Unternehmen tätig ist. Gerade zur Weitergabe impliziten Wissens kann eine Mentorenbeziehung nützlich sein. Diese Unter-stützung kann außerhalb der täglichen Arbeit, bevorzugt aber als *training on the job* erfolgen. Allein schon der mündliche Austausch mit Kollegen, die in dem betreffenden Aufgabenfeld mehr Erfahrung haben, kann entscheidende Hinweise für ein erfolgreicheres journalistisches Handeln liefern. Inhaltlich sollte es dabei weniger um Einzelfallwissen, als um die Kenntnis von Strukturen oder die Pflege von Informanten gehen.

Literatur:

Götz, Klaus (Hrsg.): Wissensmanagement: zwischen Wissen und Nichtwissen. Rainer Hampp Verlag, München/Mehring, 3. Auflage.

Held, Barbara/Ruß-Mohl, Stephan (Hrsg.): Qualität durch Kommunikation sichern – Vom Qualitätsmanagement zur Qualitätskultur. Erfahrungsberichte aus Industrie, Dienstleistung und Medienwirtschaft. F.A.Z.-Institut für Management-, Markt- und Medieninformationen, Frankfurt am Main

Loosen, Wiebke/Weischenberg, Siegfried (2002): Das Drehkreuz der Redaktion. Kompetenz-Dimensionen des „Datenbank-Journalismus"; in: Hans-Bredow-Institut (Hrsg.): Medien- und Kommunikationswissenschaft, Ausgabe 1/2002. Nomos-Verlagsgesellschaft, Baden-Baden, S. 93–101.

Mast, Claudia (1997): Redaktionsmanagement. Ziele und Aufgaben für Journalisten. Reihe Düsseldorfer Medienwissenschaftliche Vorträge, Band 9. ZV Zeitungs-Verlag Service, Bonn.

Meckel, Miriam (1999): Redaktionsmanagement. Ansätze aus Theorie und Praxis. Westdeutscher Verlag, Opladen/Wiesbaden.

Probst, Gilbert J.B./Raub, Steffen/Romhardt, Kai (1999): Wissen managen: wie Unternehmen ihre wertvollste Ressource optimal nutzen, 3. Auflage. Gabler Verlag, Wiesbaden.

2.16 Investigativer Journalismus und Recht
– Fallbeispiele und Themen für ein Seminar

von Venio Piero Quinque

Grundsätzlich unterliegen investigative Journalisten (IJ) im Rahmen ihrer beruflichen Tätigkeit denselben Rechtspflichten wie andere Staatsbürger. Im Vergleich mit Berufen, die ebenfalls eine öffentliche Funktion erfüllen wie Rechtsanwälte, Ärzte und Beamte, ergeben sich für Journalisten aus ihrer Tätigkeit jedoch besondere Rechte und Pflichten. Die folgenden Beispiele zeigen, wann investigativer Journalismus für diejenigen, die ihn praktizieren, juristisch riskant sein kann.

Ausspähen von Daten (gemäß § 202a StGB, Strafrecht)

Elektronischen Medien wie Computer, CD-Rom, Diskette oder Daten-Festplatte kommt heutzutage eine vergleichbare Funktion zu wie dem Schriftstück. Für den IJ können sie ebenso interessant sein, wie schriftliche Dokumente.

Rechtslage
Geschütztes Rechtsgut ist hier, neben dem persönlichen Lebens- und Geheimbereich, das formalisierte Interesse an der Geheimhaltung von Daten, welche nicht unmittelbar wahrnehmbar gespeichert sind oder übermittelt werden. Träger des Rechtsguts ist der über die Daten Verfügungsberechtigte; mitgeschützt ist auch der vom Dateninhalt Betroffene, wenn er ein Recht auf Wahrung der Vertraulichkeit gegenüber dem Berechtigten hat.

Gemäß § 202a StGB macht sich strafbar, wer unbefugt Daten, die nicht für ihn bestimmt und die gegen unberechtigten Zugang besonders gesichert sind, sich oder einem anderen verschafft.

Der Datenbegriff ist in Abs. 2 legaldefiniert: Demnach handelt es sich nur um solche, die elektronisch, magnetisch oder sonst nicht unmittelbar wahrnehmbar gespeichert sind oder übermittelt werden.

Nicht für den IJ (Täter) bestimmt sind Daten, die nach dem Willen des Berechtigten nicht in den Herrschaftsbereich des IJ gelangen sollen.

Gegen unberechtigten Zugang besonders gesichert sind Daten, wenn Vorkehrungen speziell zu dem Zweck getroffen sind den Zugang Unbefugter zu verhindern oder zu erschweren, dabei kommen neben verschlossenen Behältnissen

(z. B. Kassetten für Magnetbänder oder ähnliche Datenträger) und mechanischen Schließeinrichtungen (Schlösser an Computeranlagen) auch systemimmanente Vorkehrungen infrage (Passwörter, Magnetkarten, Verschlüsselungen).

„Sich oder einem anderen verschaffen" bedeutet das Herstellen der eigenen Herrschaft oder der eines anderen über die Daten. Dazu genügt es, wenn der Täter entweder von ihnen Kenntnis nimmt (beziehungsweise dem anderen die Kenntnisnahme ermöglicht) oder – ohne Kenntnisnahme – sich oder dem anderen den Besitz an den Datenträgern verschafft.

Nach dieser Norm strafbar macht sich der Journalist, wenn er als „Hacker" selbst den aufgeführten Tatbestand erfüllt. Es wird die Ansicht vertreten, kein noch so berechtigtes Informationsinteresse der Medien könne einen solchen „Einbruch" rechtfertigen.

Die Anstiftung eines „Hackers" oder die Beihilfe durch einen Journalisten sind strafbar.

Anders sieht es aus, wenn ein Dritter ohne Anstiftung oder Beihilfe des IJ den Straftatbestand erfüllt und dem IJ die Daten zur Verfügung stellt. Deren Nutzung durch den IJ bleibt straflos.

Beispiel 1: Eidesstattliche Versicherung (Zivilprozessrecht)

Das TV-Magazin *Panorama* strahlte am 7. Februar 2002 einen Beitrag aus *(Kiez, Koks, Kungeleien – Der Abstieg des Ronald Sch.)*. Darin ging es unter anderem um Gerüchte, die einen Hamburger Politiker in Zusammenhang mit Drogenkonsum brachten. Ein anonymer Zeuge berichtete, er habe gesehen, dass der Politiker Sch. ein weißes Pulver genommen habe.

Diese Aussage hatte der Anonymus auch in einer eidesstattlichen Versicherung festgehalten. Nach einem Haartest des Politikers wurde diesem gutachterlich bestätigt keine illegalen Drogen konsumiert zu haben. Der Politiker erwirkte eine einstweilige Verfügung gegen das ARD-Magazin, in der dem ausstrahlenden NDR mit einem Ordnungsgeld von 250.000 Euro gedroht wurde, sollten die Behauptungen über einen angeblichen Kokain-Konsum des Innensenators wiederholt werden.

Rechtslage
Dokumente und andere schriftliche Urkunden sind im Gerichtsverfahren, sofern sie zweifelsfrei echt sind, ein allen anderen überlegenes Beweismittel.

Doch nicht alle Arten sind dazu geeignet: Veröffentlichungen anderer Medien, welche bereits über einen Sachverhalt berichtet haben, sind kein Beweismittel im Sinn der Prozessordnungen. Eine bereits woanders publizierte rechtsverletzende Behauptung ist für die Wahrheitsvermutung unerheblich und deshalb für Journalisten verfahrensprozessual regelmäßig unbegründet. Nur Einzelpersonen können sich zur Rechtfertigung ihrer Äußerung darauf berufen, dass von ihnen in die geistige oder politische Auseinandersetzung eingeführte Tatsachenbehauptungen zuvor vom Betroffen undementiert in den Medien verbreitet worden sind. IJ steht eine derartige Beweiserleichterung nicht zu (ebensowenig wie Journalisten im allgemeinen).

Eidesstattliche Versicherungen, mit denen sich Redaktionen und IJ von Informanten gelegentlich die zutreffende Darstellung bestätigen lassen, sind nur eingeschränkt dazu geeignet. Vielleicht ist der Wunsch eines IJ an den Informanten eine eidesstattliche Versicherung zu erhalten ein Mittel, um dem Informanten vor Augen zu führen, wie wichtig die Angabe genommen wird. Nur ist die Abgabe einer falschen eidesstattlichen Versicherung, welche nicht zur Vorlage bei einem Gericht oder einer Behörde bestimmt ist, weder strafbar noch sonst rechtlich relevant.

Zwar sieht die Zivilprozessordnung eidesstattliche Versicherungen als Mittel der Glaubhaftmachung vor, insbesondere für Verfahren der einstweiligen Verfügung. Doch sind entgegenstehende eidesstattliche Versicherungen ebenso zulässig und vom Gericht zur Entscheidungsfindung zu berücksichtigen. Folglich ist ihr Beweiswert eher gering. Außerhalb des Verfahrens der einstweiligen Verfügung sind eidesstattliche Versicherungen als Beweismittel im Zivilprozessrecht nicht vorgesehen. Insbesondere ersetzen sie nicht die Notwendigkeit, ihre Verfasser als Zeugen zu präsentieren.

Wird der Informant als Verfasser der eidesstattlichen Versicherung der falschen Abgabe überführt, droht ihm die Sanktion des § 156 StGB (Falsche Versicherung an Eides Statt). Im Zuge der strafrechtlichen „Teilnahme an der Haupttat" kann auch der IJ bestraft werden, wenn er zu der falschen Abgabe „angestiftet" oder „Beihilfe" geleistet hat.

Beispiel 2: Üble Nachrede und Formalbeleidigung (gemäß § 186 StGB, Strafrecht)

Die *Hamburger Morgenpost* druckte am 12. Januar 2001 unter dem Titel „Er war Stammgast und wurde gefilmt: Dieser Politiker ist erpressbar" einen Artikel über die angeblichen Bordellbesuche eines namentlich nicht genannten Politikers. Ein Hamburger Staatsrat fühlte sich angesprochen und zeigte den Reporter an, der von einem Hamburger Amtsgericht wegen übler Nachrede belangt wurde. Das Urteil: 16.000 D-Mark Geldstrafe.

Rechtslage

Die Straftat gemäß § 186 StGB wird mit einem Jahr Freiheitsstrafe sanktioniert. Wenn die Tat „öffentlich" oder durch „Verbreiten von Schriften" geschieht, mit Freiheitsstrafe bis zu zwei Jahren. An Stelle einer Freiheitsstrafe kann die Geldstrafe treten.

Anders als bei der Beleidigung erfordert die üble Nachrede keine Kundgabe der Nicht- oder Missachtung. Stattdessen bestraft sie die Mitteilung von Tatsachen, die wiederum Dritte zur Missachtung veranlassen könnten. Der Täter (IJ) schafft also die Grundlage dafür, dass ein Dritter sich ein negatives Urteil über den Betroffenen bilden kann.

Den Tatbestand der üblen Nachrede erfüllt ein IJ, wenn er in Bezug auf einen anderen eine Tatsache behauptet oder verbreitet, die denselben verächtlich zu machen oder in der öffentlichen Meinung herabzuwürdigen geeignet ist, sofern diese Tatsache nicht zutrifft. Die entsprechende Beweislast kommt dem Urheber (IJ) zu. Tathandlung ist das „Behaupten" oder „Verbreiten ehrenrühriger Tatsachen". Tatsachenbehauptungen" sind Aussagen, die der Überprüfung auf ihre Richtigkeit mit den Mitteln des Beweises zugänglich sind.

„Behaupten" heißt, eine Tatsache als nach eigener Überzeugung wahr hinstellen, selbst wenn man sie nur von dritter Seite erfahren hat. Dies kann auch dadurch geschehen, dass eine Frage gestellt, eine Schlussfolgerung nahe gelegt oder ein Verdacht geäußert wird. „Verbreiten" ist Weitergeben einer fremden Äußerung. Bei der Verbreitung einer diffamierenden Tatsachenbehauptung durch Schriften gehört zum Begriff der Verbreitung das körperliche Zugänglichmachen eines Exemplars der Schrift für Dritte. Im Gegensatz zum „Behaupten" bedeutet „Verbreiten" das Weitergeben einer Mitteilung nicht als Gegenstand eigener Überzeugung, sondern als von dritter Seite erfahren. Auch die Verbreitung eines Gerüchts kann den Tatbestand der üblen Nachrede erfüllen. Es sei denn, der IJ (Verbreiter) distanziert sich eindeutig von einer solchen Mitteilung (beziehungsweise tritt ihr ernsthaft entgegen) und es besteht ein öffentliches Interesse an der Verbreitung. Ein IJ darf Äußerungen Dritter mit einem Eingriffscharakter nur verbreiten, wenn er sich hinreichend von deren Inhalt distanziert.

Das Tatbestandsmerkmal „in Beziehung auf einen anderen" erfordert, dass „Empfänger" der Kundgabe und Betroffener verschiedene Personen sind. Zudem muss erkennbar sein, dass hinter der Äußerung ein anderer als der Betroffene als (angeblicher oder wirklicher) Urheber steht. Wer den Drittbezug verbirgt und lediglich eine den Betroffenen kompromittierende Sachlage schafft, wird nicht erfasst.

„Ehrenrührig" im Sinne des § 186 StGB sind Tatsachen, die geeignet sind den Betroffenen verächtlich zu machen oder in der öffentlichen Meinung herabzuwürdigen. „Verächtlichmachung" bedeutet, dass etwas durch Werturteil oder Tatsachenbehauptung als der Achtung unwert oder unwürdig dargestellt wird. „Herabwürdigen" ist weniger gravierend und bedeutet die Schmälerung des Rufs. Es genügt die Eignung, ein Diffamierungserfolg muss nicht nachgewiesen werden.

Weiterhin muss die Tatsache „nicht erweislich wahr sein". Die Strafbarkeit entfällt, falls die Tatsache als wahr erwiesen wird. Der IJ (Täter) trägt das volle „Beweisrisiko". Erforderlich ist im Streitfall vor dem Strafgericht der tatsächliche Beweis. So genannte objektive Beweisregeln für die Berichterstattung über eine Straftat stellt nur § 190 StGB auf: Demnach ist der Wahrheitsbeweis erbracht, wenn jemand, der von einer entsprechenden Berichterstattung betroffen ist, rechtskräftig verurteilt worden ist. Wurde er dagegen rechtskräftig freigesprochen, ist die Tatsachenbehauptung dem Wahrheitsbeweis nicht mehr zugänglich.

Für die Presse im Allgemeinen wirkt sich dies erschwerend aus, da sie praktisch tagtäglich Meldungen über Dritte publiziert und schon aus Gründen der Aktualität kaum die Richtigkeit jeder einzelnen Mitteilung überprüfen kann. Für den IJ heißt dies jedoch, dass er erst recht jedes belastende Detail über den Betroffenen seiner Berichterstattung prüfen und es sich nötigenfalls von mehreren Quellen bestätigen lassen muss. Das Beweisrisiko bedeutet für den IJ, dass das Scheitern des Nachweises der Richtigkeit der Äußerung jedenfalls zu seinen Lasten geht, z. B. wenn der Hauptzeuge verstirbt oder die Aussage nicht mehr tätigen will. Allerdings ist der Wahrheitsbeweis geführt, wenn die geäußerte Tatsache im Kern zutrifft.

Doch wenn der Wahrheitsbeweis erfolgreich geführt worden ist, kommt gemäß § 192 StGB noch eine „Beleidigung" hinsichtlich der Form der „Behauptung" beziehungsweise „Verbreitung" der wahren Tatsache in Betracht, nämlich die so genannte „Formalbeleidigung" (gemäß §§ 185, 192 StGB).

Unzulässig ist es demnach, wie oben bereits angeführt, über die angeblichen Bordellbesuche eines Politikers zu berichten, wenn es keine Zeugen für die Vorwürfe der Erpressbarkeit gibt. Selbst wenn die Besuche eines entsprechenden Lokals zutreffend geschildert wurden, kann dennoch eine Formalbeleidigung gemäß §§ 185, 192 StGB (Beleidigung) in Frage kommen.

Literatur:
Branahl, Udo: Medienrecht. Eine Einführung, 4. Auflage, Opladen 2002
Branahl, Udo: Recherche-Recht. In: Projektteam Lokaljournalisten (Hrsg.): Lokaljournalismus. Themen und Management, München 1998, S. 299–321
Lackner, Karl; Kühl, Kristian: Strafgesetzbuch, 24. Auflage, München: 2001
Lenckner, Theodor/Perron Walter, in: Schönke/Schröder, Strafgesetzbuch, 26. Auflage, München: 2001
Löffler, Martin/Ricker, Reinhart: Handbuch des Presserechts, 4. Auflage, München: 2000
Löffler, Martin: Presserecht. Kommentar zu den Landespressegesetzen der Bundesrepublik Deutschland, 4. Auflage, München 1997
Quinque, Venio Piero: Investigativer Journalismus und Recht. Ein Handbuch für die Praxis, Herbst 2003
Soehring, Jörg (unter Mitwirkung von Hoeren, Thomas): Presserecht, 3. Auflage, Stuttgart: 2000.
Tröndle, Herbert; Fischer, Thomas, Strafgesetzbuch, 50. Auflage, München: 2001

2.17 Herangehensweisen für Recherchen
– Ideen und Anregungen für Trainer

von Johannes Ludwig

Recherche-Training findet auf den gleichen Ebenen statt wie das Recherchieren selbst. Zunächst geht es um die grundsätzlichen Herangehensweisen. Diese betreffen vor allem hilfreiche mentale Einstellungen der recherchierenden Journalisten (Wie sieht die notwendige ‚Denke' beim Recherchieren aus?). Auf einer zweiten Ebene geht es um Recherche-Strategien: Wie kann man im Einzelfall vorgehen? Welche Techniken und Kniffe bieten sich in welchen Situationen an? Kooperationen und journalistische Arbeitsteilung sind eine weitere Arbeitsebene – es geht um dadurch realisierbare Vorteile und meist bessere Ergebnisse. Zwei oder mehrere Journalisten verbessern in einer sinnvollen Synergie ihre vergleichsweise ungünstigeren Ausgangspositionen gegenüber der anderen Seite, die ja alles weiß, aber nichts ‚herauslassen' möchte.

Suchen und Finden sowie das effektive Aktivieren von Quellen ist eine weitere unverzichtbare berufliche Qualifikationsebene: Was ist aus Quellen wie herauszuholen? Der sensible Umgang mit Informanten gehört schließlich zu den empfindlichsten Arbeitsbereichen: Wie findet man Informanten und wie schützt man sie?

Letztendlich dreht sich alles auch um geeignete Ansatzpunkte für Recherchen: potenzielle Themen, die eigentlich auf der Straße liegen, und um ganz konkrete Startmöglichkeiten dabei.

Kritischer Geist

Recherchierende Journalisten müssen über Ungereimtheiten und Merkwürdigkeiten stolpern sowie Widersprüche erkennen können. „Spürhunde" erfassen die Ungewöhnlichkeit einer Situation intuitiv. Tun sie das nicht, kommen Geschichten nur aufgrund gezielter Tipps von außen in Gang. Die aktive Rolle des Journalisten beim Aufspüren von Themen geht damit verloren.

Viele Recherche-Geschichten gerade auf lokaler Ebene, die später überregional im Spiegel zu lesen waren, sind auf diese Weise entstanden: als Testballon, der in eine Follow-up-Geschichte mündete, oder durch die Thematisierung von „nicht ganz normalen Vorgängen".

Trainingsvorschlag

„Spürhund"-Sensibilität lässt sich durch gedankliche Trockenübungen trainieren. Konfliktfelder eignen sich besonders für Übungsrecherchen:

• Doppelmandate und Ämterhäufung statt klarer Interessens- und Arbeitsteilung (Zielgruppen: Politiker, Wirtschaftsprüfer, Aufsichtsräte);

• Verflechtungen und Überkreuzbeteiligungen bei öffentlichen oder privaten Unternehmen oder Institutionen wie Vereinen und Verbänden;

• die Frage nach der Unabhängigkeit von Entscheidungsträgern und offenen oder verdeckten Lobbyisten;

• vorhandene Klüngel und Filzstrukturen.

Geeignete Fragen: Wo entstehen Interessenskonflikte? Wie kommt es dazu? Was ist für Außenstehende nicht oder nur schwer sichtbar? Wer hat Interesse an was? Wer könnte von wem in welcher Weise und warum so und nicht anders profitieren?

Danach folgt eine konkrete Recherche als Überprüfung für die theoretisch diskutierte Situation eines verdeckten Interessenskonfliktes. Oder die Seminarteilnehmer üben durch die Rekonstruktion von Fällen: Was hat sich herausgestellt? Wie sind diese Dinge bekannt geworden? Wer wurde stutzig? Aufgrund welcher Informationen? Bei welcher Gelegenheit?

Methode: Organigramme, Netz- und Ablaufpläne mit Mind-Mapping darstellen, vgl. M. Haller 2000: 260–262; J. Ludwig 2002: 80–83

Man sieht nur, was man weiß

Hilfreich beim Aufspüren und Recherchieren ist Vorwissen. Denn: Man sieht nur, was man weiß. Beziehungsweise man kann nur über das stolpern, was man als Stolperstein auch wahrnehmen kann.

Je mehr man sich in einen Sachverhalt oder in eine Materie inhaltlich hineinarbeitet und damit auch hineindenken kann, umso eher sieht man mögliche Widersprüche. Vorwissen ist deshalb nicht nur aus diesem Grund unverzichtbar, sondern erleichtert später auch die Recherche: Erst die Kenntnis von milieu- oder branchenspezifischen Codes und Umgangsusancen ermöglichen das Recherchieren und Interpretieren von Informationen. Weiterer Vorteil: Je mehr man zum Experten auf bestimmten Gebieten wird, umso eher wird man in dieser Funktion von potenziellen Informanten auch angesprochen.

Formal geht es um das Eindenken in ‚Betriebssysteme' – egal ob es sich um das System „Handelsregister" oder um das „Gesundheitssystem" handelt. Nur wer über die Ziele und Funktionen, deren konkrete Umsetzung und wirtschaftliche Grundlagen, die genaue Organisation und die Arbeitsabläufe im Einzelnen Bescheid weiß, kann die dazugehörigen journalistischen Kontrollaufgaben erkennen. Sie versetzen in die Lage, in einem Soll-IstVergleich relevante Abweichungen zu entdecken und das Umgehen demokratischer Transparenz zu brandmarken.

Beispiel und Trainingsvorschlag „Tanker-Recherche"
Brendel und Brendel 2000: 107–113, 145–148. Lassen Sie die Geschichte und den Recherche-Ablauf erst durcharbeiten und reflektieren Sie: Was hätte man wie anders machen können? Die Einsicht in notwendiges Vorwissen zwingt sich geradezu auf. Zum Thema „Eindenken in Betriebssysteme" vgl. J. Ludwig 2002: 113–119

Neugier, Misstrauen, Respektlosigkeit und Fantasie

Neugier gegenüber allem, was journalistisch interessant erscheint, und Misstrauen ergänzen einander. Es gilt auch hier der aus der *Sesamstraße* bekannte Slogan „Wer, wie, was, wieso, weshalb, warum – wer nicht fragt, bleibt dumm". Gleichzeitig sollte man allen Erklärungen und Begründungen mit einem gesunden Maß an Misstrauen begegnen. Denn häufig laufen Erklärungen nur nach der bekannten Regel: „Was nicht sein darf, das nicht sein kann." Brauchbarer ist die umgedrehte Arbeitshypothese: „Vieles ist so, weil es so sein soll oder muss." Warum etwas so sein soll oder muss, genau dies zu hinterfragen und gegebenenfalls herauszufinden ist Aufgabe des recherchierenden Journalisten.

Viele bekannt gewordenen großen und kleinen Geschichten haben so das Licht der Öffentlichkeit erblickt. Bekanntester Fall ist die Watergate-Affäre. Sie ist ein ideales Lehrbeispiel für alle relevanten Recherche-Techniken. Die beiden Lokalreporter begannen ihre Ermittlungen an einem Einbruch. Nur das ständige Fragenstellen, das regelmäßige Überlegen und Nachdenken sowie die Skepsis gegenüber vorschnellen und auf den ersten Blick einleuchtenden Erklärungen hat die beiden Journalisten weitergebracht.

Weitergebracht hat sie aber auch ein gesundes und im Journalismus unverzichtbares Maß an Respektlosigkeit gegenüber allen Amts-, Funktions- und Würdenträgern einschließlich der lange unangetasteten Aura des Weißen Hauses. Ein Schlüsselerlebnisse der beiden Reporter, aber auch der des Chefredakteurs, war die sich aufdrängende Arbeitshypothese, dass der Präsident sowie einige seiner Mitarbeiter inklusive sein Justizminister ausgefuchste Lügner und Gauner sein könnten. Dieses Maß an Fantasievermögen, sich auch das Unmögliche dennoch als möglich vorstellen zu können, gehört zur Recherche-Arbeit dazu. Nur so verbaut man sich nicht von vornherein den Blick für zunächst unwahrscheinliche Erklärungen des Sachverhalts.

Beispiel „Watergate-Affäre": Film *Die Unbestechlichen*, USA 1976; 124
Minuten, Regie: Alan J. Pakula (vgl. Bernstein/Woodward, 1974 und 1998).
Die schwierige Anfangsphase der Recherchen und die vielen Probleme sind
in Buch und Film minutiös nachgezeichnet.

Systematisch und präzise vorgehen

Da die Betroffenen, über die oder ‚gegen' die recherchiert wird, daran meist kein
Interesse haben, gleicht die journalistische Recherche oft einem Katz-und-Maus-
Spiel. Der Journalist kämpft daher gegen Verweigerung, Vernebelung, Barrieren
und Widerstände an. Hier hilft nur systematisches Vorgehen.

Konkret ist der Journalist immer im Nachteil, da er im Nebel stochern muss.
Er kann nicht ausschließen, dass das, was er findet, ein Köder oder eine falsche
Fährte ist. Selbst wenn dies nicht so ist, so gelingt es ihm in der Regel nur, einen
kleinen Ausschnitt aus der zu recherchierenden Wirklichkeit zu erfassen. Wie
repräsentativ dieser ist, weiß man meist nicht. So lange der recherchierende Journalist das, was er hat, auch presserechtlich, also juristisch wasserdicht machen kann,
publiziert er es. Wirklich stimmen müssen die Zusammenhänge deswegen nicht.

Wenn sich ein Journalist vorgenommen hat, die berühmte Nadel im Heuhaufen
zu finden, so sollte er dieses Unterfangen möglichst effizient organisieren. Mittels
Systematik kann er Doppelarbeit vermeiden und die Erfolgschancen erhöhen.

Systematisches Vorgehen heißt vor allem, konsequent nach bestimmten
Kriterien vorzugehen. Allerdings müssen diese Kriterien zuvor definiert sein. Dies
können streng logische Gesichtspunkte, Plausibilitäten oder auch Vermutungen
sein. Kriminalisten verlassen sich häufig auch auf ihr Gefühl. Eine „Spürnase"
entwickelt sich mit zunehmender Berufserfahrung. So lange kann und will nicht
jeder warten. Auf jeden Fall kommt darauf an, mittels systematischer Suche all jene
Wege, die nicht funktionieren, nach und nach auszuschließen und so den potenziell
erfolgreichen Suchraum immer weiter einzuengen. Die vorhandenen Kapazitäten
an Zeit und Geld begrenzen diese Bemühungen. Andererseits ist hoher Aufwand
die einzige Chance für schwierige und langwierige Recherchen.

Es gibt dazu keine Alternative, wenn die Ermittlungen nicht auf gezielten
Hinweisen von Informanten aufgebaut werden können.

Um aber alle Möglichkeiten vollständig auszuschöpfen, sollte jeder auch auf
den „Kommissar Zufall" setzen. Er lässt sich dadurch herausfordern, dass man
gerade nichts dem Zufall überlässt, sondern alle Informationswege systematisch
nutzt. In der Kriminalistik spielt dieses Phänomen eine wichtige Rolle. „Kommissar
Zufall" ist – wissenschaftlich gesehen – ein Phänomen der Wahrscheinlichkeits-
rechnung: mit zunehmender Anzahl von genutzten Möglichkeiten steigt potenziell
auch die Trefferquote.

Trainingsvorschlag
Ausgangspunkt der Übungsrecherche ist ein anonymer Hinweis: Ein Wohnungsbauminister hat von einem befreundeten Baulöwen angeblich eine Eigentumswohnung in der Schweiz geschenkt bekommen. Irgendwo in der Nähe des Zürichsees ... Aufgabenstellung: Wie findet man die fragliche Wohnung? vgl. J. Ludwig 2002: 98–104

Informationsstrukturen nutzen

Recherche-Erfolge definieren sich über die genaue Kenntnis der Infrastrukturen. Regelmäßig werden bestimmte Quellen in ihrem Ergiebigkeitspotenzial unterschätzt. Folge: Rechercheure verschenken relevante Informationen oder Aspekte. Oder sie gestalten sich schwieriger als eigentlich notwendig. Oder sie versanden zu früh oder kommen erst gar nicht in Schwung. Umgekehrt kommt nur jener effektiv voran, der mögliche Quellen genau kennt, der um die dahinter stehenden Organisations- und Ablaufstrukturen (Systemstrukturen) weiß und deshalb versteht, wie man sich diese für journalistische Recherche-Zwecke nutzbar machen kann. Beispiel: das Handelsregister, das zutreffender eigentlich Firmenregister heißen müsste.

Trainingsvorschlag
Ein mehrstündiger (bis halbtägiger) Arbeitsbesuch beim Handelsregister (HR) vor Ort Trainingsziele: Kennenlernen der Arbeitsabläufe und deren rechtliche Hintergründe in diesem öffentlichen Register; Kenntnis der gängigen Rechtsformen; gezieltes Auswerten bestimmter Akten auf die Vollständigkeit ihres Informationsumfangs hin oder das Bearbeiten eines vorbereiteten Fragenkatalogs. Auf diese Weise lässt sich das Firmeninformationsregisters kennen lernen. Vorbereitung: Der Trainer muss zuvor geeignete Akten auswählen und auf ihren Informationsumfang hin überprüfen. Folgende Informationsmöglichkeiten sollten dabei berücksichtigt werden:
- Registerkartei
- Akten HRA und HRB und ihre Unterschiede
- Urkundenband/Sonderband – Akten
- Hauptband/Ergänzungsband – Akten
- Informationen über Jahresabschlüsse (Bilanz usw.)
- Nutzung des Handelsregisters als „schwarzes Brett" vgl. J. Ludwig 2002: 204–227

Offizielle Informationsstrukturen wie öffentliche Register, Aktensammlungen, Nachschlagewerke oder Datenbanken, die sich *speziell* für Journalisten und ihre Recherche-Bedürfnisse eigenen, existieren in Deutschland nicht. Allerdings verbergen sich viele nützlichen Daten hinter Informationsbarrieren. Der Abbau solcher Schranken und die Durchsetzung von mehr Transparenz durch journalistisches Herausfordern der Rechtsentwicklung ist ebenfalls ein ständiges Recherche-Training.

Schranken sind z. B. das Geschäftsgeheimnis, Steuergeheimnis, Dienstgeheimnis, Schweigepflichten, Datenschutzregelungen der unterschiedlichsten Art, Beamten- und Bürokratenmentalität oder Monopolstrukturen. In und für bestimmte Bereiche gibt es bereits Ausnahmeregelungen und damit Informationszugang: Informationsfreiheitsgesetze in vier Bundesländern und das seit 1994 existierende Umweltinformationsgesetz mit vergleichsweise großzügigen Zugangsregelungen.

Ein regelmäßiger Check der grundsätzlich vorgesehenen Informationsmöglichkeiten sowie das konkrete Austesten dieser Regelungen sichert recherchierenden Journalisten nicht nur den aktuellen Informationsstand, sondern vermittelt auch Einblick in potenzielle Informationsstrukturen. Beispiel: Aktenbestände im Rahmen der Mehrfachaktenführung lagern unter Umständen in einer Abteilung, die aus Sicht der Behörde als nicht so ‚sensibel‘ gilt. Diese Akten sind deshalb zugänglich, obwohl sie genau dieselben Informationen beinhalten wie diejenigen an einer nicht einsehbaren Archivierungsstelle.

Bei vielen Recherchen bieten sich Kooperationen mit Gleichgesinnten an: den benachbarten Zeitungskollegen oder auch Kollegen ‚aus dem gleichen Stall‘. Denn Arbeitsteilung und Kooperation bedeuten nicht nur effizienteren Arbeitseinsatz, sondern versprechen auch schnellere oder bessere Ergebnisse: Es denken, überlegen, wachen und recherchieren zwei Köpfe und vier Augen, die sich vor allem gegenseitig ergänzen.

Literatur:
Bernstein, Carl/Woodward, Bob: *All the President's Men.* New York 1974
Bernstein, Carl/Woodwardm Bob: *Ein amerikanischer Alptraum (Die letzten Tage der Ära Nixon),* Frankfurt/M. 1998 (Bezug über www.zvab.de)
Brendel, Frank/Brendel, Matthias: Richtig recherchieren. Wie Profis Informationen suchen und besorgen, Frankfurt 2000
de Burgh, Hugo: Investigative Journalism. Context and Practice, London, New York 2000
Ludwig, Johannes: Investigativer Journalismus. Recherchestrategien – Quellen – Informanten, Konstanz 2002
Michael Haller: Recherchieren – Ein Handbuch für Journalisten, Konstanz 2000

Internetadressen:
www.ire.org – Vereinigung Investigative Reporters and Editors (IRE) in den USA www.nachrichtenaufklaerung.de – Die Initiative Nachrichtenaufklärung führt jedes Jahr die in den Medien ‚unterbelichteten‘ Themenfelder auf
www.recherchieren.org – Ansprechpartner für Recherchen geordnet nach 10 ‚Branchen‘ und Sachgebieten

medienkodex

PRÄAMBEL

Neue Technologien und zunehmender ökonomischer Druck gefährden den Journalismus. Um seine Qualität und Unabhängigkeit zu sichern, setzt sich das netzwerk recherche für dieses Leitbild ein.

1. JOURNALISTEN* BERICHTEN UNABHÄNGIG, SORGFÄLTIG, UMFASSEND UND WAHRHAFTIG. SIE ACHTEN DIE MENSCHENWÜRDE UND PERSÖNLICHKEITSRECHTE.

2. JOURNALISTEN RECHERCHIEREN, GEWICHTEN UND VERÖFFENTLICHEN NACH DEM GRUNDSATZ „SICHERHEIT VOR SCHNELLIGKEIT".

3. JOURNALISTEN GARANTIEREN UNEINGESCHRÄNKTEN INFORMANTENSCHUTZ ALS VORAUSSETZUNG FÜR EINE SERIÖSE BERICHTERSTATTUNG.

4. JOURNALISTEN GARANTIEREN HANDWERKLICH SAUBERE UND AUSFÜHRLICHE RECHERCHE ALLER ZUR VERFÜGUNG STEHENDEN QUELLEN.

5. JOURNALISTEN MACHEN KEINE PR.

6. JOURNALISTEN VERZICHTEN AUF JEGLICHE VORTEILSNAHME UND VERGÜNSTIGUNG.

7. JOURNALISTEN UNTERSCHEIDEN ERKENNBAR ZWISCHEN FAKTEN UND MEINUNGEN.

8. JOURNALISTEN VERPFLICHTEN SICH ZUR SORGFÄLTIGEN KONTROLLE IHRER ARBEIT UND, WENN NÖTIG, UMGEHEND ZUR KORREKTUR.

9. JOURNALISTEN ERMÖGLICHEN UND NUTZEN FORTBILDUNG ZUR QUALITÄTSVERBESSERUNG IHRER ARBEIT.

10. JOURNALISTEN ERWARTEN BEI DER UMSETZUNG DIESES LEITBILDES DIE UNTERSTÜTZUNG DER IN DEN MEDIENUNTERNEHMEN VERANTWORTLICHEN. WICHTIGE FUNKTIONEN HABEN DABEI REDAKTIONS- UND BESCHWERDEAUSSCHÜSSE SOWIE OMBUDSSTELLEN UND EINE KRITISCHE MEDIENBERICHTERSTATTUNG.

* ES SIND STETS BEIDE GESCHLECHTER GEMEINT.

www.netzwerkrecherche.de
info@netzwerkrecherche.de

nr
netzwerk recherche

3. Didaktik, Methodik und Leitlinien für Trainer und Personalentwickler

> Gesagt ist nicht gehört. Gehört ist nicht verstanden. Verstanden ist nicht einverstanden. Einverstanden ist nicht behalten. Behalten ist nicht angewandt. Angewandt ist nicht beibehalten.
>
> Konrad Lorenz

Wenn Trainings, Seminare und Kurse die gewünschte Wirkung für die Zeit danach vermissen lassen, so liegt das meist weniger an der fachlichen Qualifikation der Trainer, sondern einige Ebenen tiefer. Herausforderungen für sinn- und wirkungsvolle Weiterbildung bestehen genug: angefangen von der Konzeption durch die Personalentwickler im Medienunternehmen, über die Auswahl der Teilnehmer durch den Veranstalter, die Auftragsklärung für den Trainer und schließlich die Eins-zu-Eins-Umsetzung im Seminarraum mit Follow-up und Dokumentation.

Damit eine Weiterbildungsmaßnahme erfolgreich verläuft und nachhaltig wirkt, gilt es „Trainer-Basiswissen" wie auch „Trainer-Praxiswissen" zu verstehen und in Handeln umzusetzen. Der Trainer in seiner Rolle als Lernbegleiter muss verstehen, wie Seminarteilnehmer die angebotenen Informationen verarbeiten; wie er dabei ihre Gehirne zu Freunden macht, wie er Medien einsetzt, wie er mit Konflikten umgeht, aber ebenso, wie er die Gruppe nach der Mittagspause munter macht. Wer andere qualifizieren will, muss sich auch selbst weiterbilden – und zwar ständig neu. Das Ausüben des Trainer-Handwerks erfordert neben der geeigneten Persönlichkeit und sozialem Talent Methoden-Werkzeug aus der Weiterbildung und Personalentwicklung.

3.1 Lernen verstehen
– Wie aus Informationen neues Wissen entsteht

von Stefan Mühleisen

Was geschieht eigentlich beim Lernen? Wie gelingt es, in knapper Zeit möglichst viel Stoff aufzunehmen? Welche Leistungen muss der Kopf bringen? Wie funktioniert das Gedächtnis? Was kann einen Lernprozess behindern? Fragen über Fragen, die vor dem Hintergrund nüchterner Zahlen umso interessanter werden. Von den Informationen, die wir täglich aufnehmen, behalten wir:

10 Prozent Gelesenes, 20 Prozent Gehörtes, 30 Prozent Gesehenes, 50 Prozent Gehörtes und Gesehenes, 70 Prozent selbst Gesagtes und 90 Prozent selbst Getanes.

Lernen geschieht also nicht auf Knopfdruck, sondern muss eine Reihe von Hindernissen überwinden. Sowohl Psychologie als auch Gehirnbiologie liefern uns dazu lehrreiche und spannende Antworten.

Biologie und Psychologie des Lernens

Alle Eindrücke über die Sinnesorgane Augen, Ohren, Nase, Mund und Haut nimmt das Gehirn als elektrische Impulse wahr. Sind die Impulse zu schwach oder lassen sie sich nicht an bereits existierende Gedankenverbindungen anhängen, klingen sie nach zehn bis 20 Sekunden wieder ab. Erst wenn der Wahrnehmungsimpuls stark genug ist, werden Informationen gespeichert. Von Seminarteilnehmern ist oft zu hören, dass das Abrufen solcher Informationen oftmals schwierig sei. Tatsächlich funktioniert das Speichern, Erinnern und Abrufen am besten, wenn die Verankerung im Langzeitgedächtnis der ganzheitlichen und vernetzten Struktur des Gehirns entspricht.

Lernpsychologen haben herausgefunden, dass die Art zu lernen davon abhängt, über welche Sinnesorgane ein Mensch bevorzugt Informationen aufnimmt, visuell (über das Auge), auditiv (über die Ohren) oder haptisch (über die Haut). Für jeden Lerner ist es wichtig, sich seines bevorzugten Wahrnehmungskanals bewusst zu werden. Denn während der eine wunderbar durch Zuhören lernt, braucht ein anderer Bilder, Grafiken und Skizzen und ein dritter wiederum muss die Dinge anfassen und sie spüren können, damit sie im Gedächtnis bleiben.

Ganz abgesehen vom Lerntyp gelten zusätzlich psychologische Barrieren, die den Lernerfolg beeinflussen können. Einfach gesagt, kann es für das Selbstbild richtig gefährlich sein, etwas Neues zu lernen. Vor allem, wenn das Neue nicht gleich Wunder wirkt. Oder die anderen das Neue ablehnen. Oder das Neue vielleicht sogar Angst macht.

Wer einen Lernprozess in Gang setzen möchte, muss sich darüber im Klaren sein, was das Gedächtnis ist. Dazu der Physik-Nobelpreisträger Wolfgang Pauli: „Gedächtnis beschreibt die Tatsache, dass sich unter den Bewusstseinsvorgängen solche befinden, die als Nachwirkung bereits früher verlaufender Prozesse (z. B. Empfindungen) aufzufassen sind und von dem Subjekt auch meist mit dem Bewusstsein, dass es sich um bereits gehabte Eindrücke handelt, erlebt werden."

Warum also vergessen wir manche Dinge und andere nicht? Lernpsychologen versuchen das mit Gedächtnismodellen zu erklären. Diese bildhaften Vorstellungen von der Funktionsweise unseres Gehirns helfen unsere Beobachtungen im Alltag sowie die Leistungen und Lücken des Gedächtnisses zu beschreiben und zu verstehen.

Modelle unseres Gehirns

Wissenschaftler entwickelten in den 60er Jahren für das Gedächtnis das Multispeicher-Modell, das von drei Gedächtnispeichern ausgeht. Der sensorische Speicher nimmt eine Vielzahl von Sinneseindrücken auf, die im Alltag auf uns einströmen. Etwa ob wir gerade sitzen, sich eine Fliege auf unsere Hand setzt oder aus der Entfernung ein Geräusch ertönt. Das Kurzzeitgedächtnis speichert Informationen sekundenweise und koordiniert als sogenanntes Arbeitsgedächtnis neue Informationen mit dem Wissen des Langzeitgedächtnisses. Und das Langzeitgedächtnis behält alle Informationen, die wir im Laufe unseres Lebens gelernt haben.

Für das Lernen bedeutet dieses Modell, dass nur ins Langzeitgedächtnis kommt, was die Aufmerksamkeitsschwellen im sensorischen und Kurzzeitgedächtnis überwindet. Gleichzeitig führt das Arbeitsgedächtnis die Impulse des sensorischen Speichers mit den aus dem Langzeitgedächtnis erinnerten Informationen zusammen.

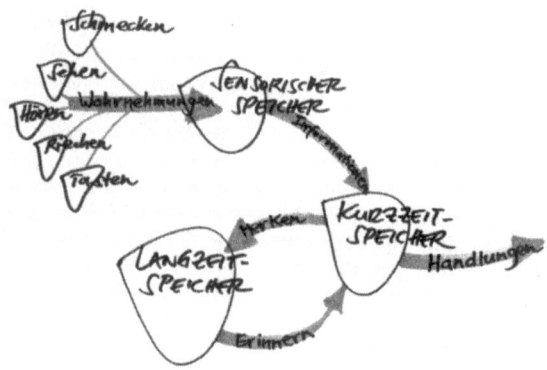

Aufmerksamkeit ermöglicht den Transport von Informationen über das Wahrnehmen,
Merken, Erinnern und Handeln (Multispeicher-Modell).

Allan Collins und Elizabeth Loftus gingen in den 70er Jahren mit ihrem Netzwerkmodell davon aus, dass Informationen des Langzeitgedächtnisses in Form
eines Netzwerkes gespeichert sind. Dabei liegen Informationen einer Kategorie
zusammen und Dinge, die wenig miteinander zu tun haben, sind weit voneinander
entfernt. Nähe und Distanz der im Netzwerk gespeicherten Informationen beeinflussen unsere Erinnerungsleistung.

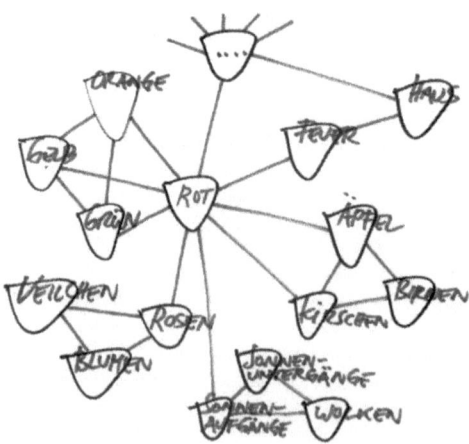

Unser Gehirn webt sich einen Wissensteppich, indem es Informationen vielfältig
verknüpft (Netzwerkmodell nach Collins/Loftus).

In unserem Gehirn ist das Netz für die einzelnen Begriffe viel feiner gewoben, als es das Beispiel zeigt. Zudem sieht dieses Netzwerk, je nachdem, welche Erfahrungen ein Mensch bisher mit den Informationen gemacht hat, ganz unterschiedlich aus. Dieses Modell zeigt vor allem, wie unser Gehirn neue und damit unbekannte Informationen an bestehende, bekannte Informationen anknüpft. Für das Lernen zeigt es, wie nützlich es ist, neue Begriffe in bereits vorhandene Strukturen einzubetten, um so die Erinnerung von verschiedenen Begriffen ausgehend zu ermöglichen.

Wie viele Hälften hat das Gehirn? Die Frage sagt es schon: zwei. Und so geht das bekannteste Modell unseres Gehirns, das Gehirnhälften-Modell, von einer rechten und linken Gehirnhälfte aus.

Während im herkömmlichen Schul- und Ausbildungssystem vorwiegend die linke Gehirnhälfte adressiert ist (Zahlen, Logik, Regeln), kommt die rechte Gehirnhälfte regelrecht zu kurz. Ganzheitliche Darstellungen, Gefühle, das emotionale Lernen mit Farben, Formen und Bildern widerspricht oft der rationalen Bildung.

Allerdings lebt unser Gedächtnis vom ganzheitlichen Denken in Bildern, Assoziationen und Emotionen. Wer erinnert sich nicht an einen großen Erfolg oder eine peinliche Niederlage? Bilder unserer Kindheit sind oft deshalb bis ins hohe Alter so deutlich, weil wir sie zum Zeitpunkt des Erlebens ganzheitlich – mit allen Sinnen – aufgenommen haben.

Die linke Gehirnhälfte kümmert sich um ‚harte‘, die rechte um ‚weiche‘ Informationen (Gehirnhälften-Modell).

Assoziationen stärken das Gedächtnis

Das Verknüpfen und Verbinden von Gedanken und Vorstellungen, sogenannte Assoziationen, sind der Schlüssel um Lernen zu verstehen. Mit ihrer Hilfe lassen sich Gedächtnisnetzwerke nutzen und Informationen wunderbar vom Kurz- in den Langzeitspeicher übertragen. Die Umgangssprache bezeichnet bewusst hergestellte assoziative Verknüpfungen als „Eselsbrücken", die unsere Gedanken beschreiten können. Ähnlichkeiten in Klang, Aussehen, Kontext oder Inhalt dienen zur Verbindung von zwei an sich nicht verbundenen Inhalten. Um gedächtnisgerechte Assoziationen herzustellen, hilft es sich an die Gehirn- und Gedächtnismodelle zu erinnern. Zu beachten ist, dass Verbindungen möglichst eindeutig sein müssen. In mehrdeutigen Verbindungen kann das Gedächtnis uns zu leicht einen Streich spielen und Inhalte verwechseln.

So verknüpfen Sie Informationen im Gehirn

- Um Assoziationen (Verknüpfungen) herzustellen, muss die ganze Aufmerksamkeit auf den Begriff oder Inhalt gerichtet sein. Der Lernende braucht dazu Konzentration, Zeit und Anstrengung.

- Besonders ‚haltbare' Assoziationen greifen immer auf bereits bekannte, gut eingewobene Gedächtnisinhalte zurück. Je besser der neue Begriff mit dem bestehenden Netzwerk verknüpft wird, das heißt, je mehr Verbindungen zu anderen Begriffen bestehen, desto leichter fällt das Behalten und Erinnern. Für den Trainer geht es hier darum etwas Unbekanntes mit etwas Bekanntem zu verknüpfen.

- Besonders gut funktionieren Verknüpfungen, die die rechte Gehirnhälfte aktivieren: Bilder, Gefühle, sinnliche Wahrnehmungen wie Berührungen, Klänge oder Gerüche. Am besten prägen sich fantasievolle und ungewöhnliche Bilder ein. Sie unterscheiden sich von anderen Gedächtnisinhalten. Spaß und Humor unterstützen die Verknüpfungsleistung.

Visuelle, auditive und haptische Lernstile

Es existieren eine Vielzahl von Modellen und Typologien, um die komplexen Denkvorgänge im menschlichen Gehirn zu erklären. Neben der Sinneswahrnehmung (bevorzugter Wahrnehmungskanal), werden individuelle Lernstile sehr stark von der Art und Weise geprägt, in der wir Probleme lösen (bevorzugte Vorgehensweise). Und zu guter Letzt überlagert die Persönlichkeit wie wir mit neuem Wissen umgehen und es auf unsere Situation anwenden.

Alle beschriebenen Typologien sind idealtypische Konstruktionen und damit ein verzerrtes Abbild der Wirklichkeit. Es kann kaum jemanden geben, der ausschließlich einen dieser Typen verkörpert. Vielmehr trägt jeder Mensch Anteile aller Typen in sich. Es kommt darauf an, die unterschiedlich starken Ausprägungen je nach Situation oder persönlichem Zustand zu begreifen.

Der Biochemiker Frederic Vesters (vgl. Vester, 2000) unterscheidet drei
Lerntypen:

- Der visuelle Typ nimmt Informationen überdurchschnittlich gut durch Sehen
  auf. Informationen, die über das Hören oder Fühlen kommen, versucht er häufig
  mit Bildern zu verknüpfen, um sie so in sein eigenes System einzubinden.
- Der auditive Typ nimmt Informationen überdurchschnittlich gut durch Hören
  auf. Informationen, die über Sehen und Fühlen kommen, versucht er häufig
  mit Gehörtem zu verknüpfen.
- Der haptische, kinästhetische oder sensomotorische Typ nimmt Informationen
  überdurchschnittlich durch Fühlen auf. Informationen, die über Sehen und
  Hören kommen, versucht er häufig mit Gefühltem zu verknüpfen.

Das Auge hat für die meisten Menschen eine zentrale Funktion bei der Aufnahme
von Informationen. Deshalb ist es sinnvoll, Modelle, grafische Darstellungen und
andere Visualisierungen für das Lernen zu verwenden. Auch das geschriebene
Wort ist ein Mittel, abstrakte Inhalte über das Auge zugänglich zu machen. Und
das Hören ist eine sehr ökonomische Form des Lernens. Die meisten Menschen
behalten jedoch nur über das Ohr wahrgenommene Informationen weniger gut
als visuell oder haptisch aufgenommene Informationen.

Die weitaus intensivste Form des Lernens ist Lernen durch Handeln. Hier
kommen alle Wahrnehmungskanäle auf ihre Kosten: der kinästhetische, der visuelle
und der akustische Kanal. Diese Art des Lernens hat jedoch den Nachteil, dass sie
sehr viel Zeit in Anspruch nimmt. Die Erklärungsmuster und Methoden, mit denen
der Lernstoff vermittelt wird, müssen also mit unseren im Gehirn vorgeprägten
Assoziationsmustern harmonieren – dann nehmen wir sie leichter auf. Das heißt
jedoch nicht, dass sich z. B. ein visueller Typ beim Lernen ausschließlich auf Bücher
stützen sollte oder – wenn das nicht geht – Gehörtes immer mit Bildern im Kopf
verknüpfen muss. Laut Vester ist es am besten den bevorzugten Wahrnehmungskanal zwar verstärkt anzusprechen, gleichzeitig aber auch die anderen Kanäle zu
nutzen. Denn je konsequenter wir beim Lernen mehrere Wahrnehmungskanäle
ansprechen und trainieren, desto vielfältiger verankern wir unser Wissen. Und
desto besser können wir es mit vorhandenem Wissen verknüpfen. Konsequenz:
Es bleibt im Gedächtnis haften.

Lerntypen und ihre bevorzugten Vorgehensweisen

So wie man Probleme löst, so lernt man auch am besten. Neuere Erkenntnisse aus der kognitiven Psychologie legen drei Grundmuster nahe, aus denen Lerntypen hervorgehen:

Logisch-analytische Vorgehensweise: Menschen, die Probleme logisch-analytisch angehen, sie also zunächst ganz nüchtern untersuchen, kommen beim Lernen am besten mit einem logisch strukturierten Inhalt und systematisch aufbereitetem Stoff zurecht, bei dem die inneren Zusammenhänge von vornherein deutlich werden. Dieser Lerntyp plant sein Lern-Verhalten in allen Einzelheiten vor. Er ist gut im Abstrahieren, sucht also gerne nach der passenden Theorie.

Intuitive Vorgehensweise: Menschen dieses Typs umkreisen das Problem aus der Distanz, sehen es sich hier oder da etwas genauer an und haben dann plötzlich eine Eingebung, wie sie vorgehen wollen. Ein intuitiver Typ benötigt beim Lernen zunächst einen globalen Überblick, von dem aus er ganz nach seinen spontanen Eingebungen ins Detail gehen kann.

Experimentelle Vorgehensweise: Dieser Typ experimentiert mehr oder weniger systematisch so lange, bis er den richtigen Weg gefunden hat. Zu Experimenten neigende Menschen lernen am leichtesten, wenn sie sich ihren Stoff durch Versuch und Irrtum erarbeiten können.

Zu guter Letzt spielt unsere Persönlichkeit beim Lernen eine zentrale Rolle. Nach dem Psychoanalytiker Carl Gustav Jung wird diese zum einen durch unsere individuelle Orientierung geprägt. Diese kann eher nach innen oder nach außen gerichtet sein. Zum anderen zeigt sich unsere Persönlichkeit in der Art und Weise, wie wir unsere Umwelt wahrnehmen, also auch Informationen aufnehmen – und wie wir die wahrgenommenen Informationen beurteilen: Erfassen wir Dinge eher sinnlich in allen Einzelheiten oder ganzheitlich-intuitiv? Und ist unsere Beurteilung eher analytisch und sachorientiert oder kommt sie, persönlichen Werten folgend, eher aus dem Bauch heraus?

Zusammenfassend helfen vier Grund-Lerntypen, Menschen und ihre Art und Weise zu lernen besser zu verstehen:

- Ins Detail gehende Sach-Liebhaber sind realistisch, praktisch und sachorientiert. Mit großer Energie konzentrieren sie sich auf Handlungen, die pragmatisch, logisch und brauchbar sind.

- Bevorzuger von Einzelfakten und -werten können als umgänglich und freundlich beschrieben werden.
- Ganzheitlich orientierte, sachliche Typen wollen geistig gefordert werden und alles am liebsten selbst durchdenken.
- Ganzheitlich und werteorientierte Lerner sind nicht nur wissbegierig, einfallsreich, fantasievoll und kreativ, sondern legen auch Wert auf Ästhetik.

Zu beachten ist, dass ein Lernangebot für eine Seminargruppe jedem der Grundtypen etwas ‚zu beißen' liefert.

Den Lernprozess fördern

Ganz egal wie man lernt: Es geschieht nie auf Knopfdruck. Genauso wenig, wie jemand nach einer Woche Klavierunterricht Mozarts Klavierkonzerte beherrscht, kann jemand nach drei Tagen Recherchetraining auf Anhieb groß angelegte Recherchen bewältigen. Jeder Mensch benötigt viele unterschiedliche Aktivitäten und Anläufe, um Wissen zu verinnerlichen und sicher anzuwenden. Lernen besteht aus einer Aufnahme- und einer Aktivitätsphase. In der Aufnahmephase wird etwas verstanden und kognitiv verarbeitet – durch Zuhören, Lesen oder Beobachten und durch Einbindung der Informationen in schon vorhandenes Wissen. Erst in der aktiven Phase aber wird wirklich etwas gelernt, und zwar allein durch regelmäßiges, wiederholtes Üben. Und hier liegt der Hase im Pfeffer: Die meisten Menschen begreifen Lernen nicht als mehrstufigen Prozess und sparen die Anwendung des Lernstoffs, das Ausprobieren und Üben gerne aus. An dieser Stelle offenbaren auch zahllose Qualifizierungskonzepte ihr großes Manko: Sie beschränken sich auf die Aufnahmephase, lassen den Lernenden aber bei der aktiven Umsetzung im Regen stehen. Also heißt es, erst einmal den gesamten Lernprozess zu durchwandern – ganz unabhängig vom persönlichen Lernstil.

Lerntyp	Lernstil	Lernmethode
visuell	sehen und beobachten	Bücher, Grafiken, Video
haptisch	fühlen, anfassen, handeln	Experiment, Versuch und Irrtum, konstruktives Lernen
verbal	sprachliche Auseinandersetzung, Dialog	Diskussionsrunden, Lerngruppen, Konversation
auditiv	zuhören	Vorträge, Audiokassetten
verbal-abstrakt	Lesen und Hören theoretischer Inhalte	Vorträge, Zeitschriften, Bücher
punktuell (vom Detail zum Ganzen)	Stück für Stück	Lexikon, Internet
generell (vom Überblick zum Detail)	strukturiertes Lernen, zuerst übergeordnete Inhalte, dann Einzelheiten	Lehrbuch, CD-Rom, Gliederungen

Die beste Lernmethode hängt nicht nur von Lerntyp und Lernstil, sondern auch von der jeweiligen Situation ab.

Lernen ist ein ständiger Kreislauf

Egal ob beim Selbstlernen vor dem Computer, am Schreibtisch oder während einer Weiterbildungsveranstaltung, immer sind es drei Bereiche, in denen Lernen stattfindet. Zunächst dreht sich Lernen um Inhalte, also um die Wissensgebiete des Lernstoffes. Genauso wichtig ist aber auch der Prozess des Lernens, also die Vorgehensweise, wie der Lernstoff aufbereitet wird: Verschafft man sich erst einen Überblick oder beginnt man mit Details. Sammelt man erst praktische Erfahrungen, um hinterher die Theorie zu verstehen oder umgekehrt. Schließlich – und das ist nicht zu unterschätzen – lernen wir sehr stark auch voneinander. Da wir von früh an auf die Interpretation sozialer Signale geeicht sind, hilft es den Lernstoff mit Kollegen zu diskutieren oder zu beobachten wie andere mit neuem Wissen umgehen.

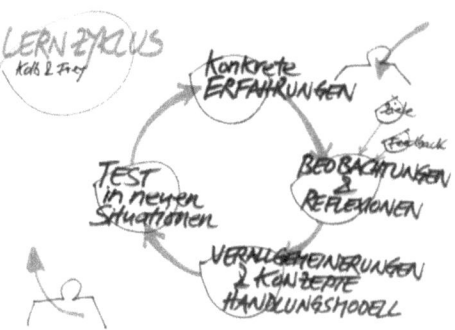

Lernen geschieht im Kreislauf von Erfahrungen und Bewertungen (Lernzyklus nach Kolb/Frey).

Glaubt man den Pädagogen Michael Kolb und Thomas Frey, so geschieht Lernen im ständigen Zyklus von Erfahrungen. Konkrete Erlebnisse dienen dazu Beobachtungen zu machen. Im Denken und gleichzeitigen Fühlen entsteht Wissen in Form von Verallgemeinerungen, Konzepten und Handlungsmodellen. Erst der Test in neuen Situationen zeigt anhand neuer Erfahrungen, ob die Annahmen auch stimmen. Ein Beispiel: Beim Lehrvortrag vor einer unkonzentrierten Gruppe macht jemand die konkrete Erfahrung, dass es viel Energie kostet gegen das Stimmengewirr anzureden. In der Reflexion entsteht der Gedanke, dass es vielleicht sinnvoller ist abzuwarten bis die Gruppe ruhig ist und dann erst mit dem Vortrag zu beginnen. In einer neuen Situation erfolgt der Test. Der Vortragende nimmt Blickkontakt zu der Gruppe auf, wartet und fängt erst zu sprechen an, als Ruhe eingekehrt ist. Die konkrete Erfahrung zeigt, woran er als nächstes weiterlernen kann, z.B. an der Art der Einleitungssätze.

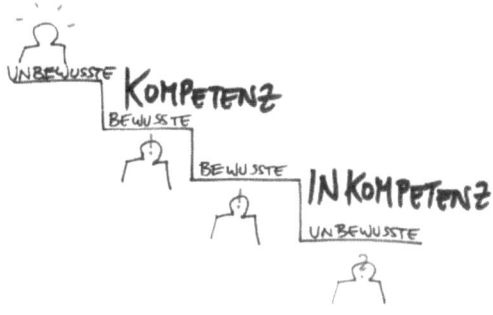

Denken, Lernen und Verstehen bedeutet die Stufen der Inkompetenz zu verlassen.

Letztlich geht es beim Lernen darum, wie man von einer Kompetenzstufe zur nächsten gelangt. Jemand, der gar nicht weiß, dass er nichts weiß, steht noch auf der Stufe der unbewussten Inkompetenz. Oft schmerzlich, aber dadurch auch förderlich ist die nächste Stufe: Jemand weiß, was er nicht weiß. Lernen hilft dabei, die nächste Ebene zu erklimmen: die bewusste Kompetenz. Jetzt weiß jemand, was er weiß. Wer dieses Wissen und Können dann so weit „intus" hat, dass es ihm nicht mehr auffällt, der hat die hohe Stufe der unbewussten Kompetenz erreicht. Vielfach wird das Wissen und Können auf dieser Stufe auch als „blinder Fleck" bezeichnet.

So fördern Sie das Lernen in Seminar und Training

- Versuchen Sie im Laufe eines Trainings durch Methodenvielfalt möglichst alle Sinne und damit alle Wahrnehmungskanäle der Lernenden anzusprechen.
- Nutzen Sie häufig optische Darstellungsweisen. Schaubilder lassen sich hervorragend ganzheitlich aufnehmen.
- Wenn Inhalte besonders erinnert werden sollen, dann setzen Sie Handlungsaktivitäten ein.
- Verknüpfen und erklären Sie unbekannte Informationen mit bereits bekanntem Wissen.

Literatur:
Bednorz, Peter; Schuster, Martin: Einführung in die Lernpsychologie, München 2002
Birkenbihl, Vera F.: Das neue Stroh im Kopf – vom Gehirn-Besitzer zum Gehirn-Benutzer, Landsberg am Lech 2000
Collins, Allan; Loftus, Elizabeth (1975): A spreading activation theory of semantic memory. Psychological Review, 82, 407–428
Gelb, Michael J.: How to think like Leonardo da Vinci, New York 1998
Lufthansa School of Business/Mind and More Consulting (Hrsg.): Skript eDatic-Trainerausbildung, Köln 2002
Vester, Frederic: Denken, Lernen, Vergessen, Was geht in unserem Kopf vor, wie lernt das Gehirn und wann lässte es uns im Stich? München 2000

3.2 Lernen ermöglichen – Von der Auftragsklärung bis zum Fotoprotokoll
– Methoden, Module und Handwerkszeug für erfolgreiche Kurse, Seminare und Trainings

von Stefan Mühleisen

Viel hat sich getan, im weiten Feld von Training und Weiterbildung. Jüngste Erkenntnisse zu Gehirnbiolgie und Lernformen haben das Selbstverständnis von Trainern verändert. Ständig verfeinerte Instrumente der Personalentwicklung achten auf Teilnehmerauswahl, Qualifizierungsprofile sowie Transfer und Wirksamkeit von Bildungsmaßnahmen. Spezielle Aus- und Fortbildungen für Trainer sind mittlerweile ein eigener Markt in der Weiterbildungslandschaft. Erstmals für Recherche-Trainer initiierte das Netzwerk Recherche e. V. an der Evangelischen Medienakademie in Berlin einen Intensivworkshop „Train the Trainer". Ziel war es, das Trainerhandwerk für die Aus- und Weiterbilung in Sachen Recherche zu professionalisieren. Im Folgenden finden Trainer, die sich entwickeln wollen, eine Zusammenfassung der wichtigsten Methoden und Werkzeuge für erfolgreiche Kurse, Seminare und Trainings – von der Auftragsklärung bis zum Fotoprotokoll.

Auftragsklärung

Jede Weiterbildungsmaßnahme steht im interessengeleiteten Spannungsfeld von Auftraggebern, Teilnehmern und Trainer. Ob ein Seminar erfolgreich verläuft, entscheidet sich deshalb bereits vor der Auftragsvergabe. Um zu liefern, was der Auftraggeber bezahlt, sollten die gewünschten Ergebnisse vorher beleuchtet werden. Die folgende Fragensammlung (vgl. Besser 2002) soll Trainern und Personalentwicklern die Durchführung der Auftragsklärung erleichtern.

Kontext klären
- Wie ist es dazu gekommen, dass wir jetzt hier zusammensitzen und über ein mögliches Seminar sprechen? Welche Vorgeschichte gibt es? Was ist bisher schon im Zusammenhang mit dem Seminarthema unternommen worden? Was davon haben Sie bereits unternommen?
- Was muss ich über den Kontext der Mitarbeiter in Ihrem Unternehmen wissen, um ein erfolgreiches Seminar durchführen zu können?

- Welche Ziele sind für das Seminar relevant?
- Was muss ich über die Teilnehmer noch wissen (Vorkenntnisse, Motivation, Erfahrungen usw.), damit das Seminar möglichst nachhaltig wirkt?
- Wer muss zusätzlich in die Absprachen integriert werden, damit Nachhaltigkeit sichergestellt werden kann?
- Welche positiven und negativen Erfahrungen haben Sie und die zukünftigen Seminarteilnehmer bisher mit Seminaren gemacht?
- Worauf muss ich beim Training besonders achten?

Ziele klären
- Welche Probleme möchten Sie durch das Seminar lösen?
- Stellen Sie sich vor, dass das Seminar genau nach Ihren Vorstellungen abläuft. Was würde sich dann verändern?
- Woran würden Sie das konkret bemerken? Woran würden andere (Kollegen, Auftraggeber) das bemerken?
- Was kann Ihrer Ansicht nach realistischerweise erreicht werden?
- Wie würden die zukünftigen Seminarteilnehmer diese Frage beantworten?
- Wie lautet das konkrete Ziel für das Seminar?
- Welche langfristigen Ziele gibt es, die über das Seminar hinausgehen?
- Woran erkennen Sie, dass das konkrete Ziel des Seminars erreicht wurde?

Transfer sichern
- Welche Rolle schreiben Sie mir als Trainer zu?
- Was erwarten Sie konkret von mir im Seminar?
- Wofür bin ich Ihrer Meinung nach verantwortlich?
- Was unternehmen Sie, um den Transfer vor und nach dem Seminar sicherzustellen?
- Welche Maßnahmen stellen Ihrer Ansicht nach eine wirkungsvolle Veränderung sicher?
- Mit welchen Problemen, Widerständen und Hindernissen ist zu rechnen?
- Was spräche dafür, keine Weiterbildungsmaßnahme durchzuführen und alles beim Alten zu lassen?
- Welche Risiken gehen Sie, welche die Semiarteilnehmer bei einem Erfolg des Seminars ein?
- Wie kann diesen Risiken begegnet werden?
- Was müssten Sie oder Ihre Mitarbeiter unternehmen, damit sich trotz des Seminars nichts verändert?
- Was muss ich tun, um als Trainer den größtmöglichen Mißerfolg herbeizuführen? Was wäre der schlimmst mögliche Fall für die Weiterbildungsmaßnahme?

Vereinbarungen treffen
- Was wollen wir aufgrund dieses Gespräches jetzt konkret vereinbaren?
- Wann und wie stimmen wir den ersten Entwurf für das Seminardesign ab?
- Wann führen wir ein Abschlußgespräch durch, um die getroffenen Vereinbarungen zu überprüfen?

Fertigen Sie ein Protokoll mit den wesentlichen Absprachen an und senden Sie es Ihrem Gesprächspartner zu. Finden Sie im Laufe der Zeit Ihren eigenen Stil, die Auftragsklärung zielbezogen und effektiv durchzuführen. Sie bestimmen die Tiefe und den Detailgrad, mit dem Sie sich wohl fühlen. Oft ist das Ziel, das im Erstkontakt angesprochen wurde, eher eine Zielannäherung. Durch die Fragen wird dem Auftraggeber oft erst klar, worum es ihm eigentlich geht und worauf Sie als Trainer dann achten müssen.

Seminare planen: Konzeption und Trainerleitfaden

Ohne Konzeption, also die geplante Abfolge von einzelnen Modulen, Übungen und Maßnahmen, gerät eine Weiterbildungsveranstaltung schnell zur Farce. Wenn sich der Trainer nach der Auftragsklärung in die Planungsphase begibt, drehen sich alle Fragen um den Dreiklang von Zielgruppe, Ziel (Lernzielen für die Teilnehmer) und Zeit.

Ziel: Was soll und was will ich erreichen? Die Lernziele des Trainings richten sich nach den Bedürfnissen der Zielgruppe. Sie sollten unbedingt festgelegt werden, bevor mit der methodischen Konzeption des Trainings begonnen wird. Ein Lernerfolg ist ohne Lernzielnavigation schwer möglich. Lernziele umzusetzen bedeutet, das angestrebte Verhalten zu beschreiben, das der Lernende nach der Lernerfahrung im Training zeigen wird. Die Lernziele sollten auch den Teilnehmern gegenüber offengelegt werden. Dies ermöglicht zielgerichtetes Arbeiten, die Kontrolle von Lernzielen, das wiederkehrende Reflektieren der Lernziele im Laufe des Trainings und die Mitwirkung der Teilnehmer an der Zielrichtung des Trainings.

Zeit: Wie viel Zeit habe ich dazu? Für welche Bausteine kann ich wie viel Zeit einplanen? Zu welcher Zeit haben die Teilnehmer die beste, zu welcher die geringste Aufmerksamkeit und Leistungsbereitschaft?

Zielgruppe: Wen will ich erreichen? Welche Bedürfnisse haben die Teilnehmer? Wie sieht das Arbeitsumfeld der Teilnehmer aus? Welche Probleme haben die Teilnehmer in ihrem Arbeitsalltag zu bewältigen? Welche Haltung nehmen die Teilnehmer gegenüber den Seminarthemen ein?

Teilnehmer sind Kunden. Es gilt deshalb zu recherchieren und zu berücksichtigen, was die Teilnehmer bereits schon wissen, wie sie den Inhalten gegenüberstehen und was sie von Ihrem Training erwarten.

Trainerleitfaden: Sind die Ziele und Inhalte des Trainings klar, sollte sich der Trainer in der Vorbereitung weiterhin fragen, welche Methoden besonders geeignet sind, um diese Lernziele zu erreichen und welche Medien den Lernerfolg unterstüzten. Der Trainerleitfaden ist ein strukturierendes Hilfsmittel, das im Seminar-verlauf fortlaufend an die Bedürfnisse der Teilnehmer anzupassen ist. So gehört es auch zum Training von geplanten Inhalten und Übungen abzuweichen, wenn es der Lernfortschritt oder neue Erkenntnisse über die Teilnehmer erfordern.

Trainerleitfaden: Struktur und Überblick für Konzeption und späteren Ablauf

Eine Sache der Vorbereitung: Lernräume inszenieren

Wer kennt das nicht: Der Trainer kommt eine Minute vor Seminarbeginn in den Raum und nichts stimmt. Profis überlassen da nichts dem Zufall und kümmern sich um ihre Bühne. Denn: Jedes Seminar fängt lange vor dem Seminar an. Wer Lernen fördern und ermöglichen will, muss sich um die Inszenierung des Lernraumes kümmern. Um einen Raum, seine Ausstattung und die Materialien vorzubereiten eignen sich Fragen wie:

- Erlaubt die Sitzordnung Gruppenarbeit? Können die Teilnehmer sich bewegen und Kontakt miteinander aufnehmen? Wie sind Stühle und Tische angeordnet? Wie ist die Beleuchtung?
- Welche Materialien brauchen die Teilnehmer?
- Welche Ausstrahlung hat der Raum? Was kann den Raum freundlicher gestalten?

Selbst wenn ein Raum ungemütlich und kalt ist, lässt sich durch die Veränderung der Sitzordnung, das Beiseitestellen der Tische, das Bereitstellen von Getränken und vielleicht sogar durch Hintergrundmusik vor Trainingsbeginn und in den Pausen eine lernfreundliche Atmosphäre schaffen.

Dass die benötigten Medien wie Beamer, Flipchart oder Wandplakate und Materialien an ihrem Platz liegen, sollte selbstverständlich sein. Nichts ist schlimmer, als wenn der Trainer mitten im Vortrag verzweifelt nach einem neuen Flipchart-stift sucht, weil der vom Veranstalter bereitgelegte schon längst ausgetrocknet ist.

Welches Material?	Wieviel?	Was tun, wenn es fehlt?
Pinnwände	0,5 pro Teilnehmer (TN)	Papier mit Tesa-Krepp an dieWand hängen
Flipcharts	mind. 1 für Trainer Gruppenarbeit: 0,5 pro TN	Papier mit Tesa-Krepp an dieWand hängen
Rechteckige Karten in allen Farben	mind. 20 pro TN	direkt auf Papier schreiben
Kreise in allen Farben und Größen	jeweils 2 pro TN	weglassen
Überschriftstreifen	2 pro Pinnwand	weglassen
schwarzer Filzschreiber	1 x dick für Trainer pro TN 1 x dünn	unbedingt notwendig
roter Filzschreiber	1 x dick für Trainer	unbedingt notwendig
Filzschreiber, alle Farben	mind. 1 Set	unbedingt notwendig
Klebestifte	mind. 1	Klebeband benutzen
Selbstklebepunkte rot und grün	je 20 pro TN	Punkte mit Filzschreiber malen
Tapeziermesser/Schere	mind. 1	
Tesa-Krepp	1-2	unbedingt notwendig
Nadeln	50-100 Stück	Tesa-Krepp benutzen
Nadelkissen	1	Nadeln am Rand der Pinnwände sammeln

Planungs- und Checkliste für Seminar- und Workshopmaterial

Anfangen: Einstieg leicht gemacht

Sinnvollerweise gehören an den Anfang eines Kurses, eines Seminars oder Trainings die Begrüßung durch den Trainer, Kurs- oder Seminarleiter, die Vorstellung und das Kennenlernen des Trainers. Zu seiner Aufgabe gehört es den Ablauf der Veranstaltung vorzustellen sowie Rahmenbedingungen zu klären.

Die Begrüßung ist das Erste, was die Teilnehmer vom Trainer wahrnehmen, und sie wirkt daher gleich auf die Stimmung der Gruppe. Interessant für die Teilnehmer könnte sein: Wer ist der Trainer und woher kommt er? Was wird in diesem Training passieren? Warum ist dieses Training für mich als Teilnehmer wichtig und interessant? Welchen Nutzen kann ich als Teilnehmer daraus ziehen? Die Themen Eigenverantwortung der Teilnehmer für ihren Lernfortschritt, Beseitigen von Störungen, Vertraulichkeit über persönliche Informationen, Verbindlichkeit im Bezug auf Seminarzeiten und aktive Beteiligung sollten zu Anfang klar gemacht werden. Eine interessante Frage an die Teilnehmer ist gleich zu Beginn auch: „Was muss heute hier passieren, damit sich dieses Seminar oder dieses Training für Sie lohnt? Was kann ich als Trainer dazu beitragen? "

Gerade bei Teilnehmern, die sich untereinander noch nicht kennen, sollte genügend Zeit und Mühe in die Aufwärmphase investiert werden, um ein arbeitsfähiges Gruppenklima zu erzeugen. Das anfängliche Kennenlernen der Teilnehmer untereinander stellt bereits die Weichen für den späteren Ablauf. Die Art des Einstiegs hängt stark von der Gruppengröße, den Inhalten und Zielen des Trainings ab: Ist die Gruppe klein und muss intensiv oder über längere Zeit zusammenarbeiten, sollte der Einstieg aufwändig und ausführlich sein. Die Teilnehmer erhalten die Möglichkeit, sich kennen zu lernen und eventuelle Befürchtungen abzubauen.

Bei größeren Gruppen, in denen es vor allem um Wissensvermittlung geht, reicht eine kurze Vorstellungsrunde aus. Hier einige Varianten zur Auswahl:

Persönliche Kurzpräsentationen: Jeder Teilnehmer stellt sich selbst mündlich vor (etwa fünf bis zehn Minuten) – entweder in freier Rede oder unterstützt durch ein vorher angefertigtes Flipchart.

Offene Runde: Die Gruppe sitzt im Kreis und jeder Einzelne beantwortet vorformulierte Fragen wie „Wer bin ich?" oder „Was tue ich?" (zwei bis fünf Minuten pro Person). Wer gesprochen hat, bestimmt den nächsten Sprecher. Zu beachten: Die Beiträge sollten kurz sein und auf den Punkt gebracht werden. Bei größeren Gruppen kann diese Variante langweilig werden und die Informationen verflüchtigen sich.

Paarinterviews: Nach einem Paarinterview (maximal fünf Minuten) stellt jeder Teilnehmer seinen Interviewpartner vor (etwa fünf Minuten). Diese Variante kann – vor allem bei Gruppen, die mehrere Tage zusammenbleiben – auch durch einen Flipchart-Steckbrief unterstützt werden. Die Charts bleiben zur Erinnerung an einer Wand hängen.

Gruppenspiegel: Der Trainer bereitet ein Plakat mit Spalten vor. Die Überschriften der einzelnen Spalten sind teilnehmerbezogen (Name, Vorname), situationsbezogen (mich interessiert ...) und haben einen persönlichen Teil (als Schauspieler wäre ich gerne ..., meine Hobbies sind ...). Die Teilnehmer schreiben direkt in die Spalten und lesen für die Gruppe vor (etwa fünf Minuten pro Person).

Wohlwollendes Hypothetisieren: Eine Person aus der Gruppe steht im Fokus der Hypothesenbildung. Die Gruppe „hypothetisiert": Ihr Name ist ..., ihre Eigenschaften sind ..., zu ihren beruflichen Schwerpunkten gehören... Ein Schriftführer skizziert für alle lesbar am Flipchart die Hypothesen mit, zu denen sich der oder die Betroffene hinterher äußert und somit Fremdwahrnehmung und Fakten abgleicht (fünf bis zehn Minuten pro Person). Die Übung eignet sich besonders gut für Rechercheure und Informationsbeschaffer.

Zielnavigation: Es geht darum Ideen, Vorstellungen und Ziele der Teilnehmer aufzudecken. Die Frage lautet: Welche Ergebnisse möchten sie am Ende des Trainings, am Ende des Jahres, in fünf Jahren erreicht haben?

Die Ziele lassen sich auf Moderationskarten aufschreiben und an eine Pinnwand hängen. Für die Zielnavigation empfiehlt sich auch ein Fadenkreuz mit konzentrischen Kreisen. Der Trainer kann zu Beginn und am Ende des Trainings auf Ziele eingehen, die im Rahmen des Trainings nicht oder nicht vollständig zu realisieren sind. Bei erreichbaren Zielen ist es meist sinnvoll zu diskutieren, auf welche Art und Weise die Ziele im Training erreicht werden sollen (etwa 20 Minuten).

Gruppen aktivieren: Konstruktive Lernprojekte

Gerade im Leistungstief nach der Mittagspause sackt die Motivation in den Keller. An diesen neuralgischen Stellen wie auch beim Einstieg in ein neues Thema bieten sich sogenannte konstruktive Lernprojekte (vgl. Heckmair, 2000) an. Sie reinszenieren in einer herausfordernden Situation die Schnittstellen und Gruppenprozesse des beruflichen Alltags in einer Art Mikrowelt. Mit einfachen Materialien wie Schnüren, Hölzern und Seilen tauchen die Teilnehmer nach der Instruktion durch den Trainer in eine intensive Aktion ein. Die Ergebnisse und Abläufe der Aktion bieten für die anschließende Reflexion reichlich Stoff, um Teamprozesse, Führungs- und Organisationskonflikte herauszuarbeiten. Gerade für teamübergreifende Rechercheprojekte und redaktionsinterne Zusammenarbeit bieten sich hier nachhaltige Lernerfahrungen. Zwei Beispiele:

Lernprojekt „Stühle kippen": Für alle Akteure (sechs bis 25 Personen) stehen – angeordnet zu einem Kreis – Sitzgelegenheiten bereit. Nur: Als solche kommen sie nicht zum Einsatz. Die Akteure stehen vielmehr hinter je einem Stuhl oder Sessel und balancieren diesen auf seinen vorderen Beinen aus. Sodann haben sie die Aufgabe, das ‚Gerät' von ihrem Nachbarn zu übernehmen und schließlich den Kreis einmal zu umrunden, ohne dass ein Stuhl umfällt.

Bei diesem Miniprojekt schlägt man zwei Fliegen mit einer Klappe: Als erste Aktion eines Workshops oder Seminars kann ohne große Worte verdeutlicht werden, dass die Veranstaltung nicht als Vortrags- und Diskussionsmarathon geplant ist. Zum anderen erhält der Trainer einen ersten, wenn auch groben, diagnostischen Anhaltspunkt, wie die Gruppe (inter)agiert. Außerdem wird – vor allem dann, wenn sich die Akteure nicht kennen – das meist steife Klima einer Anfangssituation ein Stück weit aufgelöst.

Lernprojekt „Fliegende Bälle": Die Gruppe bildet einen Kreis. Drei Bälle werden in einer bestimmten Reihenfolge von Person zu Person geworfen. Dieser Prozess soll unter Einhaltung definierter Regeln optimiert werden. Letztendlich besteht das Ziel darin, im Verlauf mehrerer Versuche die aufgewendete Zeit auf einen Bruchteil zu reduzieren.

Dieses Lernprojekt lebt von überraschenden Wendungen, wobei implizit getroffene Prämissen in Frage gestellt werden und sich nach und nach in Luft auflösen. Es geht darum, sich einerseits innerhalb vorgegebener Eckwerte zu bewegen, dabei jedoch andererseits verdeckte Wege und zugestellte Nischen zu erkennen und produktiv zu nutzen. Das Lernprojekt eignet sich ideal für Teams, die in starren Strukturen und steilen Hierarchien verhaftet sind oder die das Arbeiten in flexibleren Strukturen und flacheren Hierarchien kennen lernen sollen.

Ob ein Trainer lieber ‚Spiele' einsetzt, um die Teilnehmer aus dem Suppenkoma zu holen, hängt von seinen persönlichen Vorlieben ab und vor allem; wie sehr er hinter der Methode „Spiel" steht. Auch hängt das Mitmachen der Teilnehmer stark davon ab, wie der Trainer das Vorhaben einführt und in welchen Kontext (herausfordernde Ziele) er es stellt.

Lehrmethoden: Vom Lehrvortrag zur Gruppenarbeit

Um Lernen zu ermöglichen, lassen sich eine Reihe von Methoden zur Informationsvermittlung (vgl. Weidenmann, 2001) nutzen. Grundsätzlich stellt sich bei der Wahl der Methoden die Frage: Will ich als Dozent oder Trainer im Vordergrund stehen? Oder soll sich die Weiterbildungsform an den Teilnehmern orientieren?

Lehrvortrag: Wenn im Seminar nur einer redet, handelt es sich meist um die klassische Form der Vermittlung von Fachwissen an Universitäten. Aus Teilnehmersicht ist das Zuhören anstrengend, zumal die Konzentration üblicherweise nach acht Minuten das erste Mal einknickt. Wer zuhören muss, ist an den Ablauf des Vortragenden gebunden. Einmal nicht aufpassen heißt unter Umständen etwas Wichtiges zu verpassen und den Anschluss zu verlieren.

Wer also will, dass gehört wird, was er als Vortragender sagt, kann seinen Zuhörern diese Erleichterungen bieten: Sprechsprache, Struktur (einen überschaubaren und nachvollziehbaren Aufbau), Wiederholung zentraler Aussagen. Lehrvorträge werden meist durch Medien wie Overheadprojektor, Beamer, Tafel oder Flipchart unterstützt. Sie lassen sich als zweite Informationsebene nutzen, um das Gesagte visuell zu verdeutlichen.

Lehrgespräch: Mutige und in der Thematik sattelfeste Vortragende stellen Fragen an das Publikum und nutzen die Beiträge, um daran ihren Vortrag zu entwickeln, z. B.: „Können Sie sich vorstellen, über welche Schlüsselstellen sich Recherche-Kultur in Medienunternehmen fördern lässt?" Nun werden die Teilnehmer aufgefordert sich Gedanken zu machen und diese zu äußern. Die Konzentration im Publikum steigt. Das macht die Informationsvermittlung lebendig und interaktiv. Außerdem nimmt es etwas Last vom Dozenten. Er hat nun Zeit Luft zu holen. Die Kunst besteht allerdings darin trotz der Beiträge den roten Faden zu behalten. Am besten ist es, das Lehrgespräch über kurze Strecken während eines Vortrages einmal anzuwenden.

Murmelgruppe: Was nach Murmelspiel klingt, hat vielmehr mit dem Murmeln in Gesprächen zu tun. Es wechseln Phasen von frontalem Lehrvortrag mit Phasen der Teilnehmeraktivität. Beispiel: Zehn Minuten Lehrvortrag, dann fünf bis sieben Minuten Teilnehmerarbeit im Sinne von Zweiergesprächen (Murmeln) gefolgt von fünf Minuten Aufarbeiten im Plenum. Aus den Gesprächsgruppen fördert der Dozent die Ergebnisse, offenen Fragen oder Anregungen zu Tage und breitet sie für die anderen Teilnehmer öffentlich aus. Dann steigt der Dozent wieder in die nächste Vortragsportion seines Lehrvortrages ein.

Diese Methode eignet sich immer wieder als Sequenz innerhalb eines Lehrvortrages oder als eineinhalbstündige Einheit, nicht aber für einen ganzen Tag. Vorteil der Methode ist, dass sie Teilnehmer sachte zur Gruppenarbeit hinführt.

Gruppenarbeit: Der Ansatz sieht vor, dass sich Teilnehmer während einer vereinbarten Zeit mit einer vereinbarten Aufgabe beschäftigen. Als Instant-Lösung für fast jede Fragestellung verteilt der Trainer zu seinem Thema passende Leitfragen (Beispiele: Welche Recherche-Quellen nutzen Sie? Was tun Sie für den Informantenschutz? Wie führen Sie ein Interview?). Nach Ablauf der vereinbarten Zeit präsentieren die Gruppen ihre Ergebnisse im Plenum. Die anderen Teilnehmer und der Trainer ergänzen, fragen nach und kommentieren die vorgestellten Informationen. Gruppenarbeit bietet einen wohltuenden Kontrast zur dozentenzentrierten Methoden wie Lehrvortrag und Lehrgespräch. Gruppenarbeit stellt die Teilnehmer in den Vordergrund und lässt sie in einem abgesteckten Rahmen sich selbst organisieren.

Rollenspiel: Situationen aus dem Recherche-Alltag in den Seminarraum zu holen bedeutet sie ‚eins zu eins' nachzuspielen. Zwei oder mehrere Teilnehmer interagieren eine begrenzte Zeit miteinander. Sie spielen eine Situation nach, z.B ein kniffliges Interview im Studio, ein Telefongespräch, eine Redaktionsbesprechung. Frappierend dabei ist: „Im Spiel ist der Mensch wirklich" (Johannes Galli, Schauspieler). Für die Zuschauer als Verstärker der Interaktion werden typische Konflikte, aber auch ideale Problemlösungen offensichtlich. Die Spieler lernen unter Regie des Trainers neue Verhaltensweisen auszuprobieren.

Welche Methoden und Medien der Trainer verwendet, um seine Inhalte zu vermitteln, hängt von Zielgruppe, Ziel und Zeitrahmen der Weiterbildungsveranstaltung ab. Sinn macht jedoch immer eine gewisse Methodenvielfalt, die sich anhand des Trainerleitfadens bereits in der Planungsphase überprüfen lässt.

Moderationsmethode: Mehr als Karten, Nadeln und Pinnwände

Die Entwickler der Moderationsmethode (Quickborner Team) regen sich bis heute darüber auf, dass ihre Methode auf das verwendete Material wie Karten, Klebepunkte und Wölkchen reduziert wird. Schließlich handelt es sich um eine Vorgehensweise, die Meinungen, Ideen und Themen aus Gruppen festhält, bearbeitet und strukturiert. Ziel ist dabei die Informationen und Wertungen der einzelnen Mitglieder einer Gruppe für alle sichtbar zu machen und in Konflikt- und Abstimmungssituationen zu einem Konsens zu führen. Dafür existiert mittlerweile ein gängiges Methodenset (vgl. Neuland, 1995).

Kartenabfrage: Dazu brauchen die Teilnehmer einen Stapel rechteckiger Karten und Stifte. Sie schreiben darauf je nach Fragestellung des Trainers ihre Erwartungen, Ideen, Themen oder Problemfelder. Wichtige Regel: Jeweils nur ein Gedanke pro Karte in lesbarer Schrift. Der Trainer nimmt die Karten auf, liest sie vor, bildet mit Hilfe der Teilnehmer sogenannte „Cluster" (engl. Haufen) und findet dafür Oberbegriffe. Auf diese Art und Weise werden Themenkomplexe sortiert und strukturiert. Jeder Teilnehmer findet sich in der Sammlung wieder.

Zurufabfrage: Als Variante der Kartenabfrage rufen die Teilnehmer ihren Beitrag dem Trainer zu, der das Aufschreiben übernimmt. Wichtig dabei: die Zurufe im Wortlaut schreiben, damit ernst nehmen und nicht bewerten. Diese Variante dient der Begriffserforschung, Bestandsaufnahme und spontanen Ideensammlung.

Ein-Punkt-Abfrage: Mit der Ein-Punkt-Abfrage kann der Trainer die Einstellungen und Haltungen der Teilnehmer sichtbar abfragen. Auf eine vorbereitete Skala kleben die Teilnehmer einen Punkt. Es eignen sich gleitende Skalen, z.B. für die Frage „Wie stark bin ich am Seminarthema interessiert?" (Skala von „sehr stark" bis „uninteressiert"), oder in einzelne Felder gestufte Skalen (++/+/o/−/−−) für Fragen wie „Wie zufrieden bin ich mit meiner Qualifiaktion in Sachen Recherche? – oder als Variante ein Koordinatenfeld mit Achsen von wenig bis viel z.B. für gewünschte Seminarziele wie „verbessertes Verhalten" und „konkrete Lösungen".

Nach dem Aufkleben der Punkte kann der Trainer zu Kommentaren aufrufen. Das Plakat mit der Ein-Punkt-Abfrage sollte erst weggestellt werden, wenn die Verbindung zum nächsten methodischen Schritt hergestellt ist.

Mehr-Punkt-Abfrage: Hier geht es um die Gewichtung und Bewertung, um zu einer Entscheidung zu finden. Zunächst werden die zu bearbeitenden Themen in einer Tabelle mit einer Bewertungsspalte (z. B. „brauchbar"/„unbrauchbar" oder Notenskala 1–6) aufgelistet. Danach berechnet der Trainer die Punktezahl nach der Formel: Anzahl der Themen geteilt durch zwei (abrunden). Alle Teilnehmer kleben die Punkte gleichzeitig, um Manipulation durch strategisches Punkten zu verhindern. Dann verabschieden alle zusammen das zu Tage getretene Ergebnis.

Die Moderation lässt sich außerhalb von Trainings vielfältig verwenden: von Redaktionbesprechungen (Themenfindung), über die Seminarplanung bis hin zu Großgruppenveranstaltungen wie Konferenzen und Kongressen.

Gruppenklima erkunden: Blitzlicht oder Stimmungsbarometer

In jedem Seminar gibt es Phasen, in denen der Trainer das Gefühl hat „Es läuft einfach nicht so richtig". Meist hat die Intuition ihre Richtigkeit. Didaktisch macht es in solchen Fällen großen Sinn die Stimmung in der Gruppe einige Momente lang zum Inhalt des Trainings zu machen.

Die Stimmung in der Gruppe kann von verschiedenen Faktoren abhängen: Die Gruppe kann unfreiwillig im Seminar sein oder keine Lust auf das angebotene Training haben. Einzelne Teilnehmer können in einem Zustand sein, der Lernen erschwert (Erschöpfung, Langeweile, Sorgen). Meist sind es vor allem negative Stimmungen in der Gruppe, die eine erfolgreiche Vermittlung von Wissen stören. Die Stimmung zum Thema zu machen hat Vorteile: Der Trainer signalisiert Interesse an den Teilnehmern. Unmut lässt sich direkt angehen. Die schlechte Stimmung einzelner Teilnehmer wird klar – somit verstehen die anderen, dass sie nicht direkt mit dem Training zusammenhängt.

Blitzlicht: Es erhellt die Atmosphäre, indem jeder Teilnehmer in einem kurzen Beitrag die Gedanken und Gefühle ansprechen kann, die ihn in der gegenwärtigen Situation beschäftigen. Die Regeln: Jeder spricht nur über sich und benutzt „ich" statt „man". Jeder macht kurze, erhellende und persönliche Aussagen zur Frage. Es gibt keine Diskussionen oder Stellungnahmen zu den Aussagen anderer.

Die Reihenfolge ist weniger wichtig, solange jeder an die Reihe kommt. Der Trainer kann als Teil der Gruppe am „Blitzlicht" teilnehmen. Er achtet auf die Einhaltung der Regeln. Die Fragen sollten präzise und konkret formuliert werden: Wie wichtig ist das Thema für mich? Was hat mich besonders bewegt oder berührt? Was geht mir in Bezug auf diese Veranstaltung im Kopf herum? Was sind meine Ziele?

Stimmungsbarometer: Bereiten Sie ein Flipchart vor, auf das Sie in einer Spalte untereinander die Stimmungen „gut", „indifferent" und „schlecht" schreiben. Bitten Sie jeden Teilnehmer einen Punkt an die Stelle zu kleben oder zu zeichnen, die seiner Stimmung entspricht. Anschließend sollte jeder Teilnehmer einen Satz zu seiner Stimmung sagen. Bei sehr schlechter Stimmung haben Sie die Möglichkeit zu fragen: „Was müsste passieren, damit Ihre Stimmung sich bessert?" oder „Was können wir hier dazu beitragen, dass sich Ihre Stimmung bessert?" Das Stimmungsbarometer wird sowohl am Anfang als auch am Ende des Trainingstages wiederholt. Es lässt sich auch für das Abschlussfeedback verwenden. Die

Teilnehmer kleben dann noch einmal einen Punkt, schildern ihre Stimmung und
wie ihnen der Tag gefallen hat.

Krisenintervention: Was zu tun ist, wenn es brennt

Wenn es in einer Gruppe richtig knirscht und ein Konflikt offen zu Tage tritt,
geht es für den Trainer in erster Linie darum die Arbeitsfähigkeit der Gruppe
wiederherzustellen. Es eignen sich folgende Schritte, um einem Konflikt seine
dramatische Seite zu nehmen (vgl. Weidenmann, 2001):

1. Wessen Arbeitsfähigkeit ist gestört?
2. Wie sehen und erleben die Beteiligten das Problem?
3. Was sollten die Beteiligten voneinander wissen?
4. Wenn nichts passiert, was passiert dann?
5. Soll ich (Trainer), sollen andere handeln?
6. Wann soll gehandelt werden?
7. Was soll das Handeln bewirken?
8. Was möchten die Beteiligten anders haben?
9. Was wollen und können die Beteiligten dafür tun?
10. Was wäre eine gute Maßnahme, eine gute Vereinbarung?
11. Was passiert, wenn die Vereinbarung nicht klappt?
12. Wie steht es jetzt mit der Arbeitsfähigkeit?

Diese Checkliste dient als eine Art Krisenplan dazu in Notfällen handlungsfähig zu
bleiben. Dafür braucht man natürlich etwas Zeit. Je öfter dieses Schema angewandt
wird, desto professioneller handeln Trainer in Krisen. Wer sofort handeln muss, kann
hinterher anhand dieser Checkliste überprüfen, was das nächste Mal besser laufen sollte.

Schlussrunde: Ende gut, alles gut?

Jedes Training sollte einen bewusst und für alle erlebbaren Abschluss haben. Dadurch kann festgehalten werden, was gelernt und erfahren wurde und was wie in
die Praxis umgesetzt werden kann.

Am Schluss eines Trainings steht meist eine gemeinsame Runde. Jeder Teilnehmer hat die Möglichkeit sich zu äußern. Der Trainer kann das Feedback mit
der Vier-Felder-Abfrage strukturieren:

Weiterführende Fragen an die Teilnehmer können sein: Was waren wesentliche
Elemente, die mich dorthin gebracht haben, wo ich jetzt bin? Wo hätte ich noch
Unterstützung gebraucht? Was wünsche ich mir noch?

Das Vier-Felder-Feedback kanalisiert die Rückmeldungen der Teilnehmer und zeigt dem Trainer, was er verbessern kann.

Für den Trainer stellt die Abschluss-Runde eine wertvolle Informationsquelle dar: Er erfährt, was besonders gut angekommen ist und was weniger hilfreich war. Nur mit Hilfe dieser Informationen kann der Trainer seine Fähigkeiten weiterentwickeln und verbessern. Für den Abschluss eignet sich auch der Bezug zur Zielnavigation (siehe Anfang). Das schließt den Kreis.

Transfermethoden: Damit das Seminar nachhaltig wirkt

Auftraggeber für Seminare Kurse oder Trainings kaufen im Grunde genommen nicht eine qualitativ hochwertige Weiterbildungsmaßnahme ein, sondern sie wollen eine Verhaltensänderung und Qualifikation für die berufliche Tätigkeit der Teilnehmer. Das gilt übrigens auch für Selbstzahler wie z. B. freie Journalisten, die bessere Rechercheure werden wollen. Im Sinne eines ganzheitlichen Verständnisses ist der Trainer damit nicht nur für die Seminarinhalte, sondern auch für die Anwendung in der Zeit nach dem Seminar verantwortlich. Vor der Veranstaltung kann der Trainer in der Auftragsklärung darauf achten, dass im Seminar die richtigen Methoden und Inhalte zur Anwendung kommen. Nach dem Seminar bieten sich Follow-ups und Coaching an, um das Gelernte in die Praxis umzusetzen. Hier nun einige Methoden zur Transferförderung, die sich direkt im Seminar anwenden lassen:

Unzufriedenheitsgenerator: Diese Methode geht absichtlich von negativen und störenden Zuständen aus. Daraus lassen sich die Konsequenzen und Notwendigkeiten für die Praxis ableiten. Ein Beispielablauf:

1. Schreiben Sie bitte auf, was Ihnen in Bezug auf das Seminarthema nicht gefällt oder im Alltag schief läuft? Was macht Sie unzufrieden?
2. Wählen Sie einen Unzufriedenheitsfaktor (ein Thema) aus, das Sie bearbeiten wollen! Arbeiten Sie in der Gruppe (Zweier- oder Dreiergruppen) heraus, was genau die Unzufriedenheit auslöst?

3. Sammeln Sie die negativen Konsequenzen! Was wird durch die Unzufriedenheit
    verhindert? Wie wirkt sich die Unzufriedenheit auf die Ergebnisse Ihrer Arbeit aus?
4. Deuten Sie um! Welches Problem löst die negative Konsequenz? Welchen
    positiven Nutzen hat sie?
5. Leiten Sie jetzt Ihre Lernziele ab!

Vorteil der Methode ist, dass der Trainer die Teilnehmer in ihrem Frust abholt.
Allerdings muss er zu Anfang darauf bestehen, dass sie sich erst einmal ihrem
Problem widmen. Der Unzufriedenheitsgenerator kann die brennenden Probleme
des Berufsalltags liefern und setzt damit am Bedarf der Teilnehmer an.

Persönliches Projekt: Am Ende des Seminars wird ein realistisches persönliches Vorhaben geplant. Dazu werden Projektpatenschaften geschlossen. Die
beiden Paten bekommen folgende Aufgaben gestellt: Jeder arbeitet noch einmal für
sich heraus, welche wesentlichen Erfahrungen er in dem Seminar gemacht hat. Die
gegenseitigen Paten tauschen anschließend ihre Erfahrungen aus. Jeder kreiert sein
persönliches Transfervorhaben. (Was soll konkret im Alltag umgesetzt werden?)

Das Ziel wird anhand folgender Kriterien überprüft: Das Ziel ist selbstständig erreichbar. Es muss in einem abgegrenzten Umfeld definiert sein (wo, wann, mit wem). Es
sollte zeitnah erreichbar sein. Es besitzt konkrete Zielkriterien. (Woran lässt sich sehen,
dass das Ziel erreicht ist?) Das Ziel ist positiv formuliert, enthält also keine Verneinungen.

Transfergruppen: Der mögliche Transfer des Seminars kann in Kleingruppen
in regelmäßigen Abständen bearbeitet werden. Auf diese Weise soll die Eigenverantwortung gestärkt werden. Außerdem liegt in der gegenseitigen Unterstützung
eine hohe Motivation, die auch langfristig helfen kann, den Transfer zu sichern.

Mögliche Kriterien für die Gruppenbildung sind: solche Teilnehmer, die sich
auch nach dem Seminar noch gegenseitig unterstützen können; solche Teilnehmer,
die sich untereinander nicht kennen, um neue Impulse zu bekommen.

Die praktische Arbeit der Transfergruppen sieht so aus: Am Ende des Se-
minartages bekommt die Gruppe 30–60 Minuten Zeit, sich über den möglichen
Transfer auszutauschen. Fragen können die Transfergruppen aktivieren: Welche
der heute behandelten Themen haben für mich Transferbezug? Was lässt sich in
die Praxis umsetzen? Welchen konkreten Nutzen hätte ich davon? Was verändert
sich dadurch für mich? Mit welchen Widerständen und Schwierigkeiten muss ich
rechnen? Wie kann ich mit den Schwierigkeiten umgehen? Was brauche ich noch
in diesem Seminar, damit der Praxisbezug stärker wird?

Danach kann im Plenum besprochen werden, welche Fragen in der Gruppe
aufgetaucht sind, welche Einwände zum Seminarablauf besprochen wurden, welche Verbesserungsvorschläge die Teilnehmer dafür haben und welche konkreten
Transferideen die Gruppen erarbeitet haben.

Diese Transfergruppen, die zunächst während des Trainings zusammenarbeiten, können auch nach dem Seminar gemeinsame Projekte betreuen und sich so gegenseitig beim Transfer unterstützen (vgl. Besser, 2002).

Transfertransport: Am einen Ende eines Seiles oder einer gemalten Linie ist symbolisch die Praxis abgebildet, auf der anderen stehen die Seminarinhalte. Wie kommt man nun in die Praxis? Ein Teilnehmer demonstriert entlang der Linie in seiner Gangart und Bewegungsform den Transport der Lerninhalte in die Praxis. Die anderen folgen jeweils in der selben Art und Weise.

Speaker's Corner: Diese Übung soll durch emotionales Engagement ein starkes „inneres Ja" zum Umsetzungsvorhaben ansprechen. Dazu stellen sich mehrere Teilnehmer gleichzeitig auf ihre Stühle verkünden „von oben herab" ihr persönliches Vorhaben, ihre Motivation dazu und die Veränderungen, die sie damit einleiten. Die übrigen Teilnehmer wandern herum und hören sich die Reden an, feuern die Redner an und geben abschließend Applaus.

Transferprotokoll: Das Aufschreiben von Erkenntnissen und Vorhaben hat für die Teilnehmer meist eine bleibende Wirkung. Vor allem weil die schriftlich festgehaltenen Ideen und Vorhaben später auf ihre Umsetzung hin überprüft werden können. Der Trainer fördert das Transferprotokoll mit Leitfragen wie: Was von dem Gehörten macht für Sie Sinn? Welche neuen Erkenntnisse habe ich gewonnen? Was davon kann ich umsetzen? Wie setze ich es um?

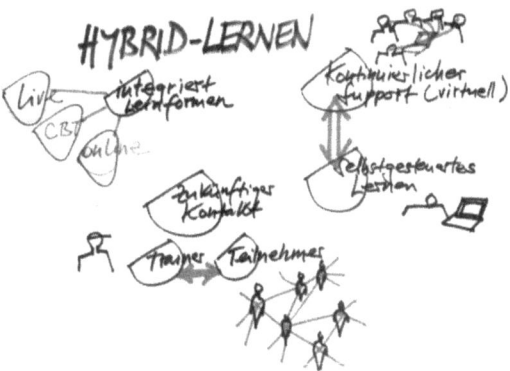

Visuelle Protokolle fassen Inhalte mit wenigen Grundelementen (Texte, Symbole) kompakt zusammen.

Dokumentation: Damit etwas schwarz auf weiß bleibt!

In Bildern kann das Potenzial von mehr als 1.000 Worten stecken. Vor allem wenn sie selbst kreiert und gestaltet sind. Die hohe Kunst der Visualisierung schafft mit einigen grafischen Grundelementen die Chance selbst komplexe Zusammenhänge darzustellen (visuelle Protokolle). Grundelement ist ein eiförmig geschlossener Kreis in unterschiedlichster Größe. Diese begrenzte Informationseinheit umschließt jeweils ein Inhaltsthema. Weitere Elemente sind Striche für Verbindungen und Pfeile für Richtung zeigende Hinweise. Auch gilt es Farben klar zuzuordnen. Schließlich trifft der Zeichner damit Aussagen. Es empfiehlt sich z. B. Bezüge mit Pfeilen und Strichen eingängig rot zu halten. Die Kontinuität in der Gestaltung ist wichtig, denn sie bringt die Wirkung. Idealerweise zeichnet man, was man zeichnen kann. Alles andere gerät zum Reinfall, wenn mit ungelenken Strichen verschobene Proportionen entstehen. Meist bekritzeln Anfänger einige Pfund Papier bis die ersten präsentierbaren visuellen Protokolle entstehen. Üben, üben, üben heißt hier die Devise.

Alle während des Trainings visualisierten Aussagen wie Informationen, Diskussionen oder Gruppenarbeiten, kann der Trainer in ein Fotoprotokoll übernehmen. So erhalten die Teilnehmer ‚unmanipulierte‘ Dokumente, die zugleich einen hohen Erinnerungswert besitzen. Für Außenstehende muss ein solches Protokoll allerdings noch aufbereitet und ergänzt werden. Denn die ausgedruckten Fotos der Flipcharts und Pinnwände bedürfen der weiterführenden Informationen, die im Training ausgesprochen wurden.

Literatur:
Besser, Ralf: Transfer – Damit Seminare Früchte tragen, Weinheim und Basel 2002
Hartmann, Martin; Rieger, Michael; Auert, Andreas: Zielgerichtet moderieren – Ein Handbuch für Führungskräfte, Berater und Trainer, 4. Auflage Weinheim und Basel 2003
Heckmair, Bernd: Konstruktiv Lernen, Weinheim und Basel 2000
Herzog, Dagmar; Jeschke, Harald: Effektiver arbeiten und lernen mit Mind Mapping, Landsberg am Lech 2001
Hohenstein, Andreas: Lernen leicht gemacht, managerSeminare 9/2001, S. 50–59
Kalnins, Monika; Röschmann, Doris: Icebreaker – Wege bahnen für Lernprozesse, Hamburg 2000
Lipp, Ulrich; Will, Hermann: Das große Workshop-Buch – Konzeption, Inszenierung und Moderation von Klausuren, Besprechungen und Seminaren, Weinheim und Basel 2001
Lufthansa School of Business/Mind and More Consulting (Hrsg.): Skript eDatic-Trainerausbildung, Köln 2002
Mühleisen, Stefan: Fremde Welten als Tainingsraum. in: Schad, Niko/Michl, Werner: Personalund Organisationsentwicklung zwischen Flipchart und Bergseil, Neuwied 2002
Mühleisen, Stefan: Wildnis als Trainingsraum für Motivation. in: Henschel, Henning/Welpe, Ingelore: Wilderness-Experience. Motivation ohne Befehl und Gehorsam, Wien 2002
Neuland, Michéle: Moderationsmethode, Eichenzell 1995
Rabenstein, Reinhold; Reichel, René; Thanhoffer; Michael: Das Methoden-Set, 5 Bücher für Referenten und Seminarleiter – Anfangen, Themen bearbeiten, Gruppen erleben, Reflektieren, Konflikte, 11. Auflage, Münster 2001
Weidenmann, Bernd: Erfolgreiche Kurse und Seminare – Professionelles Lernen mit Erwachsenen, 4. Auflage, Weinheim und Basel 2001

3.3 Vom Lehrer zum Lernbegleiter und Coach
– Die Rollen von Trainern, Dozenten und Seminarleitern

von Stefan Mühleisen und Anja Gild

Wir fragen die Teilnehmer des Netzwerk Recherche-Workshops „Train the Trainer", welche eigenen Erfahrungen zum Thema „Lernen" sie in der Vergangenheit genervt haben. Und schon kommt einiges ans Tageslicht. Auf Moderationskarten präsentieren die Teilnehmer der Gruppenarbeit Aussagen wie: „Selbstdarsteller und Vielredner", „psychologische Spielchen", „unklare Zielvorstellungen", „Praxisferne ohne Beispiel", „mehr Show als Inhalt", „rhetorische Vorführfragen", „schlechte Sitzordnung".

Aus der Besinnung auf schlechte Erfahrungen fordern wir die Gruppen auf, im zweiten Schritt ihre Wünsche abzuleiten. Wie sollen förderliche Lernerfahrungen aussehen? Und was folgt für die Rollen und Aufgaben von Trainern, Seminar-und Kursleiter. Die Teilnehmer sprudeln: „Aktivierung", „klares Konzept", „Begeisterung wecken", „Praxisnähe", „Fachkompetenz", „Spaß und Humor", „Abwechslung", „nachvollziehbarer Ablauf mit rotem Faden", „Balance zwischen Didaktik und Praxis".

Wie wir sehen, stellt eine Gruppe meist hohe und zum Teil gegensätzliche Anforderungen an Trainer. Die einen Teilnehmer wollen Struktur und Ordnung, die anderen wiederum Spaß und Unterhaltung und wieder andere wünschen sich intensives Eingehen auf ihre Beispiele. Den verschiedenen Wünschen und Situationen im Verlauf einer Weiterbildungsveranstaltung kann ein Trainer meist nur gerecht werden, wenn er fähig ist in unterschiedliche Rollen zu schlüpfen. Wichtig dabei ist, dass er trotzdem er selbst bleibt.

Ein Trainer – viele Rollen

Die Vorstellung von Persönlichkeits(an)teilen oder Teil-Persönlichkeiten, die ein Trainer – und übrigens jeder Mensch – in sich trägt, kommt aus der Psychotherapie. Auch Hermann Hesse beklagte (vgl. Schwartz, 2002): „Denn es ist ein, wie es scheint, eingeborenes und völlig zwanghaft wirkendes Bedürfnis aller Menschen, dass jeder sein Ich als eine Einheit sich vorstelle. Mag dieser Wahn noch so oft, noch so schwer erschüttert werden, er heilt stets wieder zusammen." Als Folge daraus entsteht für die meisten Menschen – und damit auch Trainer – ein sehr wackliges

Selbstkonzept. Sie glauben „eben so" zu sein und berücksichtigen nicht, dass in fast jeder Situation nur ein Teil ihrer Selbst in den Vordergrund tritt.

Als förderliche Annahme für die eigene Trainerentwicklung zeigt es sich, die eigenen Teil-Persönlichkeiten kennen zu lernen und die ganze mögliche Bandbreite an Gefühlen und Fähigkeiten im Umgang mit Teilnehmern zu sehen. Im Folgenden wollen wir auf einige „Persönlichkeiten" eingehen, die in den meisten Seminarsituationen helfen eine lernfördernde Atmosphäre zu gestalten.

Szenarienbildner: Wenn wir mit unserer Ausrüstung (Moderatorenkoffer, Flipcharts, CD-Player) anrücken, fühlen wir uns oft wie Bühnenbildner, Kulissenschieber oder eben Szenarienbildner. So gut wie in allen Fällen braucht der Seminarraum gründliche Überarbeitung: Welche Sitzordnung ist für die geplanten Übungen die günstigste? Wie ist der Lichteinfall? Wo stehen Pinnwände und Flipchart? Welchen Bewegungsspielraum hat der Trainer? Wo deponiere ich Materialien? Von wo betreten die Teilnehmer den Seminarraum? Über die rein logistischen Aspekte hinaus, gestaltet der Szenarienbildner unterschiedliche Lernarrangements wie Paarinterviews, Gruppenarbeiten oder vielleicht sogar kleine Lernprojekte zur Teilnehmeraktivierung. Er stellt den Methoden- und Medienmix zusammen, macht das Design für die Rahmenbedingungen (Zeit und Raum) und gibt die Instruktionen für den ‚Bühnenauftritt'. So bringt er Teilnehmer in Lernszenen wie zu einem Interview auf der Straße, zu einer Milieustudie oder zum Besuch des Handelsregisters. Es agieren hauptsächlich die Teilnehmer. Im Selbstverständnis sieht sich der Szenarienbildner als Plattformgestalter: Er schafft die Bühne, auf der die Teilnehmer handeln und lernen können.

Krisenmanager: Vom familiären Notfall-Anruf, der eine Teilnehmerin zum Weinen bringt, über den Stromausfall des Overheadprojektors bis hin zu verfahrenen Gruppensituationen und falsch eingeschätzten Bedürfnissen der Teilnehmer – der Trainer als Krisenmanager hat meist mehr Arbeit, als ihm lieb ist. Manchmal helfen die drei Reparaturfragen aus dem Trainerkoffer: „Was fehlt Ihnen?", „Wie hätten Sie es gerne?" und „Was lässt sich dazu tun?" Allerdings – und das gehört zu dieser Rolle – muss sich der Trainer in Stresssituationen erst einmal innerlich zurücklehnen, um wahrzunehmen, was gerade passiert. Denn so sehr die Krise eine Chance sein kann, so sehr können Panikaktionen den Karren noch tiefer in den Dreck fahren. Zum Krisenmanagement gehören sicherlich Fähigkeiten wie Selbstmanagement, Achtsamkeit und Entscheidungsstärke.

Wenn die Lernenden in einer Lernkrise stecken, sind es immer die gleichen Dinge, die vermisst werden: Bezug zur eigenen Person und Lebenswelt (Wo bleibt der Sinn?), interessante und herausfordernde Problem- und Fragestellungen, aktives Tun, Abwechslung von Inhalten, Methoden und Medien und eine gute Zusammenarbeit mit den Kollegen (vgl. Weidenmann, 2001).

Teamentwickler: Da es Trainer in den meisten Fällen mit Gruppen zu tun haben, sehen sie sich zwangsläufig in der Rolle mit den einzelnen Teilnehmern ein

Team zu entwickeln. Während sich bei offenen Seminaren die Herausforderung stellt, gegenseitig unbekannte Personen zusammenzubringen, können bei *inhouse*-Veranstaltungen fest gefahrene Teamstrukturen die Lernarbeit überlagern und behindern. Der Trainer agiert im Spannungsfeld von Individuum, Kommunikation und Rahmenbedingungen. Letzere kann er Stellschrauben gleich verändern, indem er gruppendynamische Themen offen anspricht und den Rahmen für den gemeinsamen Umgang im Seminar festlegt.

Moderator: Wichtig ist hier eine Haltung, die jedes Thema, jede Meldung und jede Person gleichermaßen wichtig behandelt. „Personenbezogene Neutralität" und „inhaltliche Allparteilichkeit" heißt das in den einschlägigen Lehrbüchern (vgl. Hartmann, 1997). Der Trainer schleppt in seiner Moderatorenrolle immer zwei Koffer mit sich herum: Im Werkzeugkoffer findet er alle Techniken zur Visualisierung mittels Karten und Pinnwänden. Im Prozesskoffer finden sich seine Fähigkeiten eine Bindung zur Gruppe aufzubauen. Hier geht es darum, wie und wann er Fragen einsetzt, wie er Ziele verfolgt und die Gruppe zu einem Ergebnis führt.

Autor und Regisseur: Je nach Seminarkonzept können sich Trainer auch in der Rolle eines Autors oder Lernmittelgestalters sehen. Wenn sie Pinnwände, Flipcharts oder Overheadfolien nutzen, empfiehlt es sich die eigene Schrift speziell für diese Medien zu trainieren. Denn nichts ist schlimmer als eine unleserliche Anschrift oder eine missglückte Zeichnung. Für das Erstellen von Thesenpapieren, Übungsanleitungen und Seminarunterlagen hat der Trainer mehr Vorbereitungszeit. Allerdings ist auch hier eine didaktische Aufbereitung nötig. Im Sinne von Online-Coaching sind heute zudem neue Kompetenzen im Umgang mit Lernplattformen und E-mail-Kontakten notwendig (vgl. Busch, 2002). Der Autor wird spätestens zum Regisseur, wenn er die vorbereiteten Materialien zum richtigen Zeitpunkt in Szene setzt. So kann es durchaus sinnvoll sein bestimmte Unterlagen online oder offline einige Tage vor der Weiterbildungsmaßnahme an die Teilnehmer zu versenden.

Führungsperson: Verständnisvoll und präsent zu sein hat nichts mit einem Softie zu tun. Vielmehr gibt es immer wieder Situationen, in denen der Trainer das „angemessen Unerwartete" tun sollte. Um Teilnehmer einzubinden und Betroffene zu Beteiligten zu machen, heißt eine Grundregel: „Tue nichts, was Deine Teilnehmer selbst tun können." Gerade wenn es um das Aufzeigen von Grenzen oder Aktivierungen geht, ist die Rolle als Führungsperson gefragt. Möglichkeiten dafür bieten sich im Verlauf eines Trainings ständig: Teilnehmer können ihre eigenen Erfahrungen zu einem Thema schildern, sie können Beispiele finden („Was passiert, wenn diese oder jene Situation eintritt?") oder sie können Aufgaben übernehmen wie z. B. aus der Gruppendiskussion gewonnene Ergebnisse vortragen oder auf das Einhalten von Redezeiten achten.

Allerdings – und hier liegt eine Gefahr – erhalten Teilnehmer, die aktiv einbezogen werden, auch ein Bühne. Vielredner brauchen zeitliche und inhaltliche

Grenzen (Können sie das mit einem Satz sagen?, Was hat das mit unserem Thema zu tun?). Angriffe oder Fragen lassen sich umleiten, indem der Teilnehmer oder die ganze Gruppe nach Lösungsvorschlägen gefragt wird. Störungen und nonverbale Signale haben ein Ursache. Das ‚Getuschel' in der Gruppe, das fragende Stirnrunzeln einer Teilnehmerin gehören angesprochen. Denn die Reaktionen der Teilnehmer sind für den Trainer wichtige Informationen um zu überprüfen, an welcher Stelle die Einzelnen gerade stehen.

Sonderrolle: Berater und Coach

Im Kontext von Weiterbildungsmaßnahmen geht es hier vor allem um den „Eins-zu-Eins-Kontakt" zwischen Trainer und Seminarteilnehmer im Sinne von persönlicher Beratung und förderndem Coaching – eine Vorgehensweise, die vor allem zwischen den Seminarblöcken, in Seminarpausen und beim Training *on the job* Anwendung findet. Trainer und auch Führungspersonen, die sich als Berater und Coaches verstehen, bedienen sich psychologienaher Ausbildungen wie etwa systemischer Ansätze, der Transaktionsanalyse oder der non-direktiven Gesprächsführung. Das erleichtert den Kontakt und schafft – wenn es gewünscht wird – den Zugang zu den Kernthemen der Klienten und Mitarbeiter. Für die Lernarbeit und vor allem das Einzelcoaching mit der Sichtweise „Berater und Klient" gilt eine personenzentrierte Haltung (vgl. Rogers, 2000). Sie meint diejenige seelisch-geistige Einstellung eines Beraters, die dem Rat suchenden Individuum hilft Blockierungen seiner Entwicklungsimpulse aufzulösen und seine Fähigkeit zur Selbstverwirklichung zu verbessern. Die personenzentrierte Haltung zeigt sich in drei Prinzipien, die über den Beratungserfolg entscheiden:
Kongruenz/Echtheit: Der Inhalt des Mitgeteilten soll der Körpersprache entsprechen. Voraussetzung dafür ist, dass Gedanken, Gefühle und Handeln des Beraters ein kongruentes Bild ergeben.
Wertschätzung/Akzeptanz: Die bedingungslose Akzeptanz soll dem Klienten das Gefühl vermitteln, dass er nicht nur dann angenommen wird, wenn er ein bestimmtes Verhalten zeigt.
Empathie/Einfühlendes Verstehen: Der Berater soll bemüht sein das Denken und Fühlen des Klienten zu verstehen. Dazu gehört auch die Neugier auf die Welt des anderen. In der Überzeugung, dass jede Wirklichkeit anders und gleichermaßen richtig ist, weiß der Coach und Berater, dass er über die ‚Landkarte' seiner Klienten (Trainingsteilnehmer) nichts weiß. Weil er sie jedoch verstehen will, erkundigt er sich neugierig, wie die Welt für die anderen ist, wie sie sie erleben und wie es ihnen damit geht. Anders ist Verstehen schwer möglich.
Zur Traineraufgabe gehört allerdings auch eine Verhaltensänderung beim Teilnehmer zumindest anzustoßen. Ziel ist, dass der Teilnehmer als Ergebnis der

Beratung eine Vereinbarung mit sich selbst trifft. Das ist „Fördern". Dem Berater geht es nicht um das inhaltliche „Was", also welche Themen sich der Klient vornimmt. Es geht ihm um das „Wie", also den Weg, wie der Klient an seine Entwicklungsthemen herankommt und wie er sich selbst ein Ziel steckt. Nimmt ein Berater seinem Klienten das „Was" mit gut gemeinten Ratschlägen ab, tappt er leicht in die „Helferfalle". Egal was der Beratene dann tut, er wird jeden Misserfolg beim Berater abladen („Du hast doch gesagt ..."). Einziger Schutz ist die Haltung „Helfen, ohne einen Rat zu geben".

Fünf Etappen eines Beratungsgesprächs mit einem Seminarteilnehmer, der z. B. mit bestimmten Recherche-Strategien immer wieder scheitert, zeigen ein professionelles Vorgehen (vgl. Weidenmann, 2002):

1. *Den Rahmen abstecken:* Berater und Klient bilden eine Arbeitsgemeinschaft auf Zeit. Vor dem Gespräch: Was erwartet der Ratsuchende? Was ist der Berater bereit zu geben? Während des Gesprächs: Sind wir noch bei der Sache oder haben wir den Faden verloren? Am Ende des Gesprächs: Können wir abschließen? Was haben wir erreicht? Wo sind wir nicht weitergekommen?
2. *Das Anliegen verstehen:* Der Berater vermeidet es seinen Klienten zu belehren, zu bewerten oder dessen Verhalten zu interpretieren. Er will erst einmal verstehen („Weiß ich schon genug?"). Statt ihn auszufragen wendet er sich mit ehrlichem Interesse an den Klienten um zu erkennen, welche Informationen noch fehlen.
3. *Bisherige Lösungsversuche ermitteln:* Der Berater recherchiert, was der Ratsuchende bereits unternommen hat, um sein Problem zu lösen und welche Erfahrungen ihm diese Versuche eingebracht haben.
4. *Optionen entwickeln und prüfen:* Ratsuchende haben oft einen Tunnelblick. Sie sammeln und bewerten Ideen gleichzeitig und drehen sich damit im Kreis. Der Berater strukturiert, stößt aber auch zu Umdeutungen und zum Perspektivenwechsel an. Er spielt *worst-case*-Szenarien mit dem Klienten durch. Er forscht nach verborgenen Ressourcen.
5. *Eine Entscheidung treffen und sichern:* Das Gespräch endet mit einer Vereinbarung. Hier hilft zu fragen: „Was fehlt Ihnen dazu?" und in der zweiten Stufe „Wenn Sie sich jetzt nicht entscheiden, wie geht es dann weiter?"

In der Systematik dieses Ablaufes tauchen wieder unterschiedliche Rollen des Beraters auf. Vom neugierigen Frager wandelt er sich zum aufmerksamen Zuhörer, kreativen Animator bis hin zum ,Abnehmer' einer Entscheidung. Wichtig ist immer wieder das Problem dort zu lassen, wo es herkommt – beim Klienten. Der Berater ist eher ein Begleiter gewünschter Entwicklungen, eine Art Katalysator des persönlichen Wandels.

Lehrender Wissensvermittler oder Lernbegleiter?

Gerade bei der Ausbildung des journalistischen Nachwuchses erleben wir immer wieder, wie die Teilnehmer das Lernen nach dem Muster „Lehrer-Schüler" gewöhnt sind. Sie sprechen in uns den Lehrer-Teil an und suchen das aus der Schule gewohnte Muster der „leiterzentrierten Lernarbeit" (vgl. Weidenmann, 2001). Das Prinzip sieht so aus: Der Lehrer ist Wissensvermittler. Die Lernenden sollen es (gefälligst) aufnehmen. Der Lehrende gewinnt Autorität, Respekt und vermeintliche Kontrolle. Wissensvorsprung hilft ihm dabei das Ruder in der Hand zu behalten. Jedoch entstehen schnell Konflikte, wenn Beiträge oder Fragen aus der Gruppe kommen, die nicht in sein Bild passen.

Da der lehrende Wissensvermittler die Fäden unbedingt in den Hand behalten will, wird er meist auch für Erfolg und Misserfolg, aber auch für den Frust der Gruppe und atmosphärische Störungen verantwortlich gemacht wird. Wenn Trainer auch selbst immer wieder Teilnehmer von Weiterbildungen sind, erfahren sie wohltuend den Unterscheid zwischen dozenten- und teilnehmerorientiertem Lernen.

Bei der Lernarbeit nach dem Muster „Berater-Klient" nutzen die Teilnehmer den Trainer als Lernbegleiter, der sie bei ihrem Anliegen etwas zu lernen unterstützt. Gewinn für die Lehrenden ist, dass sie in Kooperation mit den Lernenden gemeinsam Probleme lösen, Transferchancen schaffen und dass die Lernprozesse bei unterschiedlichen Teilnehmern spannend zu verfolgen sind.

Die Vielzahl der Rollen zusammengenommen können sich Trainer – gemeint sind damit immer auch Seminar-Kursleiter und Dozenten – als Gestalter von Seminarkultur verstehen. Der Auftrag für eine Weiterbildungsmaßnahme sieht meist einen Gestaltungsspielraum vor, den der Trainer mit seinen Persönlichkeitsanteilen ausfüllt. Erfahrene Trainer schaffen es natürlich und locker jeweils die Teilpersönlichkeit in den Vordergrund zu bringen, die den Lernfortschritt und die Gruppensituation weiterbringt – so wie ein Skifahrer je nach Pistentyp, Schneelage und Sicht den Fahrstil von einem Schwung zum anderen spielend wechselt.

Literatur:
Busch, Frank/Mayer, Thomas: Der Online-Coach – Wie Trainer virutelles Lernen optimal fördern können, Weinheim und Basel 2002
Haberleitner, Elisabeth/Deistler, Elisabeth/Ungvari, Robert: Führen, Fördern, Coachen – So entwickeln Sie die Potenziale Ihrer Mitarbeiter. Frankfurt und Wien 2001
Klein, Susanne: Trainingstools – 19 Methoden aus der Psychotherapie für die Anwendung im Training. Ein Nachschlagewerk für Trainer und Personalenwickler. Offenbach 2001
Maslow, Abraham: Motivation und Persönlichkeit, Hamburg1999. Originalausgabe: Motivation and Personality. New York, 1954
Rogers, Carl: Entwicklung der Persönlichkeit. 13. Auflage. Stuttgart, 2000. Originalausgabe: On Becoming a Person, Boston 1961
Schwartz, Richard: Systemische Therapie mit der inneren Familie, 3. Auflage, Stuttgart 2002
Stewart, Ian/Joines, Vann: Die Transaktionsanalyse. Eine Einführung, 2. Auflage, Freiburg 2000

Weidenmann, Bernd: Erfolgreiche Kurse und Seminare – Professionelles Lernen mit Erwachsenen, 4. Auflage, Weinheim und Basel 2001
Weidenmann, Bernd: Gesprächs- und Vortragstechnik. Für alle Trainer, Lehrer, Kursleiter und Dozenten, Weinheim und Basel 2002
Internetadressen: http://trainerstyles.peterhoney.com – Englischsprachiger Selbsttest für Trainer, die ihren Trainingsstil einschätzen wollen

Selbstcheck Trainerkompetenz

Zur Beurteilung der eigenen Stärken und Schwächen empfiehlt es sich in einem ersten Schritt die jeweilige Ausprägung der einzelnen Kompetenzen zu ermitteln (zum Beispiel: ++/+/o/–/– –). In einem zweiten Schritt kann sich der Trainer die Fragen stellen: Brauche ich diese Kompetenz aktuell? Brauche ich sie in Zukunft? Brauche ich sie überhaupt? Auf der Grundlage des gesamten Profils lassen sich dann Maßnahmen für die eigene Trainerentwicklung planen.

Persönliche Kompetenzen

Lernfähigkeit
Bin ich offen für Neues und sehe Veränderungen als Chance?
Lerne ich von und mit anderen?
Ergreife ich die Initiative zur Entwicklung meiner persönlichen Fähigkeiten und Möglichkeiten?
Nehme ich vielfältige Aufgaben als Herausforderung an?
Werte ich Lernerfahrungen aus und setzt sie das nächste Mal um?
Bin ich bereit umzulernen und überholtes Wissen aufzugeben?

Selbsmanagment und persönliche Führung
Denke und handele ich strukturiert und systematisch?
Denke und handele ich zielorientiert?
Setze ich Prioritäten?
Betreibe ich Zeit- und Projektmanagement?
Behalte ich auch unter Zeitdruck Ruhe und Überblick?
Kann ich meine eigene Motivation und Leistungsfähigkeit beeinflussen?
Kann ich auch unbequeme Entscheidungen treffen?
Reflektiere ich das eigene Denken und Handeln?
Reflektiere ich regelmäßig Seminarkonzeptionen und ihre Durchführung?

Ausstrahlung und Wirkung
Kann ich mein Verhalten kontrollieren?
Kann ich meine Wirkung einschätzen?

Trete ich gegenüber Kollegen, Kunden und Seminarteilnehmern angemessen auf?
Lebe ich, was ich vermittle und lehre?
Kann ich guten Kontakt zu den Teilnehmern aufbauen?

Sozialkompetenz Kooperation und Teamfähigkeit
Gehe ich aktiv auf andere zu?
Suche ich den Austausch mit Kollegen?
Bespreche ich Fragestellungen und Probleme mit anderen?
Bin ich offen für andere Meinungen und Wahrnehmungen?
Besitze ich Einfühlungsvermögen?
Sehe ich mich im Seminar als Lernbegleiter, Teamleader und Coach?

Kritikfähigkeit
Gebe ich sachlich angemessene und konstruktive Rückmeldungen?
Kann ich Kritik von Teilnehmern, Kollegen und Auftraggebern annehmen?
Fordere ich Rückmeldungen von anderen ein?
Setze ich Kritik und Feedback konstruktiv um?
Besitze ich Supervisions- und Coachingkompetenz?

Konflikt- und Problemlösefähigkeit
Erkenne ich Konflikte frühzeitig, analysiere ich sie und reagiere ich angemessen darauf?
Kann ich zuhören?
Erkenne ich bei Konflikten meinen eigenen Anteil?
Kann ich nachvollziehbare Entscheidungen treffen?

Fachkompetenz

Fachwissen
Bin ich fachlich auf dem neuesten Stand?
Habe ich einen Überblick über mein Fachgebiet?
Arbeite ich mich immer wieder in neue Themen ein?
Habe ich zu meinem Seminarthema einen Fundus an Praxiserfahrung gesammelt?
Halte ich Kontakt zur Praxis?

Pädagogische Kompetenz

Didaktik
Konzipiere ich Trainingseinheiten auf der Grundlage einer Bedarfsanalyse?
Formuliere ich Lernziele und plane Lernzielkontrollen?

Plane ich zielgruppengerecht vielfältige Methoden, Sozialformen und Medien ein?
Setze ich Prioritäten bei der Stoffauswahl? Berücksichtige ich unterschiedliche
Lerntypen?
Gestalte ich Lernsituationen angepasst an die Bedürfnisse der Teilnehmer?
Passe ich bestehende Seminarkonzepte immer wieder neu an?
Führe ich eine Erfolgskontrolle durch?

Methodik
Gehe ich sicher mit einer Vielzahl von Methoden um?
Setze ich die für das Lernziel erfolgversprechenden Methoden und Sozialformen
situationsgerecht ein?
Setze ich gezielt Methoden zur Aktivierung und Motivierung der Teilnehmer ein?
Nutze ich Methoden, die teamorientiertes Lernen fördern?
Setze ich auch ungewöhnliche und kreative Methoden ein?
Setze ich Medien und Methoden der Moderation ein, um Lernprozesse zu begleiten?

Medienkompetenz
Gehe ich sicher mit alten und neuen neuen Medien um?
Setze ich Medien lernzielorientiert ein?
Erstelle ich verständliche und lerngerechte Visualisierungen?
Überarbeite ich bestehende Materialien regelmäßig und bedarfsgerecht?
Stelle ich Anschauungsmaterial aus der Praxis bereit?
Erstelle ich praxistaugliche Teilnehmerunterlagen?

Durchführungskompetenz
Schaffe ich ein optimales Lernumfeld nach pädagogischen und ergonomischen
Gesichtspunkten?
Sorge ich für eine störungsfreie Lernatmosphäre?
Bereite ich den Lernraum vor?
Sorgt bei verschlechterten Bedingungen kurzfristig für Alternativen oder kann
ich improvisieren?
Beziehe ich die Teilnehmer so weit wie möglich in die Gestaltung des Seminars
mit ein?
Analysiere und steuere ich Gruppenprozesse?

Rhetorik/Ausdrucksfähigkeit
Drücke ich mich verständlich und anschaulich aus?
Passe ich mich sprachlich an das Niveau der Gruppe an?
Moduliere und variiere ich meine Worte?
Setze ich Körpersprache bewusst ein?

3.4 Ausblick: ein Kurs für alle?
– Fakten, Fragen und Folgerungen für Recherche-Trainings
bei öffentlich-rechtlichen Sendern

von Stefan Robiné

Warum sind Recherche-Kurse keine Straßenfeger im Fortbildungsbereich und warum sollte ein Journalist überhaupt einen Recherche-Kurs besuchen? Gibt es verschiedene Recherche-Fortbildungen und welche wäre dann die richtige? Fragen, Fakten und Folgerungen aus der Sicht eines Veranstalters und fortbildungswilligen Journalisten.

Überschaubare Nachfrage nach Recherche-Trainings

29.000 Menschen arbeiten derzeit für ARD und ZDF. Rund 4.000 besuchten im Jahr 2002 eines der rund 400 Trainings der Zentralen Fortbildung für Programmmitarbeiter von ARD und ZDF (ZFP). Von diesen 4.000 entschieden sich 120 Journalisten für ‚klassische' Recherche-Trainings, weitere 90 für „Journalistische Recherche im Internet". Und 2002 war für Recherche-Kurse schon ein Boomjahr. Die ZFP bietet seit Anfang der 90er Jahre Recherche-Kurse an. Mehr als 30 bis 40 Teilnehmer pro Jahr haben selten davon Gebrauch gemacht.

„Warum sollte ich eine Fortbildung machen? Und auch noch zum Thema Recherche!" Nehmen wir diesen inneren Monolog eines fiktiven Kollegen doch ruhig ernst. Warum sollte er? Lassen wir einmal die ‚Schlappmänner' beiseite, die antworten würden: „Weil ich gerade nichts Besseres zu tun habe." Der freie Reporter und sein engagierter festangestellter Kollege haben Besseres zu tun. Sie müssen schließlich Geld verdienen und wollen in der Regel auch noch Freude an der Arbeit empfinden, weil sie diese gut machen. Die Motivation sich fortzubilden hat für die meisten also eher etwas mit Nutzen oder Gewinn zu tun. Es muss sich einen Nutzen davon versprechen, wer zwei, drei, fünf Tage seines Lebens mit Fortbildung zu einem Thema verbringt. Nehmen wir weiter an, dass nur eine Woche Fortbildung pro Jahr von der Redaktion genehmigt wird. Dann steht das Thema Recherche in Konkurrenz zu vielen anderen.

> *Folgerung:* Bei Recherche gibt es mehr Bedarf zu wecken als zu decken. Ein Fortbildungs-Anbieter, der sich marktgerecht verhält, wird erst den Bedarf in anderen Feldern abzudecken versuchen.

Recherche im Volontariat unterrepräsentiert

Mein Volontariat bei einem ARD-Sender liegt 16 Jahre zurück. Es gab damals keinen Recherche-Kurs. In 2002 wurde bei diesem Sender in Zusammenarbeit mit der ZFP zum ersten Mal ein dreitägiges Training für die Volontäre angeboten. Das ist kein Einzelbeispiel. Eine nicht-repräsentative Umfrage der ZFP in den Jahren 2001 und 2002 hat ergeben: Es ist immer noch möglich, im öffentlichrechtlichen Rundfunk ein Volontariat zu machen und dabei keine Einführung in systematische Recherche zu erhalten.

„Ich recherchiere ja jeden Tag. Was kann ich da noch lernen?", fragt sich unser fiktiver Kollege. Ist „Recherchieren" das Fremdwort für jede Form von Fragestellung? Nicht wenige Kollegen glauben das. Weil das so ist, kommt es ganz ‚dick' für unseren fiktiven Trainingswilligen. Er muss gewissermaßen über seinen Schatten springen, gegen das journalistische Selbstbewusstsein antreten, das da beruht auf der Formel: Ich werde gesendet oder gedruckt, also bin ich – also bin ich gut – also habe ich recherchiert – also brauche ich kein Recherche-Training.

Anders gesagt: Mit jedem gesendeten oder gedruckten Beitrag im und nach dem Volontariat steigt das journalistische Selbstbewusstsein und sinkt proportional dazu die Fortbildungsbereitschaft, weil der Erfolg (und die Chefs) doch zeigen: Ich kann's ja schon!

> *Folgerung:* Ein Erstkontakt mit systematischer Recherche muss daher in der Ausbildung erfolgen und dort auch möglichst früh. In die Fortbildung gehören Vertiefungen und Spezialisierungen des Themas wie etwa Hilfestellungen bei der „investigativen Recherche".

Recherche wird kaum gefördert

Chefs sprechen gerne von Recherche, fordern, fördern oder kontrollieren sie aber nicht. Da tun sich Fragen auf:

- Ist das Wort „Rechercheprotokoll" bekannt, wird etwas Vergleichbares verlangt?
- Setzt das Lenkungsinstrument Honorarspiegel Leistungsanreize für rechercheintensive Themen?

- Wird mit Aktualität und Zeitdruck Unpräzises entschuldigt?
- Reicht es ‚gegooglelt' zu haben?

> *Folgerung:* Chefs vom Dienst und Redaktionsleiter, die hier einmal mit „Ja"
> antworten, könnten mehr tun für gute Recherche. Denn im Redaktionsalltag
> werden häufig große Hürden gegen Recherche-Trainings aufgestellt.

„Bei uns ist Recherche absolut wichtig!"

Will da jemand widersprechen? Nein, natürlich nicht. Vom Volontär bis zum
Chefredakteur singen alle das Hohe Lied der Recherche – und damit beginnt
das Dilemma: Die ‚Konsenssauce' über diesem Thema ersäuft den Geschmack
daran. Weil alle sagen „wir wissen, dass Recherche wichtig ist", findet sich kaum
jemand, der darüber streiten oder auch nur gründlich nachdenken will, was denn
genau „systematische Recherche" ist. Recherche, das macht man. Aber wie?

> *Folgerung:* Chefs vom Dienst und Redaktionsleiter sind als diejenigen,
> die die Standards setzen, zentrale Zielgruppe für Fortbildung zum Thema
> „systematische Recherche". Ihnen sollte klar sein, dass von der Qualität der
> Recherche die Qualität der von ihnen verantworteten Produkte abhängt,
> mithin also vielleicht der eigene Erfolg. Quote durch Qualität ist machbar
> wie unter anderem die erfolgreichen politischen Magazine der Öffentlich-
> Rechtlichen beweisen. Das „ARTE-Syndrom", die Angst vor Qualität ohne
> Quote, ist keine Entschuldigung für Billig-Recherche.

Honorarspiegel und redaktionelles Image wirken

„Der erfolgreiche Rechercheur wird in unserem Hause nicht reich, bekannt und
angesehen", so der Glaubenssatz. Die ökonomische Vernunft spricht häufig gegen
allzu intensive und damit lange Recherche. Freie Mitarbeiter verhalten sich also
absolut marktgerecht, wenn sie den schnellen Euro im Aktuellen dem zähen Er-
wirtschaften eines Dokumentarfilms vorziehen.

Wem kommt das bekannt vor? Senderintern mag ja „der Rechercheur" oder „unser Investigativer" zu einigem Ruhm kommen, aber was die öffentliche Wahrnehmung angeht, ist die Spürhund-Spezies nicht weit vorne. Wer hat dieses Jahr den
Grimme-Preis für Dokumentationen gewonnen und wer moderiert neuerdings das
Heute-Journal? Der kleine Selbstversuch dürfte zeigen, dass das Vier-Sekunden-

Insert im Abspann nicht so haften bleibt wie die Ansprache direkt vom Bildschirm. Die Ökonomie der Eitelkeit spricht nicht für den Besuch von Recherche-Trainings, sondern führt zu gewaltiger Nachfrage für Moderatorentrainings und jede Form von Live-Auftritten, weil der geneigte Kunde beim Beherrschen dieser Form nicht nur im Sender, sondern auch in der Öffentlichkeit wer ist.

Folgerung: Wer Recherche fördern will, muss zeigen, dass sie sich auszahlt.

„Wir im Aktuellen haben dafür keine Zeit"

Das stimmt sicher oft. Andererseits: je weniger Zeit, desto mehr nützt Routine. Wer systematische Recherche beherrscht, wird schneller und besser ans Ziel kommen. Gerade im Aktuellen muss erkennbar sein: Die dritte Recherche zum gleichen Themenbereich geht schneller und besser als die erste. Das ist ökonomischer Anreiz für Autoren und qualitativer Anreiz für Chefs und Redaktionsleiter.

Folgerung: Ein Fortbildungsangebot für „Recherche im Aktuellen" muss anderen Kriterien folgen als etwa „investigative Recherche". Ein Angebot für tageaktuell arbeitende Kollegen muss sich an deren Themen und Möglichkeiten orientieren und nicht die oft ebenso faszinierenden wie im Aktuellen deprimierenden Möglichkeiten der „Investigativen" zum Maßstab machen.

„Wieso Recherche-Kurse? Wir haben doch Google!"

Weil die Suchmaschine immer etwas findet, findet sich auch der Finder gut. Sind über 1.000 Treffer zu einem Stichwort nicht doch zu viel, wie ist die Qualität der Quellen einzuschätzen, wäre (wo)anders das gleiche Ergebnis womöglich schneller zu erzielen? Wenn Recherche generell mit ‚Googlen' gleichgesetzt wird, trägt dies zur Verflachung seriöser Recherche bei.

Folgerung: Internet-Recherche ist *ein* Werkzeug der Themenfindung oder Hypothesenüberprüfung, aber nicht das einzige. Dennoch sollte die Grundregeln von Internet-Recherche beherrschen, wer sich an größere, auch investigative Recherchen macht.

Forderungen für ein differenziertes Angebot

1. Eine Einführung in systematische Recherche sollte zu einem frühen Zeitpunkt im Volontariat angeboten werden.

2. Fortbildung sollte differenzieren nach: Seiteneinsteigern ohne Volontariat: Hier kann eine Art Recherche-Grundkurs angeboten werden – für Hörfunk-, Fernsehen, Online-Kollegen gleichermaßen. Recherche-Profis: Hier können die besonderen Herausforderungen investigativer Recherche Thema sein – möglicherweise differenziert nach den Ansprüchen des jeweiligen Mediums. „Recherche im Aktuellen" könnte den Bedürfnissen der tagesaktuell arbeitenden Kollegen Rechnung tragen. Programmverantwortliche wie Chefs vom Dienst und Redaktionsleiter sollten im Überprüfen von Recherche-Standards trainiert werden.

3. Journalistische Recherche im Internet ist mehr als ,Googlen' und gehört in den Werkzeugkasten jedes Journalisten als ein zusätzliches Mittel.

Autorenprofile

Dr. **Andreas Baumert** ist Professor für Text und Recherche an der Fachhochschule Hannover. Er war lange Jahre Leiter einer Technikredaktion. Spezialgebiete: Recherche, Recherchegespräche und Text. andreas.baumert@ik.fh-hannover.de

Ingmar Cario studiert Journalistik, Geschichte und Politik in Dortmund und Bochum und arbeitet seit seinem WDR-Volontariat als freier Journalist für Print, Hörfunk und TV. Er ist Vorstandsmitglied des Netzwerk Recherche. cario@netzwerkrecherche.de

Dr. phil. **Hans-Volkmar Findeisen** promovierte in vergleichender Religionswissenschaft über „Krisenkulte". Seit 1991 ist er beim Südwestrundfunk (SWR) Reportage-, Kultur- und Wissenschaftsjournalist sowie Trainer in der Personalentwicklung. Er lehrt als Gastprofessor am Deutschen Literaturinstitut in Leipzig. HFindeisen@aol.com

Robert Fishman beliefert mit seinem journalistenbuero ecomedia, Bielefeld, Printmedien und den Hörfunk zu den Themen Reise, Touristik, Soziales, Beruf und Bildung sowie internationale Zusammenarbeit. ecomedia@aol.com

Anja Gild studierte Germanistik und Kommunikationswissenschaften. Seit ihrem Wechsel vom Print- (Süddeutsche Zeitung) zum Online-Journalismus (Focus Online) ist sie Trainerin (Bayerischer Journalisten Verband, Journalistenakademie der Friedrich-Ebert-Stiftung) u. a. für Online-Recherche und Online-Text. gild.mpm@t-online.de

Dr. phil. **Michael Haller** ist seit 1993 Professor für Journalistik an der Universität Leipzig und Direktor des Instituts für Praktische Journalismusforschung. Er begann als Lokalredakteur, war bei der Weltwoche in Zürich, dann zwölf Jahre als Redakteur und Reporter beim *Spiegel* in Hamburg, danach Ressortleiter des „Dossier" bei der *Zeit*. Seit vielen Jahren ist er als Dozent an Universitäten und überbetrieblichen Ausbildungsstätten vor allem für den Bereich Recherchieren tätig. Er schrieb zahlreiche Aufsätze und Fachbücher zur journalistischen Praxis, darunter die Handbücher *Recherchieren* und *Das Interview*. Er ist Herausgeber der *Recherche-Werkstatt* und *Message*, der Internationalen Fachzeitschrift für Journalismus. haller@uni-leipzig.de"

Christian Hallerberg verfasste gemeinsam mit dem Dortmunder Journalisten Kai-Hendrik Haß die Diplomarbeit *Wissensmanagement im Journalismus* am Institut für Journalistik, Universität Dortmund. Nach Volontariat bei der *Hessischen-Niedersächsischen Allgemeinen*, fester freier Mitarbeit bei *Handelsblatt* und *Süddeutscher Zeitung* ist er seit Oktober 2002 Redakteur beim *Medienspiegel* (Institut der Deutschen Wirtschaft). christian.hallerberg@udo.edu

Dr. **Thomas Leif** ist Chefreporter Fernsehen beim Südwestrundfunk (SWR), Landessender Mainz, und Vorsitzender des Netzwerk Recherche e. V. Er ist Herausgeber zahlreicher Publikationen wie *Leidenschaft Recherche* und *Mehr Leidenschaft Recherche*. thomas.leif@swr.de

Prof. Dr. **Johannes Ludwig** studierte Musik und Wirtschaftswissenschaften. Er war freischaffender Journalist, Publizist, Buchautor, Filmemacher und Produzent sowie Medienwissenschaftler. Er lehrt seit 2000 an der Hochschule für angewandte Wissenschaften, Hamburg, die Fächer Medienökonomie, Management, Technikfolgen und Kommunikationstheorie. www. johannesludwig.de, info@johannesludwig.de

Stefan Mühleisen ist Trainer, Moderator und Coach mit den Spezialgebieten Train-the-Trainer, Medien, Wissensmanagement und Recherche. Er studierte Journalistik und war zehn Jahre lang Wirtschaftsredakteur mit Schwerpunkt Unternehmen und Weiterbildung. Als Journalist und Buchautor schreibt er zu Themen wie Management, Führung, Kommunikation, Personal- und Organisationsentwicklung. buero@stefan-muehleisen.de

Venio Piero Quinque hat Journalistik, Kommunikationswissenschaft und Rechtswissenschaft studiert und arbeitet in Berlin als Autor für Zeitschriften und öffentlich-rechtliche Rundfunkanstalten. quinque@quinque.net

Dr. **Manfred Redelfs** studierte Politikwissenschaft und Journalistik. Angeregt durch eine halbjährige Mitarbeit am Center for Investigative Reporting in San Francisco hat er seine Doktorarbeit über Recherche-Journalismus in den USA geschrieben. Nach einem Volontariat beim Norddeutschen Rundfunk und mehrjähriger Tätigkeit für den NDR leitet er seit 1996 die Recherche-Abteilung der Umweltorganisation Greenpeace. Er ist Gründungsmitglied des Netzwerks Recherche und Lehrbeauftragter an der Universität Hamburg. manfred.redelfs@greenpeace.de

Dr. **Michael Rediske** ist Vorstandssprecher der Organisation Reporter ohne Grenzen in Deutschland und Mitglied des Deutschen Presserats. m.rediske@gmx.de

Timo Rieg studierte Journalistik und Biologie und absolvierte ein Volontariat bei der *Neuen Ruhr Zeitung*. Er ist Inhaber des journalistenbuero.com und lehrt Online-Journalismus, Öffentlichkeitsarbeit und Texten an Verwaltungs- und Wirtschaftsakademien (VWA, FAW). tr@journalistenbuero.com

Dr. phil. **Lars Rinsdorf** studierte Journalistik und Raumplanung in Dortmund. Weitere Stationen: Volontariat bei der *Hessischen-Niedersächsischen Allgemeinen* in Kassel, Projektleiter Medienforschung und Trainer beim media consulting team Dortmund, Lehrbeauftragter am Institut für Journalistik der Universität Dortmund. rinsdorf@mediaconsultingteam.de

Stefan Robiné ist seit 2001 stellvertretender Leiter und Bereichsleiter Fernsehen der Zentralen Fortbildung für Programm-Mitarbeiter von ARD und ZDF (ZFP). Zuvor war er Politischer Korrespondent, Chef vom Dienst und Moderator für das Auslandsfernsehen der Deutschen Welle (DW tv) in Bonn und Berlin. s.robine@zfp.de

Gottlob Schober ist Diplom-Kaufmann. Er arbeitete vier Jahre für das ZDF-Magazin *Frontal* und seit Januar 2001 für das ARD Politikmagazin *Report Mainz*. gottlob.schober@swr.de

Thomas Schuler lebt in München als Autor der *Berliner Zeitung* und als Buchautor (*Immer im Recht* über Amerika). Er ist Absolvent der Graduate School of Journalism der New Yorker Columbia University mit Schwerpunkt Recherche. Er lehrt Recherche an der Universität Leipzig, Akademie Tutzing und für die Zentrale Fortbildung von ARD und ZDF. schulertom@aol.com

Matthias Spielkamp studierte Philosophie, Politologie und Volkswirtschaftslehre sowie Journalismus (University of Colorado). Er war Redakteur beim *Spiegel TV*-Magazin und schreibt heute als freier Journalist in Berlin für Print- und Online-Medien. Als Trainer (ZFP, Henri-Nannen-Schule) betreute er unter anderem das Thema Online-Recherche. www.dicoco.de, spielkamp@autorenwerk.de.

Albrecht Ude ist freier Fachjournalist mit den Themen Ostasien, E-Government und E-Society sowie Internet (Wissensordnung und Sicherheit). www.ude.de, albrecht@ude.de

Dipl.-Journalist **Falk Wellmann** studierte unter anderem am Institut d'Etudes Politiques in Paris. Nach Volontariat bei der *Rheinischen Post* in Düsseldorf, Übersetzerausbildung Russisch und wissenschaftlicher Mitarbeiter am Institut für Journalistik der Universität Dortmund ist er Leiter des Seminarbereichs sowie Trainer beim Dortmunder media consulting team. fwellmann@gmx.de